Georges Darien

La Belle France

roman

ISBN : 978-1514335222

10 9 8 7 6 5 4 3 2 1

Georges Darien

La Belle France

roman

Table de Matières

Avant-Propos

Lorsque l'éditeur qui publie aujourd'hui ce livre eut pris connaissance du manuscrit que je lui avais envoyé, il m'écrivit : « J'ai lu votre manuscrit. Je suis désenchanté : je m'attendais à tout autre sujet. C'est un livre curieux, plein de talent, mais d'une aridité terrible, d'une lecture fatigante à l'excès. Jamais un pareil livre ne se vendra... Ni les Nationalistes, ni les Socialistes, n'ont intérêt à parler de votre volume, dans lequel ils sont malmenés. Que restera-t-il ? Les Gouvernementaux ? Mais ceux-là ont encore plus d'intérêt à faire le silence ; alors ?... »

L'éditeur, que je remercie d'avoir publié un volume dans le succès duquel il ne saurait croire, avait complètement raison. Un pareil livre ne peut pas être vendu, ne peut pas être lu en France. Ce qui l'attend, c'est le silence : c'est le mutisme de la sottise et de la lâcheté ; c'est un enterrement, religieux et civil, de première classe.

Cependant, bien que je sois Français, je ne suis pas un vaincu. Je ne veux pas être un vaincu. Je refuse de me laisser enterrer, soit après ma mort, soit de mon vivant. Si je ne peux pas être entendu en France, je me ferai écouter ailleurs. Il existe encore des pays où la liberté n'est pas un vain mot, où l'intelligence publique n'est pas écrasée sous les pieds plats d'argousins déguisés en journalistes, et où l'on a conservé l'habitude de s'intéresser à quelque chose. Dans ces pays-là, je parlerai. Il faut qu'on sache et qu'on sache complètement, ce que c'est que la Belle France ; ce qu'elle a été, ce qu'elle est, ce qu'elle peut devenir. On le saura.

Un mot encore. Je me suis efforcé, en écrivant ce livre, de croire à la possibilité, pour la France, d'un relèvement réel ; j'ai tenté de me donner la vision d'une Révolution prestigieuse illuminant les rues de ce Paris qui s'est prostitué à la tourbe nationaliste et qu'on vient de déshonorer d'une croix d'honneur. Ce sont des choses que je ne peux plus croire, que je ne peux plus voir, à présent. Je n'ose pas dire ce que je crois, ni ce que je vois ; je n'ose pas dire : Vive la France de demain ! Je persiste à crier, seulement : À bas la France d'aujourd'hui !

G. D.

Georges Darien

Chapitre I

Væ Victis !

C'est une chose laide, un vaincu.

L'être qui porte au front le stigmate de la défaite, quels qu'aient été sa bravoure dans le combat et ses efforts vers la victoire, n'est pas beau à contempler. Il a perdu, au moins momentanément, l'estime de lui-même et la confiance en soi qui sont la marque de l'Individu libre ; s'il put échapper à l'esclavage matériel, la servitude morale pèse sur lui, l'enserre, l'étreint ; et il cesse d'être un homme, oui, pour devenir une chose. Pourtant, lorsque le vaincu a le courage de comprendre qu'il a mérité son sort et de l'accepter, de boire d'un coup l'amertume de la défaite et de renoncer franchement aux représailles ; — ou bien quand, silencieusement, sans forfanterie et sans bravades, il se met à réparer ses forces et forge, des débris de l'épée que le vainqueur a rompue dans ses mains, l'arme qui doit faire sortir de la revanche une existence nouvelle ; lorsqu'il se résout à n'élever le front et la voix que le jour où il pourra lever aussi ses deux poings armés et s'avancer vers l'ennemi triomphant ; alors, le vaincu perd de sa hideur ; une certaine fierté brille dans son œil que le malheur a terni, et il peut y avoir quelque noblesse dans la résolution muette de son geste. Il est encore presque un homme.

Mais, lorsque le vaincu travestit ses revers en victoires morales, lorsqu'il se fait un manteau de théâtre du haillon de drapeau qui lui fut laissé, lorsqu'il prend des poses, crâne, parade, provoque, rentre dans son trou au premier signe de danger, en sort plus insolent que jamais, braille, brait, aboie, jappe, insulte, menace, disparaît pour reparaître et pour faire la roue : alors, le vaincu n'est pas seulement une chose laide : c'est une sale et méprisable chose — c'est une ordure.

*

Gloria Victis !

Ce n'est pas ainsi qu'on raisonne en France, je le sais.

Là, le vaincu est honoré, glorifié, choyé, tenu en haute estime. C'est, à vrai dire, le type le plus accompli, le plus parfait, la plus digne expression de l'humanité. Si vous voulez avoir droit au respect de tous, en France, commencez par vous faire battre. Toute la question est là : avez-vous été vaincu ? Pour savoir exactement quelle somme de respect vous sera dévolue, il s'agit simplement de dire, à haute et intelligible voix, combien de volées vous avez reçues. Ne cachez rien, avouez tout ; on vous tiendra compte de la plus faible capitulation et la moindre retraite sera portée à votre actif.

Voilà la règle. Il y a, naturellement, des exceptions pour la confirmer. S'il vous arrive d'être battu et que vous soyez Italien, par exemple, on n'aura pas assez de moqueries pour vous en gratifier ; si vous êtes Arménien, on vous rira au nez ; et si vous avez le malheur d'être Anglais, tant pis pour vous ; vous ferez connaissance avec l'esprit français, et vous verrez de quel bois il se chauffe — depuis que les Prussiens ont remis leurs cannes sous leurs bras.

Même, vous pouvez être Français, et vaincu, et manquer lamentablement de toutes les qualités qui pourraient vous attirer la sympathie générale. C'est ainsi que les combattants de la Commune n'inspirèrent aux bons citoyens que du dégoût et du mépris. Ce n'étaient point des professionnels du meurtre ; ils n'avaient lutté que pour une idée ; et le drapeau qu'ils avaient adopté n'avait pas reçu, comme l'autre, au feu du bivouac ennemi, le baptême indispensable. Aussi, avant d'être fusillés par les héros qui revenaient de faire campagne outre-Rhin, étaient-ils lapidés par les belles dames en grand deuil qui encombraient Versailles et dont les cartes portaient, les unes des armoiries, les autres le cachet de la Préfecture.

Le glorieux vaincu, voyez-vous, le seul, le vrai, c'est le vaincu à culotte rouge, à panache et à galons d'or. Il est lier d'être vaincu, et on lui dit qu'il a raison d'être fier. Vaincu il est, vaincu il veut être, et vaincu il restera. Jusqu'à… Et ici, le vaincu sourit agréablement, pirouette, fait du côté de l'Est un geste menaçant, met un doigt sur ses lèvres, secoue la tête d'un air entendu. Vous l'avez compris ? Il y pense toujours, mais n'en parle jamais ; la trouée des Vosges ; attendez un peu ; et quand le moment sera venu, l'heure favorable,

Georges Darien

l'instant propice… C'est la prudence qui retient son bras…
Menteur ! C'est la peur qui te coupe les flancs !

*

Qui a créé le Cochon ? On ne sait pas. Peut-être le Charcutier.
Carlyle.

Cela, le peuple français le sait parfaitement. Il sait que la revanche de 1870, qui fut toujours difficile, s'est manifestée impossible, le devient de jour en jour davantage. Personne n'a d'illusions à ce sujet. Il est inutile de disuter le fait : la France a vécu, pendant trente ans, sous la terreur d'une nouvelle guerre. Il y eut des espérances généreuses, mais sans base, des désirs violents, mais chimériques, d'un retour de la fortune ; la croyance aux représailles, la croyance raisonnée, déterminée, dont la froide énergie donne la foi dans la victoire, n'exista jamais. Toutes les déclamations patriotiques, toutes les affirmations revanchardes, ne furent que des mots, des fleurs d'une rhétorique douteuse jetées sur le drap noir d'un catafalque. Paroles vaines, discours vides, auxquels ne croyaient pas plus ceux qui les prononçaient, que ceux qui les écoutaient. Non seulement les souvenirs de l'Année terrible ne s'étaient pas éteints, mais le mépris pour les hommes qui avaient été les artisans du désastre subsistait tout entier, la défiance envers ceux d'entre eux qui présidaient au relèvement du pays veillait encore au cœur de tous. Il n'est pas vrai que la France, une seule fois, ait sincèrement honoré ceux que le hasard fit tomber pour elle en 70 ; il n'est pas vrai qu'elle ait eu confiance, fût-ce un seul jour, dans les chefs qui se donnèrent la mission de préparer la lutte réparatrice. La conviction intime de tous, même des soi-disant emballés qui croient très fort, a toujours été qu'il n'y avait rien à faire, que le Rhin resterait un fleuve allemand, que toutes les invectives contre les événements accomplis étaient creuses, et tous les espoirs de revanche, sans valeur.

Je ne crains pas de faire cette affirmation. Je sais qu'elle sera niée, soit avec colère, soit avec mépris. Colère factice, mépris de commande, dont je ne m'émeus point. Les faits parlent ; ils sont là, spectres du passé, d'avant-hier et d'hier, et c'est leur silence qu'on entend, éloquent et terrible, au-dessus des clameurs folles des bouches qui hurlent, qui croient hurler, et qui sont muettes. Non, si la France avait pu avoir confiance en elle-même, en son destin, si elle avait pu croire et espérer, si elle ne s'était pas sentie vaincue irrémédiablement, elle n'aurait point agi comme elle l'a fait depuis que ses frontières furent reculées jusqu'aux Vosges. Elle eût été la France, au moins une fois, et la République française eût été une République.

On vient d'inaugurer, à Paris, le *Triomphe de la République*. De qui donc a-t-elle triomphé, cette République ? De personne, ni de rien. Et le seul triomphe qu'elle pourrait remporter sur elle-même s'appelle le suicide. Des monuments commémoratifs ! La France en est couverte ; le sol gémit sous le poids de ces édifices d'ostentation et de mensonge. Jamais un peuple n'avait demandé à la pierre ou au bronze de lui fournir tant de preuves palpables de sa dégradation, tant de témoignages de son abaissement. Et, entre deux inaugurations de statues à des héros équivoques, on entasse provocations sur reculades, fanfaronnades sur palinodies. On se fait très humble devant le Kaiser, qui semble disposé à prendre au sérieux l'affaire Schnœbelé ; on se résout à ne jamais demander franchement à l'Angleterre d'évacuer l'Égypte ; on envoie les na-vires français à Kiel, où ils doivent arriver le 18 juin, jour anni-versaire de la bataille de Waterloo, et où, en se plaçant entre les vaisseaux anglais et allemands, ils répondent fort aimablement aux saluts de deux cuirassés dont l'un s'appelle le *Wœrth* et l'autre le *Wissembourg ;* on traque les réfugiés politiques et on les remet, noirs de coups et menottes aux mains, aux sbires des despotes qui les réclament ; on montre le poing aux Arméniens qui crient au secours ; on cherche aux Anglais des querelles absurdes et, sur leur ordre, on abandonne Fashoda.

On fait mieux. On se vautre pendant des années aux pieds d'un tyran dont on implore l'alliance. On vide des sacs d'or dans ses cof-fres ; on lui livre les proscrits qui se sont fiés à l'hospitalité fran-çaise ; on lui livre tout ; on lui livrerait plus encore. Et quand, enfin, il se décide à laisser tomber de ses augustes lèvres quelques phrases vagues où il est question de sympathie ; lorsqu'il condescend à vis-iter la France — alors, c'est du délire. Le faux tanneur qui trône à l'Élysée met aux pieds de l'autocrate sa présidence à la fortune des peaux, les grands Corps de l'État se prosternent devant Sa Majesté slave qui passe, au milieu de l'enthousiaste frénésie du public, saluant la statue de Strasbourg et celle de Gambetta — saluts qui en disent long, sans en avoir l'air, et qui promettent. — Cependant, on s'extasie sur la sagesse de la foule. Pas une manifestation anti-allemande ! Pas une ! Quel calme ! Quel sang-froid ! Et pourtant nous ne sommes plus seuls ; nous avons un allié, le souverain du plus grand empire du monde ; c'est fini, l'isolement de la France, et la revanche est pour demain ; que voulez-vous que devienne l'Allemagne, entre la France et la Russie ? Et si l'Angleterre a le sens commun, elle se joindra à nous sans tarder.

Eh ! bien, il n'est pas beau, cet enthousiasme qui ne fait pas oublier la prudence. Il montre combien on a eu peur, jusque-là, combien on désire ne plus avoir peur et combien, malgré toutes les manifestations tumultueuses, l'angoissante incertitude persiste. Je sais bien que dans le toast qu'il a porté, après la revue de Châlons, le Czar, sur les conseils du grand Manotaux, s'est servi du mot *amitié* ; je sais bien que, s'il avait employé un terme plus fort,*alliance* par exemple, les Français, comme un seul homme, eussent crié : *À Berlin !* Je sais aussi que : *À Berlin !* est un cri qui a de l'écho, et qui porte chance. Mais, malgré tout, je ne suis pas convaincu. L'enthousiasme manifesté en octobre 96 m'a toujours semblé peu naturel, inquiet, trop nerveux, l'entrain pas vrai, l'exaltation purement artificielle ; et la dépêche envoyée à Châlons par le Kaiser et dans laquelle il s'excusait, *en anglais*, de ne pas faire illuminer Metz afin de ne point fatiguer son auguste cousin, semble démontrer qu'on n'a pas non plus, par delà les Vosges, beaucoup d'illusions sur les prétentions belliqueuses des Français. Elle m'a fait songer, cette dépêche, à la grande fresque du Palais du Parlement, à Londres, qui représente la rencontre de Wellington et de Blucher, le soir de Waterloo ; non loin d'un groupe de Français prisonniers, à côté d'une auberge en ruines, éventrée par les bombes, l'Anglais et l'Allemand, à cheval, se donnent la main ; et, au-dessus de leurs têtes, accrochée encore par un morceau de fer tordu à un pan de muraille, se balance l'enseigne de l'auberge : *À la Belle Alliance.* Hier. Demain…

Que la France, qui n'a pas confiance en elle-même, ait confiance en son alliée, c'est plus que problématique. Des signes nombreux

Chapitre I

prouvent que, malgré tous les efforts, elle n'y peut parvenir. Il est triste de voir une nation chercher à se mentir à elle-même ; à duper, par l'exposé de convictions factices, ses sentiments réels ; à se repaître d'illusions et d'impostures. Pas une fois, depuis 1870, la France n'a agi en nation sûre d'elle-même, consciente de sa valeur et de sa force. La noble blessée dont parlait Thiers est devenue une infirme sans noblesse. Et ce qu'il y a de plus entier chez l'infirme, c'est l'orgueil creux, la vanité. Peu lui importe de donner le pitoyable spectacle de ses rages puériles et de ses haines impuissantes, pourvu que les flatteurs ne lui manquent pas, pourvu qu'il puisse se contempler dans le miroir trompeur que lui tend l'amour-propre. Et plus les espoirs de revanche s'évanouissent, plus les possibilités d'action, même défensive, diminuent, plus la France se rapproche de son armée ; plus elle se prend, pour son appareil militaire, d'un amour exclusif et déraisonné. Elle s'éloigne de tout le reste, s'écarte avec des frissons maladifs de tout ce qui peut constituer sa vraie force, sa véritable gloire ; elle fait aussi bon marché de son bien-être que de son honneur général. L'Armée seule, et c'est assez. Il ne faut point la discuter, il ne faut pas y toucher. C'est l'idole, le veau de fer et d'acier devant laquelle la France se prosterne. Elle ferme les yeux, de parti-pris, sur les erreurs de cette armée, sur ses fautes et ses tares ; elle veut imposer le culte de ses chefs, si indignes soient-ils et quelles que soient l'incurie ou l'incapacité dont ils ont fait preuve. En dépit de tout, le respect et l'admiration leur sont dus. À eux les adulations, les louanges, les triomphes, les applaudissements. Les besoins, les désirs, les intérêts, les aspirations du pays tout entier leur ont été sacrifiés, toutes ses ressources mises à leur disposition. Ils sont les maîtres.

Et, quand on regarde au fond des choses ; quand on voit que, depuis trente ans, la nation tout entière a vécu sous leur domination de plus en plus rude, de plus en plus déprimante et de plus en plus stérile ; quand on voit qu'elle s'est asservie à eux, corps et âme, sans en espérer grand'chose d'abord et avec la certitude, ensuite, qu'elle n'en peut rien attendre ; quand on voit ce que sont devenus les maîtres et ce qu'est devenu le peuple, on s'aperçoit facilement que ce n'est pas le peuple qui s'est donné des maîtres, mais que ce sont les maîtres qui, peu à peu, systématiquement, ont réussi à créer le peuple qu'il leur fallait, le peuple selon leur cœur, le peu-

Georges Darien

ple à leur image — le peuple prêt à l'ignoble politique des coups d'épingle, des coups de gueule, des coups de Bourse — mais pas à celle des coups de tampon. Ah ! non !...

*

Villeroi, Villeroi
A fort bien servi le roi...
Guillaume, Guillaume !

Nos monuments où flotte leur bannière
Semblent porter le deuil de ton drapeau.

Agir en vaincu et parler en matamore, c'est pitoyable. Le misérable état d'esprit qui fait de la France la risée du monde ne date pas d'hier. On put l'observer, en 1870, aussi bien dans le langage de la presse que dans la conduite des populations qui eurent à héberger l'envahisseur. Il est injuste d'en rendre le second Empire complètement responsable. Le mal a des causes plus lointaines ; nous les étudierons tout à l'heure. Ce qui est certain, c'est qu'il afflige aussi bien les chefs du gouvernement que les simples citoyens. Pour la période de 1870, je citerai les deux faits suivants qui peuvent, je crois, servir d'illustrations.

L'homme qui avait déclaré, avec des pleurs fameux, que la France ne céderait ni un pouce de son territoire ni une pierre de ses forteresses, eut à conclure l'armistice qui fut le prélude de la paix honteuse. Il était tellement pressé de s'avouer vaincu, de *s'établir* vaincu, lui et sa bande, qu'il oublia de faire figurer dans cet armistice l'armée de l'Est tout entière.

Moltke, dans une lettre publiée récemment, raconte une anecdote typique. Au commencement de mars 1871, lorsque les troupes allemandes victorieuses bivouaquaient dans les Champs Élysées, Bismarck eut la fantaisie d'entrer, lui aussi, à Paris. Il y vint seul, monta jusqu'à l'Arc de Triomphe, s'arrêta quelques instants, tourna bride et s'en alla au pas de son cheval. Comme il traversait le bois de Boulogne, des badauds, dont un grand nombre avait saisi

Chapitre I

l'occasion si longtemps désirée de sortir de leur ville, le reconnurent. Aussitôt, ce fut une tempête de hurlements, de sifflets, d'imprécations. « Ah ! vous aimez la musique ! » dit froidement Bismarck ; et il arrêta son cheval. Il tira un cigare de sa poche, et faisant signe à l'un des siffleurs les plus enragés, il lui demanda du feu. Le tapage, de suite, s'apaisa ; au milieu d'un respectueux silence le siffleur s'avança et, fort humblement, alluma le cigare du grand homme.

Ce siffleur n'est pas mort, soyez-en sûrs. Il a été boulangiste et il est, présentement, nationaliste. Il vivra aussi longtemps que la France — la France militaire — et sera toujours l'un de ses meilleurs soutiens. C'est lui qui parle, la larme à l'œil, « des chères provinces », et qui affirme que, depuis l'année terrible, leurs sentiments n'ont point changé. En quoi il a tort. Il est vrai que le caractère français de l'Alsace, en 70 et avant 70, était des plus douteux et que son patriotisme ne fut pas de première grandeur ; il est vrai qu'à Strasbourg, à Bitche, ailleurs, la population civile ne donna point l'exemple du courage et, dès que tombèrent les premières bombes, négligea la défense des remparts pour s'occuper à sauvegarder ses propriétés ; les rapports de la Commission d'enquête sur les capitulations — elle a eu de l'ouvrage, celle-là ! — sont concluants à ce sujet, et tous les papotages chauvins ne sauraient prévaloir contre eux ; mais enfin, sans aucun doute, les sentiments de l'Alsace ont changé. Avant 1870, elle était allemande ; aujourd'hui, elle est prussienne. Mais ce sont là des détails dont le siffleur ne s'occupe pas. Il vit sur des légendes puériles, des formules pompeuses, des romances bêtes.

Car, chose qu'on n'a pas assez remarquée, le caractère du Français, depuis la défaite, s'est profondément modifié ; il est devenu larmoyant, solennel et sentencieux. Autrefois, après leurs déroutes, les Français savaient fredonner des refrains spirituels, d'une jolie gouaillerie ; aujourd'hui, ils psalmodient des complaintes pleurnichardes et béates. Quelle différence entre ces fades cantiques de beuglants et les amusantes chansons qui nous viennent, si vous voulez, de l'époque où les Français, sur les ordres de Chamillart, joueur de billard fameux et ministre du Roi-Soleil, ne devaient livrer bataille aux troupes de Marlborough que lorsqu'ils étaient, *au moins*, deux contre un !

Georges Darien

Il faut reconnaître, pourtant, que les Français ont conservé une certaine gaîté ; ou, du moins, des prétentions à la gaîté. C'est une gaîté spéciale, qui peut faire rire, mais qui peut faire pleurer. Quand M. Brisson, par exemple, déclare que la France est une grande et fière nation ; quand M. Méline parle de l'estime dans laquelle notre pays est tenu à l'étranger ; quand M. Delafosse avoue que la France a besoin de l'Angleterre pour recouvrer l'Alsace-Lorraine, et de l'Allemagne pour obtenir l'évacuation de l'Égypte, — on ne sait vraiment pas si l'on doit se tenir les côtes ou tirer son mouchoir de poche.

*

Celui qui aime l'iniquité est l'ennemi de son âme.

Psaumes.

Les Français se moquent fort des Anglais parce que les Anglais vénèrent la Bible. Les Français ne vénèrent point la Bible. Ils vénèrent le Code Napoléon. Livre pour livre, j'oserai croire qu'il est préférable de vénérer la Bible.

Si les Français vénéraient la Bible, ou du moins s'ils la lisaient, ils y trouveraient bien des passages qui pourraient les intéresser et leur être utiles. Ils apprendraient que la chose la plus indispensable à l'homme, c'est le caractère, qui lui permet de penser librement, d'avoir des idées à lui, et d'agir d'après ces idées ; que la force consiste moins dans la longueur de l'épée qui vous pend au côté que dans l'énergie qui vous vibre au cœur ; qu'il est mauvais de se prosterner devant des images taillées et des idoles vivantes ; qu'il faut avoir confiance en soi-même, et non dans les alliances, qui sont toujours douteuses ; qu'il ne faut ni opprimer, ni subir l'oppression ; et qu'on doit haïr le mensonge, l'iniquité et les simulacres. Il y a beaucoup de belles choses écrites dans la Bible ; et beaucoup de belles choses, aussi, qui n'y sont point écrites et qui y sont tout de même. Mais il faut faire un effort pour les comprends. Et un effort est impossible quand on a été poussé au sommeil peuplé de cauchemars, à coups de fouet, par le soudard qui garrotte les instincts pour estropier l'indépendance, et par le prêtre qui pervertit l'entendement afin d'étouffer la conscience.

Chapitre I

Les Français sont descendus à croire que l'apathie armée, c'est la force. Ils ont fait litière de leur volonté. La vanité, la suffisance, leur en tiennent lieu. Ils se sont institués, gratuitement, le centre de tout, le point de comparaison dont ils rapprochent tout, le modèle sur lequel ils prétendent tout régler ; et la hauteur dont ils font preuve n'est qu'une nuance de la bassesse. Car ils se sont résignés à n'exister plus par eux-mêmes, à n'être quelque chose que par les impôts qu'ils payent et les exactions qu'ils subissent. Ils sont unanimes, ou peu s'en faut, dans l'acceptation de la servitude. Ils ne sont pas les seuls, certes, qui soient trompés par les gouvernements exploiteurs de peuples ; mais ils sont les seuls qui demandent à être trompés. Ils ne rejettent point la liberté par défaut de lumières, mais par orgueil bête et aveugle, par veulerie tenace, par parti-pris de stagnation. Le sentiment de la personnalité humaine comprimée, qui cause tant de douleur aux êtres forts, n'est plus une source de souffrance pour eux. Le sens moral, qui est le sens de l'action, leur manque. Ils ne savent plus ce que c'est qu'un acte ; ils en sont aux agissements. Et l'on dirait que la seule chose entière qui reste en eux, c'est cette rage interne, cachée dans les plus noirs replis de l'amour-propre, qui soulève en secret l'être ignorant, pusillanime et pervers contre tout ce qui vaut mieux que lui.

La défaite trempe le caractère d'une nation ; ou le brise.

*

La victoire est un résultat, pas une preuve.

LESSING.

La France a toujours affirmé qu'elle avait « une mission civilisatrice. »

L'exagération est ici tellement manifeste que toute discussion devient inutile. Que la langue française ait servi de véhicule, à travers le monde, à de grandes idées, pour la plupart d'origine étrangère, cela n'est pas niable ; reste seulement à savoir quel prix eurent généralement à payer, dans leur pays, ceux qui exposèrent ces idées, et quels sentiments d'estime et d'admiration singulières ils professaient pour la France. Mais, de là à conclure à une mission civilisatrice, il y a loin. Et si l'on voulait s'en tenir aux résultats co-

Georges Darien

loniaux obtenus dans le passé et dans le présent, il vaudrait mieux ne pas insister.

La France assure aussi qu'elle a « une mission libératrice. » C'est un peu plus sérieux. Il est certain qu'elle contribua — et beaucoup plus efficacement qu'elle ne le pense — à l'indépendance des États-Unis. Mais la « mission » me semble commencer là et s'arrêter là. La libération de certains peuples fut souvent un prétexte à l'invasion de certains pays ; mais rien qu'un prétexte. Je ne dis pas que les Français entreprirent toutes leurs guerres par pur esprit de conquête ; ils croyaient sincèrement aux motifs qu'ils invoquaient pour envahir les territoires de leurs voisins, et ce fut l'occasion seule qui les amena à les détrousser. Sincères, ils le sont presque toujours, sur le moment ; par courte vue, peut-être ; mais peu importe. La diplomatie étrangère le sait bien. La politique française, qu'on fit passer souvent pour la politique de Robert-Macaire, n'est même pas celle de Robert-Houdin.

Que, des bouleversements dont les Français furent cause, des perturbations que produisit leur humeur batailleuse, soit sorti un ordre de choses plutôt favorable aux idées de liberté, c'est une opinion qu'on peut soutenir. C'est, encore, une opinion qu'on peut réfuter. On peut croire que les Français ont été, souvent, les chevaliers de la liberté. On peut être convaincu, aussi, qu'ils n'en furent jamais que les maquignons. La Liberté veut des défenseurs convaincus, clairvoyants, tenaces. La liste des victoires françaises, si longue soit-elle, ne prouve rien à ce sujet. La victoire n'est pas une preuve. C'est la défaite qui en est une. La Prusse, après 1806, démontre qu'elle vit, qu'elle veut vivre. La France, après 1815, après 1870, ne démontre rien de semblable.

La France se vante aussi de sa sympathie pour les faibles, pour les opprimés, pour les victimes. Sentiments louables, qui ne sont pas toujours factices. La France a donné, en effet, quelques preuves de leur réalité ; elle a donné aussi, plus fréquemment encore, des preuves de leur absence totale. En ces dernières années, les Arméniens l'apprirent ; les Cubains, également. Si la France avait osé, c'est du côté de l'Espagne, monarchique et tortionnaire, qu'elle se serait rangée. Elle n'osa point.

Aujourd'hui, pendant le conflit engagé entre les Républiques Sud-

Africaines et l'Angleterre, c'est aux Républiques — chose réellement extraordinaire ! — que vont les sympathies de la République française. Le Boer est le héros du jour ; il fait prime. On porte aux nues le général Joubert et l'on est fier — oh ! tellement fier ! — de ce qu'il descend d'une vieille famille française. (On oublie de dire pourquoi la vieille famille française émigra en Afrique.) On célèbre les prouesses du vieux Kruger ; il fut berger, ô simplicité champêtre ! il tua des fauves ; parla d'une façon peu flatteuse à un grand seigneur anglais ; et un jour, mordu par un serpent, il se coupa un doigt, deux doigts, (on ne sait pas combien de doigts ; onze, peut-être.) La simplicité de la vie des Boers émeut les Français ; les Français goûtent fort cette existence patriarcale. « La famille ! disent-ils ; ah ! la famille ! Le vrai bonheur est là, et pas ailleurs. (Seigneur ! nous serions-nous trompés ?) Quelle joie ce doit être, de partager son temps entre les travaux agricoles et le repos bien gagné au milieu des siens ! Des serviteurs dévoués, des enfants obéissants, une épouse fidèle (ah ! oui), c'est le rêve, assurément. »

Les Boers ne lisent qu'un livre : la Bible. Voilà ce qu'on affirme et ce que les Français, surtout, trouvent très beau. Ils ne connaissent point la Bible, mais ils sont pleins d'enthousiasme, tout de même. La cuisine des Boers est peu compliquée : du maïs et du laitage, rien de plus. « Nourriture rationnelle, dit le Français en sirotant son absinthe : tous les excès sont nuisibles. » Les Boers couchent sur le couvercle des grands coffres où ils serrent leurs vêtements, et si une douzaine de gros clous, au moins, ne font pas saillie hors du bois, ils ne sont pas contents. « Dormir sur la dure, dit le Français, rien de tel : essayez-en. » Au Transvaal, les enfants imitent les vertus de leurs parents, qui se gardent de les flatter. Tout jeune Boer de dix ans qui se respecte tue son lion, chaque soir, en revenant de l'école. Il rapporte la bête à la maison, sur son dos. Le père Boer jette sur le corps de l'animal un rapide coup d'œil, hausse les épaules, et dit : « Peuh ! de mon temps, ils étaient plus gros. » La mère Boer dit : « Vraiment, mon garçon, tu es trop grand pour te livrer encore à de pareils amusements. » C'est ainsi qu'on doit élever les enfants, afin d'en faire des citoyens utiles. Voilà l'avis du Français.

Les enfants, d'ailleurs, ne manquent pas au Transvaal ; il n'est pas rare d'en trouver quinze, vingt, voire vingt-cinq, d'une seule lignée,

Georges Darien

tous légitimes et se portant fort bien. Dieu bénit les nombreuses familles, et les Français ne l'ignorent pas. (C'est les nombreuses familles qu'ils ignorent). Aussi, cet accroissement rapide de la population du Transvaal et de l'État-Libre les rend rêveurs. Est-ce bien vrai, ce qu'on raconte ? Très vrai. Et l'on montre des statistiques, et des documents sont produits. Sur quoi les Français, leurs hémorrhoïdes à l'aise en de confortables ronds-de-cuir, soupirent d'attendrissement ; et les Françaises, à califourchon sur leurs bidets, bavent d'admiration.

Ne vous y trompez pas, ce n'est point de la sympathie pour les faibles qu'éprouvent les Français ; ce qu'ils ressentent, c'est de la haine pour les forts. Ce ne sont point les Boers qu'ils aiment ; ce sont les Anglais qu'ils détestent. C'est la ruine de l'Angleterre qu'ils rêvent ; sentiment général, à part des exceptions très rares ; et exprimé non seulement par la presse, mais au café, dans la rue, partout. Ils parlent du Colosse aux pieds d'argile, sans avoir la pudeur de se souvenir que les deux pieds de leur Colosse militaire, qui n'étaient même pas d'argile, ont été coupés à coups de sabre et sont restés, l'un à Metz, l'autre à Strasbourg. À chaque revers des Anglais, ils exultent, écument de plaisir ; à chaque nouvelle de victoire, ils trépignent de rage ; ils prétendent croire au triomphe définitif des Boers.

La presse, plus ou moins stipendiée par le gouvernement, encourage ces effusions, les excite. Le gouvernement lui-même — indirectement, bien entendu — les approuve. Un M. L., dessinateur, publie des caricatures offensantes pour la reine Victoria, une vieille femme de quatre-vingts ans. M. Leygues, poétaillon ridicule, rétameur de la lyre d'Amiati et ministre, épingle sur la poitrine de M. L. l'étoile des braves. Si M. L. se figure que la croix de la Légion d'Honneur honore, libre à lui de se croire honoré, et même honorable. Quant au bout-rimé ministériel, je lui apprends que les Anglais n'ont pas attendu sa manifestation délicate et congrue pour exprimer d'une façon tangible leurs sentiments à l'égard d'une nation qui se targue de son savoir-vivre. Lorsqu'ils ont élevé un monument commémoratif de la guerre de Crimée, dédié aux soldats qui, côte à côte avec les Français, combattirent les Russes, ils l'ont érigé sur une place qui s'appelle la place de Waterloo. Aux quatre coins du groupe de bronze évoquant une confraternité d'armes, les plaques d'émail proclament l'estime du peuple britannique pour ses alliés d'un jour. Il y a peut-être là un manque de tact, mais quelle réplique anticipée aux démonstrations de ces temps derniers ! D'ailleurs, les Anglais ne se vantent point d'être le peuple le plus poli du monde ; et puis, ce ne sont pas des vaincus.

Il est vraiment incroyable que les Français ne se rendent pas mieux compte de leur propre situation. Ils ne devraient pas oublier que les désastres qu'ils ont essuyés en 70 sont sans analogues dans l'histoire et que, depuis trente ans, ils n'ont pas tenté de les réparer. Ils devraient comprendre qu'un peuple qui se trouve dans leur position ne peut conserver quelque dignité qu'en exerçant un grand contrôle sur lui-même ; et que, devant les démêlés qu'ont entre elles les autres nations, il n'y a qu'une attitude qui puisse lui convenir : poser sa chique, et faire le mort.

Mais non ; on veut faire croire qu'on est vivant ; et l'on crie, et l'on braille, et l'on insulte ; on racole les passants et on les excite contre ceux que cette pourriture, Gamelle, appelait hier l'ennemi héréditaire. On fait signe aux Indiens, aux Égyptiens, aux Russes, aux Canadiens, aux Derviches, à Ménélik. Levez-vous ! Révoltez-vous ! Mort aux Anglais ! En avant ! Les Français vous regardent !

Oui, ils regardent. Mais ils ne bougent point.

Pas de danger !

*

France, reine des nations !
MESSIEURS PERRICHON ET ERNEST ROCHE.

Ils disent qu'ils n'ont pas le temps, qu'ils sont occupés.

Leur Exposition demande tous leurs instants, réclame tous leurs soins. Ce n'est pas une petite affaire, cette Exposition. Elle fut votée parla Chambre le 18 mars 1896, anniversaire de la Commune, et la discussion générale fut close par un discours de M. Ernest Roche, nationaliste, qui déclara que la France devait « à son titre de reine de la civilisation de faire une grande Exposition qui sera l'une de ses gloires. »

Georges Darien

Six semaines après, le 1ᵉʳ mai, s'ouvrait à Berlin l'Exposition de Treptow Park, de beaucoup supérieure à toutes les expositions de Paris, surtout au point de vue artistique. Même, la rue du Caire qu'on exhiba à Paris en 1889 ne pouvait soutenir la comparaison avec celle qu'on présenta à Berlin. À ce sujet, je dois dire que je ne sais pas si l'on verra une rue du Caire à l'Exposition de 1900. Si l'on en voit une, ce sera l'une des gloires de cette gloire. Mais, après tout, ce n'est pas d'une rue du Caire que la France a besoin maintenant. C'est d'une rue Haxo.

Il est une chose dont les Français, dans une Exposition, ne sauraient se passer : c'est un clou. Il leur en faut un. Depuis qu'ils ne peuvent plus serrer la vis aux autres peuples, ils se contentent avec des clous. La tour Eiffel, en 89, fut un clou. Sa destruction, pour 1900, en eût été un autre. Elle fut proposée par un prêtre qui a horreur des clous depuis qu'un de ceux que Vaillant avait placés dans sa bombe vint égratigner sa tonsure. Mais le prêtre n'eut pas gain de cause. Les provinciaux, paraît-il, tiennent à la tour comme à la prunelle de leurs yeux, et son constructeur comme à sa croix de la Légion d'Honneur obtenue par le canal de M. de Lesseps. Donc, il fallait trouver un autre clou.

Plusieurs projets furent mis en avant. L'un, présenté par M. Alphonse Humbert, proposait de semer des statues dans les Champs-Élysées — deux et demie entre chaque urinoir, environ, — et de faire ainsi, de cette large artère, une Voie Triomphale. L'idée n'était pas banale, assurément. Pourtant, elle n'eut aucun succès en dépit de l'appui que lui apportèrent, m'a-t-on dit, les garde-chiourmes de Nouméa dont M. Humbert reçut autrefois tant de coups de matraque, et qui sont aujourd'hui ses meilleurs amis. C'eût été une bonne chose, pourtant, que de changer l'aspect, et peut-être le nom, de cette grande avenue. Les souvenirs qu'elle évoque, en effet, ne sont pas des plus flatteurs. Les chevaux des Anglais et des Cosaques ont mordu l'écorce de ses arbres, et les Prussiens y campèrent ; c'est, en un mot, le bivouac des vainqueurs. Il eût été sans doute plus facile d'en modifier le caractère et la destination en y plaçant quelques statues qu'en allant livrer quelques batailles au-delà des Vosges. M. Humbert, tenu au courant de bien des choses par ses amis de l'État-Major, n'agissait pas à la légère.

Je ne parlerai point des autres projets, excepté d'un seul : le mien.

Chapitre I

J'eus mon projet de clou, moi aussi. Ma modestie bien connue m'empêcha de le communiquer à qui de droit et, de ce fait, il n'a peut-être pas grande valeur. Mais, enfin, le voici : je proposais qu'on élevât, dans l'enceinte de l'Exposition, aux frais des victimes du Tonkin et de Madagascar — ou plutôt à leur bénéfice ; mais c'est la même chose — un grand Théâtre Nationaliste. On y eût représenté la *Prise de Berlin*, et le public aurait assisté à l'entrée, dans le Tiergarten, du brave général Mercier porteur de toute sa passementerie, et monté sur le clos vert d'Esterhazy, cheval marin.

Il fallait pourtant un clou pour cette Exposition. La revue du 14 juillet, bien qu'elle soit pleine d'attraits pour les patriotes, n'est pas ce qu'on peut appeler un clou ; la France y accroche ses espoirs, tous les ans ; mais, malgré tout, c'est comme un clou qui n'a pas de pointe. On ne pouvait songer à une nouvelle distribution de drapeaux, pour corser la cérémonie. La majorité des régiments français en possède déjà deux : l'un, qu'on sort de son étui pour le présenter aux jeunes soldats lorsqu'ils arrivent à la caserne ou lorsqu'on les mène au poteau d'exécution, et l'autre qui est accroché aux murs du Zeughaus, à Berlin. Comment trouver un clou ? Comment ?... Eh bien ! on en a découvert un.

Et un beau, et un fameux ; un clou symbolique. Au bout de la longue avenue qui, partant des Champs-Élysées, traverse la Seine sur le pont Alexandre III et se prolonge jusqu'aux fossés des Invalides — au bout de cette longue avenue bordée de palais éphémères, triomphe du truqué, du faux, de l'artificiel, du trompe-l'œil — oui, tout au bout, fermant l'horizon, on admirera le dôme de Mansart. Le clou, c'est ça : ce dôme qui recouvre un tombeau.

Et quel tombeau ! Celui de la Gloire militaire.

*

Pollice verso.

On le voit, l'inconscience a sa clairvoyance.

Je ne crois point, pour ma part, que l'Exposition soit une gloire, puisse en être une. Il n'y a aucune grandeur à élever une Babel

Georges Darien

de plâtras et de carton-pâte dont tous les artisans et les visiteurs, parlant pour ne rien dire, sont sûrs de se comprendre. Je ne pense pas davantage que ce soit une glorification du Travail. Glorifier le travail est vain. Il n'y a pas lieu de béatifier le Labeur. Le subir est suffisant. Cette Exposition sera ce qu'ont été toutes celles qui l'ont précédée : un étalage incomplet de possibilités libératrices dans une Kermesse de Servitude.

Mais il peut y avoir une certaine grandeur dans cette foire internationale si elle signifie (ainsi que pourrait le faire croire le choix du *clou* précité) que la France est décidée à s'engager dans une nouvelle voie, qu'elle est résolue à employer ses forces aux travaux et aux arts de la Paix au lieu de les consacrer à des préparatifs de guerre. S'il n'en est rien ; si cette Exposition est seulement un intermède ; si, dès qu'elle sera terminée, Chauvin doit recommencer à battre sa caisse et à empiler les écus des pauvres gens dans le tonneau des Danaïdes qui lui sert de coffre ; alors, on doit avertir les Français qu'ils font fausse route et qu'ils se préparent d'amers déboires.

Je sais qu'il est toujours dangereux de prophétiser. Helvétius écrivait, au sujet de la France, en 1771 : « Cette nation avilie est aujourd'hui le mépris de l'Europe. Nulle crise salutaire ne lui rendra la liberté. C'est par la consomption qu'elle périra : la conquête est le seul remède à ses malheurs. » Et pourtant, moins de vingt ans après, cette nation s'était relevée d'un bond… Est-ce bien sûr ?… Car, pourtant, juste cent ans après, cette nation était totalement écrasée… Cela, c'est certain… Eh bien ! non ! ce n'est pas vrai, qu'il soit toujours dangereux de prophétiser ! Quand on voit clair, on peut commettre une erreur de temps, mais voilà tout ; et Helvétius voyait clair. Que les causes qui, selon lui, produisaient la décadence française soient encore en existence, que le grand mouvement de la fin du siècle dernier n'ait eu qu'une signification réactionnaire et un effet déprimant, c'est ce que j'espère démontrer. Ce livre n'a point d'autre objet.

Et j'espère prouver, aussi, que le rôle militaire de la France est terminé. Je n'ignore pas les rêves de beaucoup, les chimères sur lesquelles voyagent certains esprits ; je connais les projets combinés, les plans élaborés en vue de la grande lutte qui, certainement, est imminente. Je pense aussi que la France ne renoncera pas, à moins d'y être contrainte, à son caractère guerrier. Je crois qu'elle y sera contrainte.

Nous allons étudier les causes qui, d'après moi, ont depuis long-temps préparé ce changement complet dans les destinées d'un grand pays. Quant aux événements immédiats qui amèneront di-rectement cette transformation, je ne puis les prévoir ; ils n'auront, d'ailleurs, qu'une importance relative. Tout est possible. Il est même possible que la France aille au feu, pour la dernière fois, sous la bannière du Sacré-Cœur. Mais, au point de vue militaire, je reste convaincu qu'on peut, sans aucune crainte de se tromper, pronon-cer les deux mots fatidiques : *Finis Galliæ*.

Chapitre II

Il n'y a rien de plus terrible que de voir l'Ignorance agissante.
Goethe.

Il y a quelque chose de plus terrible encore à contempler que l'Ignorance agissante. C'est l'Ignorance qui n'agit pas, mais qui braille ; l'ignorance hargneuse, aveugle, jalouse, fielleuse et lâche, qui recule devant l'action et ne vit que de bravades, de déclamations et de vantardises. On a pu l'admirer en France, cette ignorance-là, et dans toute sa splendeur, depuis trente ans. À certaines époques, notamment, telles que celle du boulangisme et l'époque actuelle. C'est comme un bubon, gros de rancunes, de rages, d'envies et d'impuissances, qui crèverait subitement et dont le pus empoison-nerait la nation presque tout entière.

Il est certain que la situation déplorable dans laquelle se trouve la France ne peut être supportée continuellement avec patience ; il faut de temps en temps qu'un exutoire s'ouvre aux colères, aux énervements, et aussi aux lassitudes accumulées. Le peuple fran-çais, songez-y, vit depuis plus d'un quart de siècle avec la convic-tion que les revers qu'il a subis sont irréparables ; avec la certitude qu'il ne recouvrera jamais les provinces qu'il a perdues, au moins par la force, et que la revanche est utopique ; et non sans la con-science de l'impossibilité qu'il y a pour lui à supporter indéfiniment l'énorme fardeau d'impôts dont il s'est chargé. Pourtant, avec le présomptueux entêtement des cerveaux vides, il ne veut point renoncer à la parole qu'il s'est donnée à lui-même ; il se cramponne en désespéré à des épaves d'espoirs ; fait semblant d'ajouter foi aux boniments des charlatans qui le grugent ; et persiste, en dépit des faits et des évidences, à poser pour le torse, à prendre des attitudes vengeresses. Rien n'est plus fatigant, naturellement ; il n'y a point d'exercice qui lasse plus rapidement et davantage que de donner des coups de poing dans le vide. Et, pour se reposer, se détendre les nerfs et se préparer à de nouvelles démonstrations, le Français se met à insulter ses voisins, à vider sur eux, à pleines hottes, la calomnie et l'injure.

Entre temps, il se permet de les juger, assure que l'Impérialisme anglais n'est que l'avant-coureur de la ruine pour la puissance britannique ; que la politique d'expansion inaugurée récemment par les États-Unis est une erreur, de conséquences incalculables ; et que l'Allemagne commit, en 71, une lourde faute en annexant l'Alsace-Lorraine. Il contemple, du fond de sa taverne, les progrès du monde, critique, nargue, moralise, suggère, sans songer à s'étonner un instant que tout marche lorsque lui seul reste immobile, accroupi sur sa défaite, en contemplation devant son armée — la Grande Muette, idole de la Grande Bavarde.

Elle est devenue l'idole depuis que, dès son retour des forteresses allemandes, elle se fut « régénérée dans un bain de sang » français. Elle a trouvé ses premiers fidèles dans la tourbe bourgeoise qui avait léché les bottes du vainqueur et n'aspirait qu'à baiser celles du vaincu ; car le fracas des canons, le cliquetis des éperons et des sabres sont nécessaires pour étouffer le bruit de l'or volé qu'on verse dans les coffres forts et les sanglots des victimes qu'on étrangle derrière les comptoirs ; horde immonde dont la lâcheté devant l'envahisseur fut sans bornes, dont l'infamie est indicible, et pour les privilèges de qui se firent tuer ou mutiler des nigauds qui seraient prêts, hélas ! à recommencer. Elle a trouvé ses premiers prêtres parmi les austères républicains que vomirent sur la place publique, le 4 septembre, les estaminets et les brasseries ; drôles résolus à se hisser au pouvoir sur des piles de cadavres, et convaincus que cinq mois de tueries et de dévastations ne feraient pas payer trop cher à leur pays l'honneur de leur apothéose.

Chapitre II

Ils l'eurent, leur apothéose ! Et c'est lugubre et risible en même temps, cette glorification des apôtres de la guerre à outrance qui signèrent le traité de Francfort, des bandits qui s'étaient donné la mission de sauver l'honneur de la patrie et qui ont vendu, non seulement son honneur, mais la patrie elle-même. Il est inutile de mâcher les mots. Les hommages rendus — à l'œil — à un fantoche comme Gambetta sont une honte pour une nation. De deux choses l'une : il fallait faire la paix après Sedan ; ou il ne fallait pas la faire du tout. Rouher avait raison. Et Rossel aussi avait raison.

Donc, les Outranciers, retour de Francfort et de Saint-Sébastien, instituèrent le culte de l'Armée. Le patriotisme, c'est-à-dire l'hystérique désir d'une revanche impossible, fut érigé en dogme auquel chacun doit se soumettre, sous peine de mort. Le code militaire est là pour prouver que je n'exagère pas. Il fallut ne penser qu'à l'avenir — à l'Avenir réparateur, au triomphe fatal, définitif, du Droit. — Oh ! quelle farce !... La notion de l'avenir est toujours dangereuse ; la tension vers l'avenir, déprimante. Et quand cet avenir est non seulement un mirage, mais le vide, le néant, le rien... N'importe ; il fallut se courber, accepter la doctrine patriotique formulée par les Pères de l'Église tricolore ; doctrine abjecte qui autorise, ordonne dans chacun le mépris de tous les intérêts particuliers, de tous les instincts personnels, sous prétexte de devoir public. Quel devoir ? La foi aveugle, irraisonnée, dans ce que Demain doit apporter. Le Présent ne compte pas ; Aujourd'hui peut être sacrifié impunément. Le Futur fait la toilette des condamnés. Il tient la hache.

*

Le patriotisme est le dernier refuge des coquins.

DR JOHNSON

Le patriotisme n'est pas seulement le dernier refuge des coquins ; c'est aussi le premier piédestal des naïfs et le reposoir favori des imbéciles. Je ne parle pas du patriotisme tel qu'il devrait être, ou tel qu'il pourrait être, mais du patriotisme que nous voyons en France, qui se manifeste dans toute son hypocrisie, toute son horreur et toute sa sottise depuis trente ans. Et je dis que la constatation ci-dessus, dont on peut facilement, tous les jours, vérifier l'exactitude, fait comprendre comment se recrutent les états-majors et les troupes qui constituent les légions du chauvinisme. Des naïfs et des imbéciles, je n'ai pas grand'chose à dire ; les premiers, dupes d'enthousiasmes irréfléchis et d'illusions juvéniles, arrivent souvent à se rendre compte du caractère réel de la doctrine cocardière et sortent, écœurés, de la chapelle où on la prêche ; les seconds, misérables êtres aux cerveaux boueux, forment un immense troupeau de serfs à la disposition d'un maître à forte poigne — ou à fort gosier — et portent leur patriotisme comme les crétins portent leur goître.

Quant aux chefs, ce sont quelquefois des républicains, quelquefois des monarchistes, quelquefois les deux ensemble, ou bien ni l'un ni l'autre. Ce sont, toujours, des coquins. Le patriotisme n'est pour eux qu'une enseigne qui doit attirer la foule ; un décor derrière lequel ils pourront machiner à loisir les combinaisons à leur goût. Au début, ils prenaient généralement quelque souci du public et s'arrangeaient à jouer leur comédie d'une façon à peu près convenable ; puis, la fatigue du rôle leur vint ; ou, plutôt, ils s'aperçurent que la foule, qui ne demandait qu'à être dupée, n'y regardait pas de si près, était disposée à se contenter de peu, même de rien. Ils cessèrent donc de s'imposer la moindre contrainte, et apparurent tels qu'ils étaient ; avides, sans scrupules, sans convictions, sans courage et sans talent. Blancs ou bleus, sectaires de la loge ou du confessionnal, ils témoignèrent, dans les concurrences déloyales et timorées qu'ils se firent, d'un égoïsme égal et d'un manque d'intérêt identique dans les destinées du pays. Je ne me donnerai pas la peine de consacrer deux lignes au pitoyable Boulanger. Je ferai seulement remarquer que la Prusse, après 1806, sut trouver le baron de Stein ; et que la France, après 1870, trouva, deux barons au lieu d'un : le baron de Mackau et le baron de Reinach ; elle eut même un troisième baron qui présidait, à califourchon sur le Veau d'or, aux évolutions des deux autres.

Jules Ferry, le seul des hommes d'État de la troisième République qui eut une certaine valeur, fut aussi le seul qui se refusa à jongler avec la balle patriotique ; il faut dire que son patriotisme était éclairé et sincère ; il faut dire aussi qu'il en mourut. La France n'aime à

Chapitre II

laisser vivre — et à faire vivre — que les ignorants et les charlatans. De ceux-là, ce sont des centaines et des centaines, d'un rouge plus ou moins foncé ou plus ou moins déteint, qui se succédèrent au pouvoir. L'histoire d'aucun pays, même aux heures les plus sombres, n'offre une pareille collection de nullités et de fripouilles. C'est réellement phénoménal ; depuis la chute de l'Empire on n'a pas vu, parmi les, gens qui prirent part au gouvernement de la France, une dizaine d'hommes à peu près intelligents. Il n'est pas naturel qu'une nation, livrée à elle-même, puisse produire et mettre en vue, dans un laps de temps aussi bref, une semblable troupe d'histrions ignares et malfaisants. La Providence a dû s'en mêler. *Gesta Dei per Francos.*

Chacun des scélérats qui attelèrent leur vermineuse incompétence à ce char de l'État qui n'est que le corbillard de la dignité nationale, avait, naturellement, son système particulier de gouvernement ; ou, du moins, prétendait l'avoir ; en foi de quoi il affichait un programme. Il avait un procédé spécial, très bon, pour pressurer le pauvre peuple au profit des gros voleurs à prébendes ; pour le tondre au ras du cuir, sans trop l'écorcher ; pour le faire à la tête ; ou bien, à la dure ; mais enfin pour le faire, lui et ses poches. Il promettait des réformes ; ou bien d'autres réformes ; ou bien encore d'autres ; ou bien toutes les réformes. On comprenait parfaitement qu'il continuerait à demander beaucoup à l'impôt, et davantage au contribuable — car l'impôt en numéraire n'est qu'une partie de ce que paye le contribuable ; il paye le reste avec sa santé, avec sa vie — ; oui, on comprenait que sa grande préoccupation était de faire suer le bonhomme ; mais n'était-il point naturel que le bonhomme suât ? Et pourquoi existerait-il, le bonhomme, sinon pour suer ? Mais on voyait surtout — et c'était là l'important — que le nouveau maître avait une recette qui le différenciait du prédécesseur qui venait de vider les lieux, et du successeur qui tournait déjà le coin de la rue. Le peuple français est fort au courant des spoliations dont il est victime et n'ignore pas qu'on se moque de lui ; il sait qu'il est volé ; il est même arrivé à croire qu'il est nécessaire qu'il soit volé. Il admet la chose en principe, sans discussion. Ce sont seulement les méthodes d'extorsion qui l'intéressent, de temps en temps.

Malgré les différences énormes que créaient entre eux des croyances inébranlables et des convictions profondes, tous les hommes qui dirigèrent les affaires de la France, opportunistes ou conservateurs, modérés ou radicaux, se rencontrèrent sur deux points : l'insouciance de la patrie et l'exhortation au patriotisme.

Leur négligence, volontaire ou inconsciente, des intérêts les plus évidents du pays est prouvée par une telle multitude de faits qu'il est inutile d'en citer un seul. Cette insouciance a été si grande, si abjecte et si entière, qu'il fut bon pour la France, je crois, qu'elle n'apparût point au monde sans voiles et dans toute sa hideur ; il fut bon qu'elle se trouvât masquée par les démonstrations extravagantes du chauvinisme à grosse caisse. L'outrance du patriotisme de beuglant et de carrefour put faire croire à quelque patriotisme derrière les murs du Palais-Bourbon, et l'on put supposer que les déclamations de la place publique trouvaient un écho, même très affaibli, dans les ministères. Déroulède et ses ligueurs ont sauvé les apparences en faisant la parade devant la baraque où s'empiffrait l'égoïsme des jouisseurs à mandats. La ridicule exagération de leurs sentiments revanchards, même, était nécessaire pour dérober à la vue du monde, au moins partiellement, l'infamie des mercantis au pouvoir. Ils devraient faire preuve d'une certaine gratitude, ceux-là ; et non contents de ne pas enlever sa croix de la Légion d'Honneur au grand proscrit, ils devraient lui en envoyer une seconde, qu'il pourrait astiquer au blanc d'Espagne. Et puis, surtout, ils devraient être patriotes, non seulement dans leurs paroles mais dans leurs actes ; ils devraient l'être puisqu'ils possèdent, ces hommes publics, d'une façon directe ou indirecte, une partie du sol de la France — puisqu'ils possèdent légalement tout ce qu'ils ont volé.

Mais, s'ils ne donnent pas l'exemple du patriotisme, ils le prêchent. De quelque parti qu'ils se réclament, leurs sermons et leurs homélies ne varient guère. C'est toujours le même couplet sur le merveilleux relèvement de la France, et le même refrain sur la revanche nécessaire que l'avenir tient en réserve ; toujours les mêmes déclamations farcies de sous-entendus d'allure menaçante et de lieux-communs hors d'usage ; toujours les mêmes invitations à l'union, à la concorde, à l'oubli des querelles et des dissensions. C'est toujours, par dessus tout, l'Armée posée en fétiche qui exige tous les respects et toutes les adorations.

Il faut que la France soit forte. Par conséquent, il faut qu'elle se vautre, dans la boue et dans les crachats, devant l'incarnation de la force brutale mise au service du pouvoir de l'argent. Il faut que la France soit forte. Par conséquent, il faut qu'elle fasse abnégation de sa volonté et de sa liberté ; il faut qu'elle renonce à tout espoir d'amélioration et de bien-être ; il faut qu'elle accepte silencieusement, et même avec joie, les plus inutiles des épreuves ; il faut qu'elle se courbe sans murmurer sous la plus dure des servitudes, qu'elle subisse la pire des tyrannies, la tyrannie anonyme. Il faut que la France soit forte. Par conséquent, il faut qu'elle se prive non seulement du superflu mais même du nécessaire ; il faut qu'elle se laisse pressurer, broyer, chair et âme, sous la meule tricolore ; il faut qu'elle soumette ses pensées à l'estampille officielle, qu'elle fasse matriculer ses haines et mettre en carte ses sympathies ; il faut qu'elle se saigne aux quatre veines pour verser les millions et les milliards dans la gueule toujours ouverte du monstre qui la gruge. Il faut cela, pour que la France soit forte. Il faut qu'elle souffre, qu'elle trime, qu'elle turbine, qu'elle truque, qu'elle ahanne et qu'elle crève — et qu'elle paye, paye, paye !

C'est pour cela — pour que la France soit forte — que tout ce qui constitue la valeur vraie d'une nation a été sacrifié à de honteuses impostures. C'est pour cela que la République, depuis 1870, a dépensé plus de six milliards pour une flotte qu'elle n'a pas et qu'elle n'aura jamais, et plus de trente milliards pour une armée qu'elle a et qu'elle aura jusqu'à la guerre. C'est pour cela que tous les citoyens ont à tendre leur cou au carcan militaire et au joug administratif, à témoigner d'un respect égal pour le livret matricule et les billets doux du percepteur. C'est pour cela qu'ils doivent se soumettre au despotisme galonné qui les meurtrit, les abrutit, les déprave ; qui jette leurs cadavres, par centaines et par milliers, dans la pourriture des casernes et les marais des colonies. C'est pour cela que notre enfance fut sinistre, notre adolescence lugubre et servile ; que, comme hommes, nous fûmes astreints à une discipline idiote et dégradante, traités ainsi qu'on ne devrait pas traiter des chiens ; que, au Tonkin, Okolovicz fut supplicié avec des raffinements de barbarie dignes de l'Inquisition, torturé, pendant des heures, jusqu'à la mort ; que, en Afrique, mon camarade Besserès fut assassiné, étranglé, étouffé par le bâillon qu'on lui avait enfoncé dans la bouche. Je vois encore le cadavre, en écrivant ; le cadavre ligotté, garrotté ; la barre de justice entravant les jambes raidies par

Georges Darien

la mort ; les fers attachant derrière le dos les mains violettes, tumé-
fiées et sanglantes ; la face... ah ! l'horreur, l'indicible horreur de
cette figure, l'épouvantable angoisse de ces traits contractés par une
souffrance qu'on rendit muette, la formidable haine que criaient
ces yeux grands ouverts !... « On est d'une même patrie, s'écrie
ironiquement l'un des personnages de Schiller ; par conséquent,
on doit avoir les mêmes sentiments. » Mais oui, mais oui. On a eu
tort de bâillonner Besserès, voyez-vous ; il aurait sans doute crié :
Vive la France ! avant de mourir.

Moi, je pousserai le cri pour lui — quand il sera vengé.

Maintenant, si après trente années d'un pareil système la France
n'est pas forte, on se demande avec inquiétude ce qu'il faudrait pour
la fortifier. Mais il paraît qu'elle est forte, forte comme un Turc retour d'Arménie, et même comme deux. L'heureuse assurance nous
en est donnée par M. Deschanel (fils, bien entendu, mais père dans
une certaine mesure). Ce M. Deschanel n'est pas homme à tenir
des propos en l'air — on prétend même qu'il ne peut rien tenir en
l'air — et lorsqu'il affirme quelque chose, c'est qu'il est sûr de son
fait. Or, il déclare que la France possède une armée très puissante,
la première artillerie du monde, un esprit patriotique qui fait prés-
ager de grandes choses, qu'elle est prête à la lutte, et très forte.

Bon. Alors — c'est pour quand ?

Oui, pour quand, la guerre ? Pour quand, la revanche ? Puisqu'il
était entendu qu'on devait tout souffrir pour que la France fût forte
et qu'elle pût mettre en bataille le bonnet phrygien dans lequel se
sont vidés tant de bas de laine ; puisqu'il est convenu qu'à présent
la France est forte et que l'excellence de ses canons et de son patriotisme lui assure même une incontestable supériorité sur sa rivale ;
puisque le but n'a point changé et qu'on dispose de tous les moyens dont on pouvait rêver pour l'atteindre — quelle raison peut-on
avoir de retarder le conflit ? Qu'est-ce qu'on attend ?

On attend que les étrangers aient pu admirer nos troupes, pendant l'Exposition ; on attend que la Russie donne le signal ; on
attend autre chose ; ou rien ; ou presque rien. On attend demain ;
voilà ce qu'on attend. Jusque-là, le peuple français doit continuer
à verser ses sueurs, son sang et son argent. Aujourd'hui, on paye ;
mais demain....

Chapitre II

Demain, on payera encore ; et après-demain, aussi ; et l'on payera jusqu'à ce qu'une insulte trop grosse, une maladresse diplomatique trop épaisse aient forcé les voisins à engager les hostilités ; et alors, il faudra payer pour la guerre ; et après, il faudra payer pour la rançon ; et après, il faudra payer pour les statues à élever au second Thiers qui aura libéré le territoire à grands coups de milliards.

Rien, hélas ! n'a éclairé la France ; rien ne peut lui ouvrir les yeux ; elle persiste à ne rien voir. Son histoire passée, dont elle ne consent à lire que des contrefaçons honteuses, ne lui donne aucune indication sur son avenir, ne lui montre point la route qu'elle devrait suivre dans le présent. Les yeux fixés sur un mirage qui sans cesse se recule, disparaît, et ne reparaît que pour s'évanouir encore, elle semble vivre dans une atmosphère étouffante et viciée qui enlève jusqu'à la possibilité même des compréhensions nettes et jusqu'au désir de l'énergie. On dirait que sur cette nation, la pénétrant par tous ses pores, plane l'odeur suffocante et putride de la défaite, pareille à un cadavre mal enfoui que la terre rejette, boursouflé et pourri, et dont les miasmes pestilentiels viennent empoisonner les vivants.

*

Je ne fume que le Nil.

Il faut avouer que tout a été fait, consciemment et inconsciemment, pour empêcher le peuple français d'apprendre ce que fut en réalité la guerre de 1870-71, d'en comprendre toutes les conséquences et la portée. Lorsqu'il était de la plus haute importance qu'il connût la vérité tout entière sur les événements qui pèsent et doivent peser d'un tel poids sur ses destinées, hommes d'État, publicistes, imagiers et grimauds semblèrent prendre à tâche de dissimuler les faits et leurs résultats logiques, immédiats ou futurs, derrière un pitoyable rideau d'héroïsme peinturluré par le mensonge et drapé par la sottise.

Faut-il faire le recensement des monuments aux héros de la guerre fatale ? Faut-il compter les myriades de cadavres allemands qu'entasse à chaque Salon, aux pieds de généraux français fumants d'orgueil, la féconde imagination d'artistes à l'âme tricolore ? Faut-il dénombrer les troupeaux de prisonniers prussiens qu'a su faire défiler la généreuse audace des chromolithographies ? Faut-il parler des innombrables romans, contes, nouvelles, dans lesquels est exaltée d'une surprenante façon la vieille valeur gauloise, tandis qu'est ravalée comme il convient, et peut-être définitivement, la lâche barbarie des Teutons ? Faut-il citer les prétendus ouvrages historiques, monuments de mensonge, d'ignorance et de mauvaise foi, auxquels des assassins à l'oreille fendue consacrent les loisirs de leur retraite, et que couronne l'Académie ?... Le marbre, le bronze, la toile peinte, le carton enluminé, les alexandrins, les ïambes, les phrases du livre et les périodes du discours semblent s'être conjurés pour donner au peuple une singulière idée de la lutte d'il y a trente ans.

« Le Français a une aptitude spéciale à expliquer ses défaites », écrivait le malheureux Trochu qui fut sans doute, après tout, le moins misérable des généraux de l'année terrible, et qui eut au moins la pudeur de disparaître après avoir paraphé la capitulation d'ordonnance. Rien n'est plus vrai ; il est non moins vrai que cette aptitude est plutôt déplorable, et qu'un gouvernement soucieux de la dignité du pays et de son relèvement réel aurait dû ne rien faire pour l'encourager.

Il eût été préférable, à tous les points de vue, d'empêcher la propagation de légendes absurdes ; d'avouer franchement comment les choses s'étaient passées ; de faire apprendre dans les écoles l'histoire complète et vraie du désastre. C'eût été la meilleure précaution à prendre contre sa répétition.

Si l'on avait un peu moins glorifié la défense de Paris — qu'immortalise, à défaut d'autre témoignage, le groupe du carrefour des Bergères, excellent point de repère pour les malandrins des fortifs, — il est probable que les Parisiens auraient montré quelque admiration pour la résistance de Kimberley, dont le siège fut d'une durée égale à celui de la Ville-Lumière, que Cecil Rhodes ne quitta pas en ballon, et qui ne capitula point.

Si l'on n'avait pas tant porté aux nues l'habileté des canonniers marins à pointer les canons de la capitale, les Français se rendraient mieux compte de ce que fut le rôle de la marine militaire,

Chapitre II

en 1870 ; ils sauraient qu'elle se montra hors d'état de rendre le moindre service ; qu'elle refusa énergiquement d'aller bombarder Hambourg ; qu'après avoir erré mélancoliquement sur les flots de la mer du Nord, elle se hâta de regagner Cherbourg pour échapper à la capture ; qu'elle ne consentit qu'avec la plus insigne mauvaise grâce à prêter les hommes et les canons nécessaires à la défense du territoire ; et que, en conséquence de ces faits, la contribution spéciale imposée par l'Allemagne comme compensation des dommages causés à son commerce par les croiseurs français (un million par chaque département occupé) eut une jolie saveur d'ironie.

Ce fut un tort de donner un relief exagéré à des épisodes glorieux certainement, mais sans influence sur les résultats du conflit ; la charge des cuirassiers à Morsbroon, la mort d'un général à Sedan, la défense d'une maison à Bazeilles. Il faut se défier des vertus du lyrisme ; ses feux d'artifice aveuglent, empêchent de discerner ce qu'il importe qu'on voie clairement. Ébloui par les apothéoses adroitement prodiguées à des faits partiels, le peuple ne songea même pas à demander raison de leurs actes aux auteurs de la catastrophe. Ils purent revenir d'Allemagne le front haut, plumes au chapeau et galons à la manche ; provoquer, par leur insolence, l'explosion de la Commune ; se livrer à la répression sauvage que réclamait la conservation de leur prestige ; cacher l'infamie de leurs capitulations de Metz, de Strasbourg, de Sedan et de Paris sous l'ignominie de leurs victoires du Père-Lachaise et des Buttes-Chaumont ; devenir les plus cruels et les plus inintelligents des despotes. Et vingt ans ont dû se passer avant qu'il fût possible d'élever la voix contre eux, avant qu'on osât se permettre de discuter la tyrannie militaire.

Ce fut une grande faute, aussi, de ne point exposer dans toute son horreur la conduite généralement abjecte de la population civile qui s'était refusée à prendre les armes — ou qui ne les prit que pour les rendre aux Prussiens. — Il eût été bon de mettre à nu l'égoïsme, la cupidité, la couardise et l'hypocrisie de la classe possédante et boutiquière ; de démontrer que son unique souci fut de protéger ses propriétés et d'accroître ses bénéfices, même par les plus honteux des moyens ; qu'elle ne se fit nul scrupule de troquer des vies françaises contre de l'or allemand ; et que, pour avoir la paix nécessaire à ses vils trafics, elle fit mettre à l'encan, par la tourbe qu'elle envoya siéger à l'Assemblée Nationale, l'honneur et

Georges Darien

l'existence même de la France.

L'existence, ce n'est pas trop dire. Car le traité de Francfort étrangle la France, lui lie pieds et poings, la tue virtuellement. Géographiquement, militairement, commercialement, à tous les points de vue il est aisé d'en constater les effets. Et pourtant, quelle que soit la dureté des articles que l'on en connaît, il en contient d'autres dont le caractère est tel que les gouvernements qui se sont succédé depuis 70 n'ont jamais osé les rendre publics. Ce n'est pas hier qu'un diplomate, qui savait à quoi s'en tenir sur les conditions odieuses imposées à la France, écrivait : « Toute notre armée n'existe que sur le papier. Tout ce qui se publie n'est que fantasmagorie pour satisfaire un public de gogos. Bien coupables sont ceux qui ont caché aux Français les clauses secrètes du traité de Francfort ! Je me demande si la France n'aurait pas encore bondi sous de tels coups et ne se fût brusquement réveillée ! »

Oui, mais il ne fallait pas que la France pût bondir, ni même qu'elle se réveillât. Elle devait vivre « repliée sur elle-même, » dormir ; elle devait être poussée au sommeil à coups de bottes éperonnées. Elle devait ignorer tout, ou presque tout ; ce n'était pas son affaire de s'occuper de ces choses-là ; on veillait pour elle ; elle n'avait qu'à accepter, les yeux fermés, les explications qu'on consentait à lui donner. Elle devait croire qu'on ne fortifiait pas Nancy parce qu'il était nécessaire « de canaliser l'invasion » ; et aussi que la création d'un nouveau corps d'armée dans cette ville ouverte renforçait la situation française à la frontière de l'est. Elle ne devait rien connaître des immenses travaux de défense que les Allemands perfectionnent et complètent encore aujourd'hui et qui, de Metz à Strasbourg en passant par la forêt de Hagueneau, barrent décisivement la route à une avance française. Elle ne devait pas avoir notion de son effroyable infériorité topographique, ni savoir que la revanche est actuellement impossible ; que l'invasion seule est fatale, qu'elle est préparée de longue main et sera foudroyante, que des wagons chargés d'approvisionnements et de munitions sont rangés en gare de Metz, attendant seulement qu'on y attache des machines pour rouler sur nos voies ferrées. Il ne fallait pas, surtout, que la France pût être conduite à penser qu'une organisation militaire, même parfaite, serait impuissante à conjurer le danger qui la menace, et qu'elle ne pourrait trouver le salut que dans des changements

Chapitre II

énormes apportés à son état général. Elle fut condamnée, par conséquent, à l'ignorance et au mensonge. Depuis les faux républicains du 4 septembre jusqu'aux faux républicains d'aujourd'hui, il n'y eut chez les gouvernants que deux préoccupations : s'associer avec les capitalistes afin de partager avec eux les dépouilles des pauvres, le tribut qu'ils payent pour exister et avoir des maîtres : et mentir, dissimuler quand même au pays les conditions réelles de son existence. Que ces gouvernants aient été bien coupables, comme le disait M. de Billing, c'est peu discutable ; autant, à coup sûr, que les gredins qui, par des tarifs de famine et l'organisation de la misère, ont abaissé le niveau intellectuel de la France et réduit le chiffre de sa population.

Donc, grâce à l'ignorance qu'on lui impose et aux contes à dormir debout qu'on lui prodigue, la nation peut se faire illusion à elle-même ; illusion, seulement ; car, avec quelque soin qu'on leur cèle la vérité, les peuples, comme les hommes, sont avertis par un instinct supérieur de la présence du mensonge ; ils ne le voient pas, mais ils le flairent. Et il suffit de jeter un coup d'œil en arrière pour s'apercevoir que la France n'a jamais cessé de soupçonner qu'on la trompait. Mais elle n'a pas voulu être détrompée. Il aurait fallu faire un effort ; il aurait fallu ne pas avoir peur. Et au lieu de se laisser confronter par la réalité de sa Défaite, elle a préféré rester face à face avec les fantômes vermoulus de ses Victoires mortes et le spectre imposteur de sa Victoire future.

Il est des gens, cependant, qui savent à quoi s'en tenir et ne s'illusionnent point. Les prétendants, par exemple. S'ils ne marchent pas, comme on dit, s'ils ont les pieds nickelés, ce n'est pas sans bonnes raisons. Tout le monde sait, et eux les premiers, qu'ils pourraient sans aucune crainte asseoir leur droit, divin ou profane, sur la croupe du premier cheval aux sabots matricules qui viendrait à passer. La France est mûre pour une restauration — elle a mûri en espalier, le long des casernes — et ne se ferait pas tirer l'oreille pour acclamer un tyran authentique. Les prétendants pourraient se mettre assez facilement d'accord, le trône n'ayant encore qu'une place ; leurs chances sont à peu près égales. L'un ayant pour lui les gens d'église et l'autre les gens d'armes, on devrait soumettre le cas à l'arbitrage impartial, non pas de la courte paille, mais de la Botte de paille ; et le concurrent malheureux aurait la ressource, comme consolation, de se mettre dès le lendemain à la queue des souteneurs du nouveau régime, c'est-à-dire à la tête de l'opposition républicaine. Mais, malgré le succès assuré qui couronnerait leurs tentatives, les prétendants persistent à ne pas bouger ; l'un ne cesse de parler, ni l'autre de se taire ; pourtant, en dépit des encouragements de leurs fidèles et des exhortations de leurs adhérents, ils ne se décident point à franchir la distance qui sépare de l'acte la parole ou le silence. C'est qu'ils sont convaincus, voyez-vous, qu'un changement de gouvernement en France signifie la guerre ; que la guerre signifie la défaite ; et la défaite, le démembrement. Voilà pourquoi, ainsi que je l'ai dit dans un livre consacré aux voleurs, tout le monde veut être de la cour, mais personne ne veut régner.

Les meneurs du chauvinisme, aussi, connaissent la situation réelle du pays. Ils savent qu'un nouveau conflit ne pourrait avoir qu'une seule issue. Leur outrecuidance, leurs insolentes bravades, leur forfanterie, cachent mal leurs convictions à ce sujet. Si Déroulède et son état-major de braillards avaient cru à la possibilité d'une revanche, ils ne se seraient point contentés des ridicules et stériles manifestations auxquelles ils se vouèrent. Ils auraient agi. Au lieu de déblatérer contre la pleutrerie du Pouvoir, à plat-ventre devant l'ennemi, ils lui auraient forcé la main, ils lui auraient mis une épée, de force, dans cette main. Au lieu d'aller parader, piaffer, déclamer et jacasser dans les rues de Paris, au lieu d'aller porter des couronnes à la statue de Jeanne d'Arc et des chapeaux à la statue de Strasbourg, ils auraient été renverser un des poteaux de la frontière de l'Est, ils auraient envoyé une balle à un gendarme prussien, ils auraient brisé les vitres de l'ambassade d'Allemagne. Ce n'était pas difficile ; et, cet acte simple accompli, ils avaient sûrement la guerre — qu'ils prétendent désirer. — Mais il ne la désirent pas. Ah ! non. Ou bien, si je me trompe, si les ligueurs du patriotisme croient que la France peut se laver de sa défaite et triompher de son ennemie, ce sont de tristes sires, en vérité, de ne point l'avoir obligée à la lutte *per fas et nefas*. Ce sont de tristes sires de lui avoir permis, et même conseillé d'éparpiller ses forces au lieu de les concentrer vers le point d'attaque ; de porter sur le pavois des coquins qui ont dilapidé ses ressources en hommes et en argent dans les aventures coloniales ; d'être aussi prodigues de paroles qu'avares d'actions.

Le spectacle qu'ils ont donné, qu'ils donnent, est avilissant, écœurant. Ils ont fait de la France un objet de pitié et de dérision. D'intelligence obtuse, de compréhension politique nulle, d'une ignorance sans égale, ils sont toujours prêts à trouver, à tous les actes qui leur déplaisent — ou leur portent préjudice, ou leur portent ombrage — des motifs vils et bas, des explications ignobles ! Ils lisent dans leur propre cœur en croyant déchiffrer l'âme d'autrui. Ils ne comprennent point qu'on les haïsse ou qu'on les méprise simplement parce qu'ils sont haïssables ou méprisables.

Ils écument, ils ragent, ils sifflent, ils déblatèrent. Qui n'ont-ils pas insulté ? Ils ont injurié même des femmes ; l'impératrice Frédéric, la reine Victoria… Leur jactance est misérable. Ces apôtres du carnage, ces missionnaires des meurtrières revanches, n'ont de courage que dans leurs gosiers. Ils ont des droits à faire valoir sur tout ; leur liste de revendications est d'une belle longueur. C'est l'Égypte, particulièrement, qu'ils réclament ; ils rêvent d'y rétablir la corvée, et même l'esclavage, comme à Madagascar. « Tant que la question d'Égypte, disent-ils, n'aura pas reçu sa solution nécessaire… »

La question d'Égypte ? Mais il y a longtemps qu'elle est réglée. Elle a été réglée par Nelson, à Aboukir.

*

Les Brigands : C'est une action digne de Belzébuth ! Qu'on vienne nous dire que nous sommes des coquins ! Non, par tous les diables, nous n'en avons jamais tant fait !

Schiller.

Ce qui prouve l'existence d'une idée supérieure, ce n'est pas le stupide *consensus omnium* ; ce sont les actes de quelques-uns. Ce qui prouve l'existence de la patrie, ce ne sont pas les déclamations des pourfendeurs ataxiques qui se sont arrogé le droit de la représenter, ni les applaudissements de la cohue de janissaires gâteux qui leur fait escorte ; c'est la décision, qu'a prise un petit nombre d'hommes résolus, de contester aux Tranche-montagnes à galons le monopole du patriotisme et de nier que la patrie elle-même puisse être l'apanage d'une caste privilégiée.

Georges Darien

Ce qu'est en réalité cette caste, des événements récents l'ont montré ; ils ont fait voir clairement quelle est sa valeur morale ; ils ont laissé deviner quelle peut être sa valeur effective. À vrai dire, ce n'est pas une caste ; c'est une troupe de bandits ; et de bandits — chose rare — sans aucun scrupule ; non seulement ils suppriment ceux qui leur font obstacle ou dont ils convoitent les dépouilles, mais ils se vendent, se livrent et s'égorgent entre eux sans la moindre hésitation. Je n'ai pas l'intention de raconter, une fois de plus, leurs exploits. Les infamies qui furent mises au jour n'ont surpris personne parmi les gens qui ont gardé la faculté d'observer et qui savent réfléchir ; ces gens-là sont même convaincus que les crimes exposés jusqu'ici sont, relativement, de fort petite taille et qu'ils ne doivent être considérés que comme des indications — comme l'avant-garde, ou plutôt la pointe d'avant-garde, d'une entière armée de scandales. — Je n'ai, pour mon compte, aucun doute à cet égard ; et j'expliquerai avant peu sur quoi je base mes pronostics.

Quant aux êtres qui ne savent ni observer ni réfléchir, qui portent leur cervelle dans leur ventre ou dans leurs bottes, et dont l'âme est un larynx, ils n'ont point été surpris non plus ; parce que rien ne peut les surprendre, parce qu'ils sont prêts à tout admettre, à tout avaler, parce qu'ils prennent les rayons que projette la lanterne sourde du sieur du Paty de Clam pour la lumière du soleil. Il est parfaitement inutile de chercher à les convaincre ; il n'y a qu'une chose à leur dire : Si la façon dont ceux que vous admirez traitent les Français ne peut vous émouvoir, vous serez peut-être émus par la façon dont ils vous feront traiter par les Allemands. Et vous le seriez sans doute aussi par la façon dont ils vous traiteraient eux-mêmes, s'ils osaient.

S'ils osaient ! Ah ! ah ! La répression de juin 48 et les massacres de la Commune seraient peu de chose à côté de ce que s'offriraient aujourd'hui les professionnels du sabre — et du rasoir. — Le sang coulerait à gros bouillons dans les ruisseaux des villes françaises, et Cayenne ne manquerait plus de colons. Oui, s'ils osaient, je vous en donne l'assurance, nous tous qui n'avons pour eux que les sentiments qu'ils méritent, nous tous qui haïssons le despotisme militaire et clérical, qui voulons être libres et qui n'avons point de billets de confession — nous tous, oui, qui croyons que la vie de notre pays ne doit pas commencer au bureau de recrutement pour

Chapitre II

finir à la sacristie en passant par le lupanar — nous serions fusillés, déportés, exterminés, hachés menu comme chair à pâté. Et pour ceux qui échapperaient il y aurait la servitude qu'ils réclament, qu'ils connaîtraient enfin dans toute sa hideur — et dont ils sont dignes. — La France, qui eut déjà une Terreur rouge et une Terreur blanche, aurait demain une Terreur tricolore — s'ils osaient.

Mais ils n'osent pas. Ces gens qui crient si haut pensent tout de même, tout bas. Leur fanatisme est fiévreux ; retors, cependant, et attentif. Leur ambition est agressive et cassante ; spongieuse, pourtant, et fort prudente. Ces paladins sont des baladins. Mais fort habiles au fond, malgré leurs maladresses de détail, souvent plus apparentes que réelles. Ils ont déjà plusieurs fois changé leur tactique sans qu'on y prît garde. Ils ont, présentement, complètement cessé de parler de Revanche ; ils ne parlent plus que de Défense nationale. Revanche ou Défense nationale, peu leur chaut ; ce qu'il leur faut, c'est une tête de Méduse qui pétrifie les intelligences. Mais il importe, peut-être, de faire connaître aux voisins que la France renonce à l'offensive ; que son armée est destinée exclusivement à des besognes intérieures ; et d'obtenir, en retour, une sorte de carte blanche — qu'on pourra transformer, le moment venu, en table de proscription.

Qu'on ne se récrie pas. La France en est là, et il faut avoir le courage de l'avouer : elle ne peut agir à l'extérieur, elle ne peut — surtout — opérer chez elle aucun changement profond, sans l'assentiment, au moins tacite, des nations environnantes ; ou bien sans être résolue à repousser leur intervention, au premier mot ou au premier pas, à coups de canon. Plus le temps passe, plus la situation s'aggrave. Je ne crois pas qu'aucun parti bourgeois, désireux de modifier la forme du gouvernement et de se hisser au pouvoir, se décide à risquer la lutte avec les voisins ; il préférera négocier. Et, plus ce parti contiendra d'éléments militaires, plus il préférera négocier. Il y a beaucoup de chances, d'ailleurs, pour que les négociations n'aboutissent point. — Je ne parle pas au futur. — Il y a des chances — chose terrible — pour que l'Anglais et l'Allemand continuent à défendre la France contre elle-même, sa liberté partielle contre la réaction complète, contre les deux monstres qui la guettent : la pieuvre militaire et le vampire catholique.

Quant à la guerre, non, aucun parti bien-pensant ne se déter-

Georges Darien

minera à en courir l'aventure ; les résultats en sont trop prévus. Et les professionnels du carnage, bien qu'ils aient semblé prendre à cœur de justifier d'avance toutes les représailles de l'avenir, seront les premiers à ne pas provoquer un danger dont les conséquences seraient immédiates. C'est pourquoi, tout compte fait, on ne marchera pas ; à la grande colère, vraie ou feinte, de la clique de pet-de-loups et de ronds-de-cuir qui emboîtent le pas aux habits chamarrés.

En voilà, qui sont talonnés par leurs ambitions à jeun, et qui voudraient aller vite ! Le temps presse, disent-ils, car le cheval que monte le général Roget, ce vieux cheval de retour (d'Allemagne), ne vivra pas toujours, pas plus que le général lui-même ; et il faut marcher avant que les Sans-patrie se décident à le débiter par tranches — le cheval ou le général ? Quelle phrase ! on dirait du Brunetière corrigé par Doumic — à la boucherie hippique du faubourg du Temple.

Mais les puissances galonnées font la sourde oreille, se contentant d'approuver du panache, par ci par là, une vociération ou un mensonge. Le parti nationaliste, produit par l'affaire Dreyfus comme un champignon vénéneux par la forêt de Bondy, peut donc continuer à gueuler, mais sur place ; il doit marquer le pas. Pour rythmer la cadence il avait un Tyrtée dont les vers boitaient à rendre jalouses les jambes de son aîné, et qui essayait de se faire prendre pour Don Quichotte parce qu'il était arrivé à mettre la moitié de l'ossature de Rossinante dans la lévite de Rodin. Depuis qu'on a envoyé ce personnage attristant prendre des hypothèques sur ses châteaux en Espagne, ce sont le faux poète Coppée et le vrai pion Lemaître qui battent la mesure à la bande sympathique. Il est difficile d'imaginer un spectacle plus lugubre et plus ridicule. Sainte-Périne fait des moulinets avec sa béquille, et Saint-Sulpice croise son goupillon déguisé en férule. Il y a des Français pour admirer ça. Il y a des étrangers pour en avoir honte.

Déserteurs de collège, transfuges de séminaire, mignons de l'Académie, se donnent la main et tendent la patte libre à la France ; qui n'a pas le courage de cracher dedans — mais qui finira, j'espère, par couper ces mains-là, et les têtes avec. — Je ne sais pas s'il y a une conscience nationale, et je souhaite qu'il n'y en ait point ; car elle aurait fait preuve d'une élasticité bien dégoûtante, depuis cent

Chapitre II

ans, et un homme qui serait affligé d'une conscience pareille serait un rude cochon. Mais je sais qu'il n'y a plus de Rasoir national, et qu'il en faut un ; et qu'il y en aura un. C'est dans le panier de son qu'elle laissera couler ses dernières baves, cette coalition d'assassins et de matassins, de faux-bonshommes et de fausses-couches. Elle réclame le champ de bataille pour les autres. Qu'on lui donne, à elle, le Champ de Navets !

? Je hurle à la mort. Sans aucune périphrase et sans métaphore, je dis que la France, si elle veut vivre, doit envoyer à l'échafaud les misérables meneurs de la bande d'imbéciles qu'on appelle le Parti nationaliste. Je dis que, si elle n'ose pas le faire, elle payera sa lâcheté de sa liberté et peut-être de son existence. Je dis que toute la vermine cléricale et chauvine disparaîtra, de gré ou de force ; et que, à défaut d'une guillotine française, il y aura des obus allemands et des boulets anglais. Je suis pour la guillotine. Quand les têtes des gredins du Nationalisme auront roulé sous la hache, nous nous occuperons des étrangers, s'il y a lieu. Mais ce n'est pas avec une armée du Vœu National que nous leur ferons face.

Qu'on ne vienne pas dire que de tels fantoches sont indignes d'un pareil sort et qu'il faut laisser à l'infâme Légion d'Honneur, plutôt qu'à la Louisette, le soin de cercler de rouge leurs cous de saltimbanques. D'abord, on ne leur demanderait pas d'honorer le supplice, mais simplement de le subir. Et puis, ne sont-ils que des pantins ?

Il est certain qu'il serait malaisé d'imaginer une troupe de faquins plus grotesques que ceux qui règlent et dirigent la parade du Nationalisme. Vous avez vu Coppée qui, après avoir étiré ses asticots sous les faux poids du petit épicier, s'est mis à les aplatir sous les roues des canons ; vous avez vu ce marguillier de la cheville, ce bedeau du truisme, avec ses allures gauche ? de larbin sans certificat, ses épaules en lutrin, sa peau vert-de-grisée qui semble imprégnée par toutes les saintes huiles, et ses oreilles en conques de bénitier. Vous avez vu Lemaître, avec son air effaré de caissier qui s'attend toujours à ce qu'on lui passe une pièce du Pape ; vous avez vu cette chauve-souris, produit abject et parfait du séminaire et de l'Université ; vous avez vu ses yeux — non, on ne peut pas ! — vous avez vu ses paupières, plus pesantes que si elles étaient de plomb, entre lesquelles coule un regard visqueux, plus blafard que

Georges Darien

la lueur blême qui suinte par les jours de souffrance. Vous avez contemplé Brunetière en Doumic ; et Syveton, dans sa barbe. Vous les avez vus tous ; même celui-ci, auquel il manque tant de pieds de tabourets dans sa salle a manger, et celui-là qui semble éternellement réclamer son bouillon de culture.

Vous avez assisté à leur comédie et écouté leurs boniments. Vous avez lu leurs journaux dans lesquels ils trouvent moyen d'entasser, chaque semaine, plus de faux et de mensonges que n'en pourraient perpétrer les pontifes de l'État-Major dans une année bissextile. Vous avez été témoins de leurs gesticulations d'énergumènes lorsqu'ils paraissent sur l'estrade pour prêcher la bonne parole. Vous les avez entendus parler de la Patrie, que des cosmopolites éhontés cherchent à détruire et nient sans vergogne, en même temps ; de la France, le premier pays du monde, qui doit se ressaisir de façon à être calme au dedans et respectée au dehors ; des autres nations, qui ne valent pas les quatre fers d'un chien ; des peuples germaniques, rebut de l'humanité ; et de la menace à la race latine. Peut-être avez-vous pu ouïr Millevoye, ancien magistrat ; ou Quesnay de Beaurepaire, ancien magistrat ; ou Chose, ancien machin. Vous savez de quelle voix vibrante leurs discours sont toujours prononcés ; vous savez comme ils vibrent ; ah ! quelles vibrations !… Vous n'ignorez point qu'ils sont prêts à passer de la parole aux actes ; que le fougueux Jules Lemaître, dès qu'on allume les becs de gaz, baisse sa visière de combat sur ses paupières qui battent la chamade ; et que le bouillant Coppée, lorsque sa sœur a versé dans la camomille matutinale trois gouttes de la liqueur des braves, met des éperons à ses pantoufles.

Et vous pensez qu'il n'y a là qu'une bande de jongleurs, plus ridicules que dangereux.

Mais derrière ces histrions et ces pitres qui crient Vive la Patrie ; derrière ces infâmes, ces fuyards, ces exemptés et ces pantouflards qui hurlent vive l'Armée ; derrière ces Cottins frénétiques et ces Perrin-Dandins en ébullition, c'est toute la hideuse cohue de la réaction qui se dissimule, qui rampe. Derrière Coppée, c'est Esterhazy qui s'embusque, et le chaste Flamidien se cale derrière Lemaître. Toutes les bêtes féroces du Capitalisme, du Militarisme, du Cléricalisme sont là, narines froncées sur leurs crocs, prêtes à sauter, griffes en avant, par dessus les têtes des aigrefins dont les

Chapitre II

gesticulations les masquent. Ces bêtes fauves sont trop connues, trop haïes et trop méprisées pour oser se montrer en personne, même sous une peau d'emprunt. Elles renonceraient même à se faire voir, à chercher à ressaisir directement le pouvoir tyrannique, et se contenteraient de la puissance occulte que leur laisse la lâcheté publique, si elles ne trouvaient point une bande de coquins disposés à leur préparer les voies, s'offrant à leur frayer la route par des cabotinages de turlupins patriotiques. C'est simplement parce que ces coquins existent, parce qu'ils ont créé le nationalisme et s'en sont institués les chefs, que la réaction s'est résolue à rassembler ses forces et se tient prête à entrer en lutte ouverte avec les hommes qui veulent rester libres. Quand on aura endoctriné un nombre suffisant d'imbéciles, quand on sera parvenu à ramasser, par delà la frontière, la carte blanche indispensable, les Boisdeffre, les Mercier et les Esterhazy tireront leurs sabres, les Assomptionnistes empoigneront leurs crucifix plombés, et la Savoyarde du Sacré-Cœur commencera à sonner le tocsin de la nouvelle Saint-Barthélemy ; aussi, les Coppée et les Lemaître travaillent ferme à l'enrôlement des goitreux ; afin de se tenir en haleine, Coppée se fait donner de l'eau bénite par le Père Du Lac, et Lemaître s'en fait jeter par Flamidien.

Ce ne sont donc pas seulement des saltimbanques, complices plus ou moins conscients de criminels qui les ont pris à leurs gages ; ce ne sont pas seulement des paillasses qui jouent de l'orgue pour étouffer le grincement du surin qu'on aiguise ou les cris de la victime dont on scie le cou. Ce sont les racoleurs des assassins ; ce sont ceux qui vont chercher les coupe-jarrets dans leurs repaires placés sous l'invocation de grands saints, comme Saint-Dominique, et leur mettent le couteau à la main. Ce ne sont pas les complices des meurtres qu'on prémédite ; ce sont ceux qui ont conçu le projet du crime, qui en ont préparé les éléments, qui en assurent le succès. Ce sont les vrais coupables, les plus vils, et ceux qu'il faut frapper d'abord. Ils savent ce qu'ils font ; sachons, nous aussi, ce que nous avons à faire. Question de vie ou de mort. Ils rêvent de nous envoyer à Satory ou au Père-Lachaise. Envoyons-les à Clamart.

Ces sales gredins, naturellement, se gardent bien de dire ce qu'ils pensent. Ils déblatèrent contre les gens discutables que la République choisit généralement pour leur confier le soin de ses

Georges Darien

destinées ; en quoi ils n'ont pas tort ; ils se gardent bien d'ajouter, par exemple, qu'entre ces républicains et les héros du nationalisme il n'y a aucune différence ; que les uns et les autres ne cherchent qu'à emplir leurs poches ; que les uns y ont réussi, et que les autres espèrent y parvenir — ce qui, tout compte fait, peut créer une distinction. — Après ça, ils parlent de république meilleure, de vraie république, de liberté des pères de famille ; ils affirment que, s'ils étaient au pouvoir, tout irait mieux. Pourquoi et comment, on ne sait pas. Des mots, des mots, des phrases sonores, des déclamations pompeuses et vides. Et, bien entendu, l'Armée, le Drapeau, la Patrie.

Où ils conduiraient la France si on les laissait faire, il ne faut pas espérer le leur entendre dire. Le savent-ils eux-mêmes ? Un traître a rarement l'intuition de toutes les conséquences de sa trahison. Et traîtres, ils le sont autant qu'on peut l'être, car ils savent qu'ils ne pourraient changer la forme du gouvernement sans risquer une guerre, dont les résultats seraient terribles pour eux, quoiqu'il arrivât, et dont ils ne veulent à aucun prix ; ou sans l'assentiment des puissances voisines, assentiment sollicité, ardemment désiré, mais qui ne serait obtenu — s'il l'était — qu'au cas où l'on s'engagerait à faire de la France une nation dévirilisée, rampante et servi le, une définitive guenille de nation. Alors ? Alors, ils ne savent pas. Armée, Drapeau, Patrie. Voilà tout. Ils espèrent réussir, d'une façon ou d'une autre, et à n'importe quel prix, à mettre du foin dans leurs bottes — et même dans leurs râteliers. — En attendant, ils décernent des brevets de patriotisme ; ou en refusent.

D'ailleurs, ce qu'ils disent, ce qu'ils déclament, importe peu. Il suffit de savoir que ce sont des êtres malfaisants, et qu'il est urgent de les mettre hors d'état de nuire. Quant à leurs plans, quant aux saletés qu'ils appellent leurs idées et leurs convictions, il serait inutile, même s'ils étaient capables de les exposer clairement, de discuter ça un seul instant ; on n'argumente pas avec la bête venimeuse : on l'écrase. Si ces misérables ont jamais pensé quelque chose, ils pourront en faire part au bourreau — pendant la *petite minute* qu'ils lui demanderont certainement, et qu'il leur accordera peut-être.

Il est une chose, pourtant, qu'ils répètent à tout propos, tellement haut qu'il est impossible de l'ignorer, et dont ils se targuent. Ils affirment être honnêtes, constituer le parti des honnêtes gens,

Chapitre II

représenter l'honnêteté, symboliser l'honneur. Tout ça ! Ils n'en prennent pas avec le dos de la cuillère.

Ah ! vous êtes honnêtes, les cocardiers ? Vous avez le monopole de l'Honneur ? Eh ! bien, vous savez, il ne faut pas être difficile pour en vouloir après vous, tas de cuistres, de castrats, d'hypocrites et de mouchards ! Et si j'ai un conseil à donner aux pauvres bougres dont vous voudriez faire de la chair à canon, que vous rêvez d'envoyer au confessionnal à coups de trique et au travail forcé à coups de crosse, c'est de se tâter pour voir s'ils en ont encore dans l'estomac, de l'honnêteté ; et s'ils en ont, s'ils ne se sont pas encore délivrés de cette sale drogue que vos pareils, assassins et voleurs, font avaler aux malheureux depuis tant de siècles, je les engage à s'en débarrasser tout de suite ; et à vomir ça, sur vos gueules. Honnêtes ! Pour sûr, que vous l'êtes, et jusqu'au cou — mais on empêchera la maladie de monter plus haut, n'ayez pas peur. — Honnêtes ! Mais est-ce que vous seriez les puantes crapules que vous êtes, si vous n'étiez pas des honnêtes gens ? Je vous dis que je n'en doute pas, de votre honneur ; il est là, le long du mur de Saint-Sulpice ; il fume ; il empeste ; il y a des morceaux du *Pèlerin*, à côté. Je vous dis que j'y crois, à votre honnêteté. Je vous dis que je suis sûr qu'elle est de bon aloi ; tellement sûr que je ne regarderai même pas ce qu'elle pèse quand on la foutra sur la bascule — la bonne — avec ses pattes crochues ligotées derrière le dos.

Et puis, attendez ; j'ai encore quelque chose à vous dire.

Mort aux vaches !

Chapitre III

En France, ce qu'il y a de plus national, c'est la vanité.
BALZAC.

La caricature avait autrefois créé un type bien français, et dont le nom sonnait, aussi, bien français. Mayeux. Monsieur Mayeux, et c'est fort regrettable, a disparu depuis longtemps. Je n'aurai pas la cruauté de dire pourquoi. Mais vous savez que les peuples, comme les individus, surtout lorsqu'ils sont affligés d'une certaine dose de vanité, n'aiment point les miroirs fidèles. Si j'étais caricaturiste, je ressusciterais Mayeux. Je voudrais bien être caricaturiste ; il y a encore une chose que je ferais : le portrait de Forain écoutant un discours de Quesnay de Beaurepaire. Il n'y aurait pas de quoi rire.

Mayeux non plus ne fait pas rire. Au fond, il est terrible. À côté de lui, Prudhomme n'est qu'une lamentable ganache. Prudhomme, du reste, est plutôt cosmopolite ; c'est presque autant le philistin allemand ou anglais que le bourgeois français. Mais Mayeux n'a rien d'international. Il est Français jusqu'aux moelles ; exclusivement Français. Il en est crevé, d'être Français ! Ou plutôt — car il a seulement fait semblant de mourir, et j'ai tort d'en parler au passé, — ou plutôt il aurait pu en crever. Mais un certificat de patriotisme, que lui décerna récemment la Ligue de la Patrie française, l'a fait sortir du cadre étroit des lithographies, où il agonisait, et l'a remis sur ses pieds, en chair et en os. C'est dans la rue que vous pouvez le voir, à présent, lorsque Brunetière se promène ; ou bien dans les salles où il pérore à huis clos devant le dos d'âne de Coppée ; ou bien dans les bureaux des feuilles pornographiques, où il passe sa copie en clignant de l'œil derrière les paupières de Jules Lemaître. C'est son nom qui figure seul, sous des orthographes multiples, sur les listes des ligues du Chauvinisme. Mayeux n'est pas seulement le nationaliste ; c'est le nationalisme. La bosse qu'entamera le couteau de la guillotine qui lui coupera la tête, c'est la bosse du nationalisme.

Vous connaissez le personnage. Grimaçant et biscornu, avec l'air d'avoir été conçu dans un fiacre à numéro impair, aux lanternes éteintes, et d'avoir été mis en nourrice dans une boîte à violon ; cynique et papelard, vorace et sentencieux ; plein de sales convoitises et de moralité intransigeante ; passionné pour les discussions politiques et les racontars graveleux ; impudent et couard ; irréligieux et cagot, portant son athéisme comme un plastron devant les honteuses superstitions qui le farcissent ; menteur, envieux, jaloux surtout de ce qu'il ne peut comprendre ; exclusif, ignare et pédant, sanguinaire et infâme ; ne se souciant pas plus de la parole donnée que des victimes de ses calomnies, et n'ayant jamais eu de poil qu'au bonnet de grenadier qu'il a déshonoré dans toutes les caves ; honnête homme, bien entendu, et homme honnête, et homme honorable, et homme d'honneur, et membre de la Légion d'Honneur, et de toutes les associations de malfaiteurs où l'on a

Chapitre III

vidé de l'honneur ; à cheval sur les principes, à genoux devant les traditions, et à plat ventre devant ceux que n'effrayent ni ses moulinets ni ses fanfaronnades ; et patriote, patriote, et encore patriote !... Tel apparaissait Mayeux, à l'époque où il n'existait qu'en effigie ; et tel il apparaît encore, aujourd'hui que son nom a disparu de l'affiche — et qu'il joue la pièce.

Ce sont d'autres noms qui s'étalent sur l'affiche, naturellement. Je n'ai pas l'intention de parler des héros qu'on essaye de mettre en vedette, de temps en temps, et qui font ce qu'ils peuvent pour se mettre en vente. Millevoye, très ingrat envers la mémoire du coloré Norton, son vieux complice qui s'est décidé à changer de vie (il a choisi la vie éternelle), fait toute la réclame possible à ces messieurs ; Coppée les gratifie libéralement de vers de sa décomposition ; et perpètre même en leur faveur des complaintes à illustrations, pour la confection desquelles Lavedan, rince-bouche des marcheurs édentés, lui prête son concours. Mais ces héros ne resplendissent pas assez pour attirer et retenir l'admiration des foules ; leur gloire est incontestable ; trop sombre, pourtant ; aussi noire que leurs chevaux, leurs âmes, et leurs victimes. Surtout, ils sont trop nombreux. Depuis qu'il suffit de massacrer quelques douzaines de moricauds pour devenir héroïque, les preux pullulent, et se gênent mutuellement ; ils ne savent réellement plus où donner de la tête (de nègre). Le héros est à vil prix ; même, on le liquide au rabais ; et les maris qui en refusent aux envies de leurs femmes sont vraiment bien pingres.

Mais la France, elle, n'a pas d'envies. Elle est toujours belle, comme autrefois, au grand soleil de messidor ; mais elle a cessé d'être grosse. Les sabres prussiens, à Sedan, lui ont enlevé les ovaires. Elle est prête à se laisser faire par un aventurier, voire par plusieurs ; elle se laisse faire de temps en temps, sans, façons, sur le pouce ; parce que ça peut l'amuser, parce que ça fait toujours passer le temps, surtout parce qu'elle sait qu'il n'y a pas de danger que ça prenne. Mayeux avait promis de lui amener quelqu'un de sérieux, ces temps-ci ; mais, à part ses héros-négriers, qui ne sont pas en formes et se dégonflent dans l'escalier, il n'a encore trouvé personne. Il se présenterait bien lui-même, sous une apparence ou sous une autre — peut-être sous celle de Cavaignac — mais il n'ose pas ; il se sent trop vilain, trop marmiteux et trop contemptible. Et même, à vrai dire, je ne sais pas si Mayeux tient beaucoup à jouer en personne le grand premier rôle, à être son propre régisseur ; je crois qu'il préférerait dénicher le protagoniste indispensable, et lui faire la couverture. Car Mayeux, qui fut si souvent procureur, est surtout procureuse.

En attendant que Mayeux ait réussi dans son honnête entreprise, et d'ailleurs sans grande confiance en lui, la France se satisfait par la contemplation béate de héros défunts, convenablement empaillés, mannequins à resplendissantes défroques, que font évoluer fièrement les vieilles ficelles de l'épopée et du lyrisme. On sait jusqu'à quel point Cyrano s'empara de son cœur. Entre le panache du Gascon, évoquant un passé de fantaisie, et la bosse de Mayeux, qui semble renfermer le secret de l'avenir, la France oublia le présent.

Et encore, non. Pourquoi oublier ? Les Français, en général, sont fort satisfaits de leur état actuel, et le croient digne d'envie. Quelque chose, un sentiment secret, les avertit sourdement de leur impuissance ; mais, malgré tout, ils sont convaincus qu'ils dirigent le monde ; au moins moralement. À part de rares exceptions, ils ne s'intéressent à rien en dehors du cercle restreint de leurs préoccupations routinières ; leur horizon intellectuel est limité par l'Ambigu, le Vaudeville, le Sacré-Cœur et la Bourse. Ils s'imaginent ingénument que l'univers est circonscrit par les mêmes bornes. Paris étant, comme ils disent, le cœur et le cerveau de la France, ils en concluent qu'il doit être, nécessairement, le cœur et le cerveau du monde — la Ville-Lumière. — On les étonnerait démesurément en leur disant que cette lumière pourrait être mise pendant fort longtemps sous le boisseau sans que le globe en souffrît, et même s'en aperçût ; on les surprendrait davantage encore en leur apprenant qu'au point de vue de l'étroitesse d'esprit, du bourgeoisisme, du culte du lieu-commun et de la médiocrité, aucune grande ville étrangère ne pourrait lutter avec Paris. On les scandaliserait en leur prouvant — ce que j'ai l'intention de faire ici — que presque toutes leurs opinions sur eux-mêmes sont absolument injustifiées, et que la place qu'ils assignent à leur pays n'est point du tout celle qui lui revient en réalité.

Pour eux, en effet, s'il est une chose qu'on ne peut mettre en doute, c'est que la France est le foyer du progrès, le pivot du monde intellectuel ; qu'elle occupe, à la tête des nations, une situation privilégiée que rien, absolument, ne peut entamer. Ni les vexations de toute nature, indignes d'un peuple libre, qu'il subissent à l'intérieur avec leur plus gracieux sourire, ni les camouflets de toute espèce qu'ils reçoivent sans interruption à l'extérieur, et qu'ils collectionnent religieusement, ne réussissent à les détromper. Sur d'autres sujets leurs opinions varient...

Et varient-elles ? On peut dire qu'au fond ils sont unanimes, ou peu s'en faut, dans la compréhension des choses. La diversité des convictions n'existe qu'à la surface, les dissensions sont factices. Sur ce qu'ils appellent les principes fondamentaux de leur état politique et social, ils sont tous d'accord, et d'un parti à l'autre il est impossible de découvrir de différence réelle. Écartez les mots, balayez les phrases, ne tenez compte que des faits ; et vous vous apercevrez qu'il y a entente parfaite entre les diverses fractions du corps politique, du corps électoral français. Tous les partis, tous les groupes que créa l'ambition des politiciens, bien plus que la force des circonstances, ont tour à tour exercé le pouvoir. Par quels actes peuvent-ils se différencier les uns des autres ? On pourrait en citer deux ou trois. Le gouvernement de l'Ordre moral, après le 16 mai 1877, le gouvernement de Jules Ferry, en 1881, signèrent des décrets et firent voter des lois d'un caractère bien tranché — mais qui, justement pour cette raison, restèrent lettres mortes. — La seule politique que veuille la France, c'est une politique incolore, insipide, flasque ; elle est prête à payer n'importe quoi pour avoir cette politique-là ; et elle paye, et elle l'a. Moyennant quoi, elle peut dormir et, entre deux sommeils, se trémousser quelque peu afin de donner aux autres et surtout à elle-même l'illusion d'une agitation féconde.

Lorsqu'ils se sont démenés un certain temps sur leurs tréteaux, et que leur danse du ventre commence à attirer l'attention de la galerie, les Français s'arrêtent soudain et s'écrient : « Du calme ! Au nom de ce que nous avons de plus cher au monde, au nom de la patrie, calmons-nous ! Ne nous déchirons pas entre frères ! Rappelons-nous que nous sommes tous les fils de la vieille France. Cessons ces querelles intestines qui ne peuvent que faire le jeu de nos ennemis ! Ne donnons pas à l'étranger, qui nous guette d'un œil jaloux, le spectacle de nos divisions ! » Sur quoi, ils célèbrent en chœur les vertus de l'apaisement et les beautés de l'union ; parfaite-

Georges Darien

ment convaincus de la réalité de leurs dissensions imaginaires ; persuadés qu'ils n'ont évité qu'à grand'peine des luttes fratricides : et sans se douter qu'ils ont toujours été aussi unis que des jaunes d'œufs dans une crème fouettée, aussi pacifiques que des lavedans à la guimauve.

Cependant, l'évocation de l'étranger qui guette d'un œil jaloux éveille à demi des inquiétudes vagues, jamais complètement assoupies, a Si cet étranger, non content de diriger sur nous ses regards chargés d'envie… Eh ! eh ! y aurait-il du danger ? Il faut se renseigner. » On va demander l'opinion d'un Hanotaux compétent. Le Hanotaux, après avoir endossé son habit à palmes vertes, donne son avis. « Il n'y a pas de danger. La France peut avoir pleine confiance dans l'avenir. Qu'a-t-elle fait jusqu'ici ? Elle a espéré. Qu'elle continue ! L'espérance, tout est là ! » Les Français se retirent, ravis, saluant très bas le Hanotaux. Et leurs espoirs restent pendus aux affirmations du Hanotaux comme des gringuenaudes aux accessoires d'une chute de reins.

Mais, s'il n'y a pas de danger, pourquoi ne s'amuserait-on pas un peu ? S'il n'y a rien à redouter des voisins, pourquoi ne les tournerait-on pas en ridicule ? « Nous aurions bien tort de nous gêner, disent les Français ; et allez donc ! C'est pas nos pères ! » (Quelquefois, tout de même.) La série des fines moqueries et des spirituelles caricatures commence. Ah ! que nous avons donc d'esprit ! Comme c'est ingénieux, cette déformation outrée, et toujours la même, des traits caractéristiques de voisins qui, certes, n'ont rien à nous envier ! Car, en général, (et aussi en généraux), nous ne sommes pas si jolis en France ; et je ne pense pas que ce soit un spectacle à enthousiasmer un artiste que celui de Coppée en saut de lit, ou de Reinach au déballage. Quant à la beauté féminine, qu'on a eu la purulente imbécillité de nier à l'Angleterre, où on la rencontre à chaque pas, je ne crois point qu'elle ait élu domicile en France où les femmes, d'ordinaire, n'ont rien de remarquable. Il y a, à mon avis, sous ce puéril parti-pris de débinage, une grande somme de jalousie, inconsciente ou non. Tous les peuples, surtout l'Angleterre — mais même le plus jeune, les États-Unis — tous les peuples ont un type national ; la Fronce n'en a pas. On peut retrouver sur les faces des passants, dans une grande ville française, les caractéristiques, plus ou moins abâtardies, de toutes les races ; on n'y peut

Chapitre III

jamais distinguer un seul trait purement français. C'est ma conviction qu'un type français exista, dans de faibles proportions, mais exista, à la fin du XVIIe siècle et au XVIIIe siècle ; et qu'il a disparu. La petite femme de Paris, pauvre poupée qui prétend elle-même être un type, n'est qu'une créature de néant, à tous les points de vue. Et l'amateur fonctionnaire, avec sa tête de Latin à la détrempe, représente on ne sait quoi ; même pas l'esclave ; l'affranchi. Ce sont, pourtant, les deux seuls êtres dont on ne rencontre pas le prototype hors de France.

Quand les Français ont raillé, caricaturé et diffamé à cœur-joie, leur inquiétude les reprend. N'ont-ils pas été trop loin ? N'ont-ils point dépassé les limites permises, même à des détraqués ? Et les voisins ne vont-ils pas se décider à mettre le holà ? Grave question. Il faut savoir à quoi s'en tenir, à tout prix. Des étrangers passent ; les Français les accostent, se cramponnent à eux, les accablent de questions. « Que dit-on de nous, dans votre pays ? S'est-on trouvé simplement piqué de nos délicieuses plaisanteries ? Ou ont-elles irrité profondément ? Êtes-vous disposés à user de représailles ? Allez-vous nous faire la guerre ? Oui ou non, est-ce la guerre ? » Les étrangers répondent que ce n'est pas la guerre, certainement ; qui voudrait faire la guerre à la France ? Et ils s'en vont, souriant dans leur barbe.

Les Français insèrent dans leurs journaux la réponse des étrangers. « Voilà ce que c'est, disent-ils, que d'être prêts ; ne reculez devant aucun sacrifice pour la défense nationale, et tout le monde vous respecte ; personne n'ose vous attaquer. Mais si nous n'étions pas prêts... » Là-dessus, ils passent, sur le papier, la revue de leurs forces militaires et navales. Au sujet de ces dernières, M. Lockroy, ce ministre de la marine qui vous donne le mal de mer, vient leur annoncer que quelques mécomptes sont à craindre ; mais on l'envoie retrouver son zouave submersible, en bas ; on préfère écouter un entrepreneur de blindages qui affirme que la flotte française, à l'occasion, étonnera le monde. (L'étonnement du monde a été mis à la mode par Kruger). Oui, disent les Français, nous étonnerons le monde ; nous en étonnerons même plusieurs. Et ils exhalent leur haine des races germaniques, qu'il haïssent parce qu'ils sentent qu'elles aiment la paix. Quant à ces Anglais dans l'Afrique du Sud, ça ne peut pas durer comme ça. « Mieux vaut ne plus

Georges Darien

garder de ménagements ! s'écrient les Français ; mieux vaut intervenir, envoyer des troupes de Madagascar, du Tonkin, de l'île des
Ravageurs et de la caserne de Reuilly ; si nous trouvons seulement
moyen de nous saisir de Durban, de Cape Town, et d'envoyer une
escadre bloquer Kimberley, l'existence de la perfide Albion touche
à sa fin. » Et ils parlent du jour du règlement des comptes, qui doit
venir, fatalement.

Quand il viendra, ils seront là, comme d'habitude, pour recueillir
le passif. Du reste, contents d'eux.

*

Il n'est pire disette pour un État que celle des hommes.

Jean-Jacques Rousseau.

La population de la France a cessé d'augmenter. Son énergie morale diminue tous les jours. La chair à canon va lui faire défaut, et
elle s'en plaint ; elle ne déplore pas l'absent de caractères, qui lui
manquent bien davantage.

Les êtres d'âme virile, doués d'une volonté clairvoyante et tenace
qui sait se choisir un but et faire tous ses efforts pour l'atteindre,
— les individus, en un mot, — sont rares en France. Quand ils
existent, leur situation n'est pas enviable. Je dirais même qu'ils sont
fort à plaindre, si je ne savais qu'ils ont le mépris de la pitié et qu'ils
refusent d'être plaints. La France a la haine de l'homme qui pense
par lui-même, qui veut agir par lui-même, qui n'a pas ramassé ses
idées dans la poubelle réglementaire et qui fait fi des statuts des
coteries abjectes que patente la sottise envieuse. Cet homme est
marqué au front, dès qu'il se montre, d'un signe à la vue duquel
tout le monde s'écarte. C'est un pestiféré. Un pestiféré pour lequel
il n'y aura pas même d'hôpital. Il faut qu'il disparaisse, et le plus
vite possible. Quelquefois il a la vie dure ; quelquefois il parvient,
en dépit de tout, à atteindre presque son but, à obliger la foule imbécile à le regarder ou à l'écouter ; mais il est trop tard. Les temps
d'épreuves, les années de misère ont fait leur œuvre ; et, en même
temps que le succès, voilà le corbillard qui arrive. Car il ne faut pas
que l'individu puisse vivre ; il ne faut pas qu'il donne au monde ce
qu'il était venu pour donner ; il ne faut pas qu'il trouble le som-

meil ou la digestion de la tourbe ignoble qui règne ; et, bien moins, qu'il puisse décider la horde d'esclaves qu'elle asservit à écouter ses paroles de révolte ; ou — plus dangereux encore — à contempler ses chefs-d'œuvre. Il faut qu'il crève. Il crève. Alors Mayeux, avec la bave de Jules Lemaître au coin des lèvres, prononce son oraison funèbre. En l'écoutant, le hideux Coppée ricane derrière le dos du petit épicier, tandis que Prudhomme pisse de l'œil — des larmes sincères souvent, et plus immondes, dix mille fois plus, que si c'étaient des pleurs de crocodile.

S'il n'est pire disette pour un État que celle des hommes, ainsi que l'écrivait Jean-Jacques, la France est pauvre. Elle l'est. Mais elle est satisfaite de l'être. Sa jalousie basse, l'envie abjecte et sans bornes qui la caractérise sont satisfaites aussi. L'envie démocratique ! disent les coquins du Tiers-État, toujours heureux de jeter sur les épaules du peuple le poids et la responsabilité de leurs vices. Non ! Envie bourgeoise, simplement bourgeoise, dont le virus a contaminé la foule mais qui n'en émane pas. Et c'est précisément pourquoi ce sentiment vil, qui s'attaque non moins aux hommes supérieurs qu'aux nations fortes, est si puissant en France ; car la France est, entre tous, le pays où l'esprit bourgeois — si l'on peut donner le nom d'esprit à une pareille saleté — exerce une autorité souveraine. Depuis un siècle, en dépit de toutes transformations superficielles, il n'a pas cessé de régner en maître ; il n'a pas cessé de niveler ; il n'a pas interrompu sa besogne d'assassin. Les noms de ses victimes, vous les connaissez ; elles n'étaient pas toutes révolutionnaires : l'une d'elles, qu'il tua, s'appelait Ernest Hello ; elles n'étaient pas toutes françaises : l'une d'elles, qui put lui échapper à temps, s'appelait Richard Wagner. Combien d'autres !… J'ai parlé de leur mort. Je ne pourrais point parler de leur vie. Cela, c'est indicible. Je ne sais pas dans quelle langue on pourrait exprimer toute l'horreur de l'existence que fait la France, de parti-pris, aux êtres doués d'un caractère. J'ignore comment on pourrait dire ce qu'ils endurent, ce qu'ils souffrent, toutes leurs angoisses et tous leurs désespoirs. Ce sont des parias… *Et cependant ce sont des hommes.*

La France ne veut pas d'hommes. Ce qu'il lui faut, c'est des castrats. Elle les exige de premier choix, coupe et profil (coupe surtout), rasés de près, tondus à la malcontent ; avec, si faire se peut, ce déhanchement prometteur que Flamidien admire en Jacques

Lemaître. (Je ne veux pas toujours l'appeler Jules ; on croirait que je pisse dedans). Pour les plus jolis d'entre eux, la France possède une chapelle Sixtine : l'Académie. C'est là qu'ils opèrent, ces opérés. C'est là qu'ils chantent la gloire du Nationalisme ; et je dois vous dire, ô Seigneur, que celui qui leur a coupé le filet n'a pas volé ses quatre sous. C'est là qu'ils psalmodient les cantiques en l'honneur du bon tyran qu'ils espèrent et qui leur accordera, dans son harem, la place à laquelle ils ont droit. C'est là qu'ils mettent à nu leur âme (une tonsure), et qu'ils combinent l'érection qu'ils appellent de leurs vœux, l'érection d'un nouvel édifice politique dans lequel ils se partageront les culs-de-four. C'est là que les excitations mutuelles produisent tout leur effet, et que les virilités se font voir (dans un bocal). C'est là que les Brunetière, les Lemaître, les Coppée, les Lavedan et la bande de cabotins et de pets-de-loups à leur suite — tous gens de haute naissance et de génie indiscutable, — donnant la main à d'autres vauriens qui descendent des croisés (étymologie : croisements), jurent de renouveler le fil rompu des vieilles traditions françaises et de rendre à leur pays le régime despotique et clérical qu'il réclame évidemment.

La France trouve que c'est beau ; admire ; et paye. Oui, on paye ça ! Il y a des gens qui meurent de faim en France — 90000 par an, pas plus, — et on paye ça ! On fourre de l'argent dans les poches de ces crapules qui trouvent que la nation n'est pas assez escroquée, et qui cherchent à lui jeter sur le dos une nouvelle bande de pillards ; qui font tout ce qu'ils peuvent pour arracher au peuple les malheureuses libertés qu'il a pu conserver ; qui rêvent de rééditer les tueries de juin 48 et de 71, qu'ils ont applaudies ! On paye ça !… Mais quand est-ce qu'on va commander les tombereaux qui viendront prendre toutes ces ordures pour les jeter au dépotoir ? Quand est-ce qu'on va commander, plutôt, — car, tant qu'il y a des lois, il serait bon qu'on les appliquât — quand est-ce qu'on va commander les paniers à salade qui doivent transporter à la Santé ces filous à dos verts ? Filous, oui ! Et de sales et hypocrites filous, des dévaliseurs de morts, ces quarante voleurs qui ont établi leur caverne sous la coupole de l'Institut. Tout le monde sait qu'ils ont à leur disposition d'énormes sommes qui leur furent léguées afin qu'ils fissent la répartition de leurs revenus, à certaines époques, suivant le vœu des donateurs. Mais tout le monde ne sait pas comment cet argent est distribué, comment la volonté des testateurs est méprisée, bafouée. Personne ne le sait ; personne ne sait tout. Le jour où on l'apprendra, le jour où l'on se décidera à faire la lumière sur la façon dont l'Académie française décerne ses prix et sur de nombreux faits qu'il serait facile de qualifier, ce jour-là un beau scandale éclatera. En attendant, je me permettrai d'affirmer, sans aucune crainte de démenti, que les sacripants à palmes vertes ne cessent de faire le plus malhonnête usage des fonds dont ils disposent ; et que c'est après avoir donné à de honteuses nullités, leurs créatures ou leurs flatteurs, l'argent dont ils frustrent des gens de mérite, après avoir refusé à des hommes comme Élisée Reclus les prix qui leur reviennent de droit, qu'ils osent parler de moralité et poser pour les patriotes.

Il est vrai qu'il faut bien qu'ils posent pour quelque chose, les cuistres ; puisqu'ils sont hors d'état de représenter la littérature et même leurs personnes ; puisque le sire de Vogué lui-même, à quelques efforts qu'il se livre pour faire mourir d'ennui ses lecteurs, n'est qu'un pâle reflet de son aïeul, assassin de soldats français. « L'Académie est un salon. » L'Académie n'est pas un salon ; c'est une bourriche. À part Anatole France, doué d'un haut talent, et deux ou trois autres qui, sans grandes idées, n'écrivent pas positivement mal, il n'y a là qu'une collection d'huîtres ; et d'huîtres contaminées. « Nous sommes des honnêtes gens. » Vous n'êtes pas des honnêtes gens ; vous êtes de glorioleuses canailles. Et ce serait un bonheur pour le pays que la disparition de cet antre de la sottise servile, du pédantisme hypocrite, lâche et féroce — de ce conservatoire de la cruelle et ridicule vanité nationale.

C'est vrai ; la France est descendue à ce point que l'existence d'une institution comme l'Académie est devenue un danger pour elle. Elle a la honte de voir le salon des Dos Verts transformé en quartier général des scélérats qui conspirent contre elle ; peut-être demain elle aura la honte de voir un nouveau coup d'État mené à bien par M. Homais, en uniforme d'académicien. Le plus honteux, c'est qu'elle sait parfaitement à quoi s'en tenir sur la valeur des gens qui la gouvernent aujourd'hui, et encore mieux sur le mérite des fripons qui aspirent à la gouverner demain ; elle sait que les premiers ne valent pas cher, mais que les autres vaudraient beaucoup moins. Elle ne se fait pas la moindre illusion sur le compte de la

Georges Darien

bande de politiciens qui la grugent depuis trente ans, qui remplis-
sent, à ses dépens, l'escarcelle opportuniste ou la besace radicale ;
elle n'ignore point que les Thénardiers du Nationalisme aspirent
à ajouter la tuerie au pillage, rêvent de fouilles sinistres au milieu
du sang, leurs bissacs gonflés de butin sur le garrot de Coppée,
le couteau du grand-père de Vogüé à la main pour l'égorgement
des blessés. Elle comprend parfaitement que, si elle ne fait pas
preuve d'énergie, et d'une grande énergie, elle ne cessera jamais
d'être dupe que pour devenir victime. Elle connaît la nullité sanguinaire des Nationalistes de parade, pitres qui ne craignent pas
d'exposer sur tous les tréteaux l'ignominie de leurs concupiscenc-
es ; elle connaît la nullité plus complète et plus sanguinaire encore
des Nationalistes honteux, chacals à bavettes qui font les difficiles,
qui ne veulent manger de la chair de pauvre que si on la garnit de
cresson d'urinoir : le Deschanel, avorton du crachoir, le Hanotaux,
foutriquet du rond-de-cuir ; des Deschanaux sans nombre ; des
Hanotel fort nombreux. Elle comprend que tout ça, au fond, c'est
la même clique ; elle comprend que, avec de simples différences de
ventres vides à panses pleines, elle n'a devant elle que des voleurs
et des meurtriers de miséreux, des thuriféraires du Veau d'or. Mais
elle aime à voir encenser le dieu du Capital ; elle tient à lui faire
hommage de ses génuflexions et de ses offrandes. Elle n'est pas lasse
des meurtriers. Elle n'est pas dégoûtée des voleurs. Lasse ? Allons
donc ! Elle passera la nuit dehors, au 14 Juillet, peur être sûre de
pouvoir applaudir Gallifet et Marchand, à leur passage. Dégoûtée ?
Je t'en fiche ! Elle mangerait de la merde dans la gueule a Reinach.

C'est une fameuse camisole de force, que l'apathie. La France en
fait l'épreuve. Si elle s'était donné la peine, il y a longtemps déjà,
d'exercer l'esprit critique dont elle n'est pas complètement dépour-
vue, quand elle veut ; si elle avait refusé d'accepter les opinions
toutes faites et d'avaler les sentiments tout mâchés ; si elle avait
eu le faible courage, seulement, non pas même de raisonner, mais
d'avouer franchement ce qu'elle voyait, ce qu'elle était forcée de
voir ; elle n'aurait pas connu la situation dans laquelle elle se trouve
aujourd'hui — situation terrible, qu'elle soupçonne, mais ne veut
même pas se donner la peine de regarder en face. — Elle est conduite à l'abîme, elle y sera conduite, par des gens dont le plus grand,
le plus épouvantable défaut, est d'être des imbéciles ; tous leurs au-

Chapitre III

tres vices, si énormes qu'ils soient, ne sont rien à côté de celui-là ; elle est conduite, elle sera conduite à l'abîme les yeux grands ouverts, mais trop molle, trop flasque pour résister. Sa débilité d'esprit et de cœur est indicible. Ses emballements sont factices. Ses enthousiasmes sont superficiels, proviennent de causes extérieures, quelconques ; n'affectent, pour ainsi dire, que l'épiderme. Je crois qu'il en a toujours été ainsi, au moins depuis longtemps. Le boulangisme, en dépit de son extension, n'eut jamais de racines ; les votes accordés au brave général, et les mandats-poste qu'on lui envoya, ne prouvent rien ; ce qui aurait prouvé quelque chose, c'eût été un mouvement réel, une marche en avant ; on se contenta de la marche des pioupious d'Auvergne. Chacune des personnes attachées nu parti boulangiste souhaitait plus ou moins vivement de voir ses confrères monter à l'assaut du pouvoir et réussir le coup d'État ; c'est certain ; mais à ce souhait, souvent peu ardent et surtout peu dicté par la confiance, se bornait tout l'effort, Personne, même parmi les meneurs du parti, ne croyait au succès ; les plus zélés s'efforçaient d'espérer qu'il se produirait tout de même, miraculeusement. Et bien peu de gens furent surpris de la grotesque cacade qui termina l'aventure.

Alors, pourquoi ces partis qui ne doivent vivre qu'un jour, dont l'existence est artificielle et dans l'avenir desquels personne ne croit, recrutent-ils tant d'adhérents ? Parce que, étant nouveaux, ils sont à la mode ; parce qu'ils donnent à leurs fidèles un petit air frondeur qui ne déplaît pas, leur permettent de porter le chapeau sur l'oreille ou sur les yeux, d'affecter des allures provocantes ou mystérieuses ; leur procurent l'occasion de dissimuler derrière des gesticulations stériles l'inertie morale dont, au fond, ils ont honte. Aussi, parce que l'existence d'un nouveau parti est une distraction, sans conséquence, mais qui combat l'énorme ennui qui dévore les âmes infécondes. Souvent, encore, le Français devient partisan de Monsieur Un Tel ou du général Machin simplement parce qu'il lit un journal qui recommande Un Tel, ou prône Machin ; journal qui l'assomme, qu'il déteste, mais auquel il est habitué. Ou bien, même, parce qu'un ami, qui désire se moquer de lui dans quelque temps, le prie instamment de donner son concours à Un Tel ; parce que sa femme, qui trouve que Machin a une belle barbe et qui veut voir « ce qui arrivera », lui demande de s'enrôler dans les troupes de

Georges Darien

Machin ; — en somme, pour qu'on le laisse tranquille, pour qu'on lui fiche la paix. — Il fait de l'agitation, ou prétend en faire, par amour de la quiétude, par pur besoin de somnolence. Oui, plus encore que par inconscience ou par cabotinage.

Il ne faudrait point se figurer, en effet, qu'il n'y a pas une bonne dose de parti-pris, voire même de machiavélisme, dans la haine que la France professe pour les Individus et dans l'amour qu'elle témoigne aux Médiocres ; elle sait parfaitement qu'elle n'a aucune transformation gênante, si salutaire qu'elle pût être, à redouter des Médiocres ; elle ne veut être dérangée à aucun prix ; par conséquent, elle préfère la situation lamentable que lui font les Médiocres à l'effort, qu'exigeraient les Individus — l'effort dont le résultat, qui semble aléatoire, est toujours mathématique. — Elle se rend compte, beaucoup mieux qu'on ne le croirait, de la nullité de ses grands hommes postiches, en politique, en art, partout. Elle évalue à leur juste prix, ou peu s'en faut, les coryphées des groupes parlementaires, les vibrions politiques et les lumignons littéraires qu'elle fait semblant de prendre pour des phares ; elle a pesé dans la balance du mépris les Méline, les Deschanel, les Sarrien, les Dupuy et la longue kyrielle de zéros que l'électeur plaça à leur gauche ; elle a constaté la castration des hongres de l'Académie ; et n'a aucun doute sur le mérite des héros militaires dont Lemaître, qui voit du jaune dans le drapeau tricolore, narre les prouesses. Oui, elle sait à quoi s'en tenir sur ces messieurs.

Eux, bien entendu, ne s'imaginent pas une chose pareille. Ils sont trop vaniteux, trop sots. Et quand nous les prendrons à la gorge pour les mettre au pied du mur — au pied du mur — ils seront tout étonnés de voir leurs partisans de la veille accourir pour leur cracher au nez.

En attendant, ils pérorent, recueillent tous les applaudissements qu'ils désirent ; quelques huées, aussi, et quelques horions (un prélude). Les thèmes de leurs discours, lorsqu'ils traitent de la politique intérieure, ne sont ni bien variés ni bien nets. Il leur est certainement fort difficile de dire, ce que tout le monde sait, qu'ils ne rêvent que de saigner leur pays aux quatre veines et de le faire crever en puanteur de sainteté. Ils se rabattent donc sur la politique extérieure ; affirment que le croisement des races est une mauvaise chose ; déclarent que l'influence de la littérature allemande, an-

Chapitre III

glaise, russe ou norvégienne est détestable, qu'elle embrume la magnifique inspiration gauloise, le lier génie latin ; prêchent la haine des nations étrangères, et surtout de l'Angleterre.

Alors, leur succès est d'assez bon aloi. D'abord, parce qu'une certaine conviction souligne leurs phrases d'ignorants fielleux : ils désirent tellement être pris au sérieux et craints par l'étranger, et ils sont tellement sûrs d'en être à peine méprisés ! Ensuite, parce que, dans l'état actuel des choses, toute compréhension de l'Anglais par le Français est impossible. La différence entre eux est trop profonde. L'Anglais veut pourvoir à des nécessités ; le Français, satisfaire des concepts chimériques ; l'Anglais a le sens de l'obéissance nécessaire et le goût de la liberté ; le Français a le sens de la domination et le goût de la servitude.

Il n'y a là nulle exagération. Paris sait quels fangeux gredins il a pour maîtres. La province sait que Paris n'est que la caverne des filous qui l'escroquent, avec des clowns devant l'entrée pour faire le boniment, et des putains dans l'arrière-boutique pour activer le service. Paris et la province sont fort satisfaits. Ils ruminent les rognures de vieux rêves imbéciles, sans se rendre compte de la position du pays, même au point de vue géographique ; sans s'apercevoir que la situation territoriale de la France, qui en fait une puissance à la fois militaire et navale, la condamne à la ruine, ou à la paix. Que représente la France, pour les Français ? Aux yeux des gens graves, qui possèdent, et qui réfléchissent profondément et pompeusement, c'est un poids nécessaire à l'équilibre européen ; pour les autres, c'est un hexagone.

De temps en temps, cependant, un certain malaise les envahit, les pénètre ; ils sont comme saisis d'une inquiétude vague, regardent autour d'eux, effarés. Ils voient tout d'un coup, avec terreur, quels fantoches ils ont placés aux postes dangereux, pour les défendre ; et ils distinguent, dans l'ombre, la cohue d'eunuques qui aspirent à leur succéder. Ils flairent le danger. « Qui pourrait-on mettre à leur place ? » demandent-ils, anxieusement. Ils cherchent ; ne trouvent point. Une nouvelle idole, peut-être ? Et ils parlent d'élever une statue à Metz, près de celle de Strasbourg, à l'ombre de l'obélisque. Mais une idole ne suffit pas.

« Qui pourrait-on mettre à leur place ? » continuent à demander

Georges Darien

les Français. Qui ? Mais vos intérêts ? Votre volonté ?

Ils n'y pensent pas. Ils n'en ont plus. « Nous avons besoin d'un Sauveur. » C'est un Sauveur qu'il leur faut.

Oui, en vérité, il leur en faut un. Eh bien ! ils l'auront !

*

… Je vois le Sauveur de demain
Faire le salut de l'épée
À toutes les croix du chemin.
F. COPPÉE.

Coppée va leur en amener un, qu'il a vu dans un rêve d'épopée.

Il le tient en laisse, au bout d'un chapelet, derrière la porte basse de la sacristie qui donne sur l'abattoir. Il n'y a pas besoin d'ouvrir la porte. On le connaît, son sauveur ; on l'a déjà vu ; on l'a assez vu. Il porte une soutane, en guise de chemise, sous son uniforme de capitulard ; et il a dans sa poche un goupillon-casse-tête, dernier modèle approuvé par N. N. S. S. de l'épiscopat national. Il est escorté d'Esterhazy, armé de sa lance de uhlan pontifical et tenant par la main le Père Du Lac, muni de son crucifix à ressort ; alliance qui ne peut surprendre, car comment un Esterhazy mangerait-il du prêtre ? C'est trop noir pour lui. Oui, voilà le sauveur que le Nationalisme tient en réserve. S'il parvient à sortir de l'égrugeoir où l'ont caché les serviteurs de Dieu et où les épouses du Christ viennent lui donner à téter, je vous promets un beau sauvetage, ô Français, Français que vous êtes. Vous devez pourtant savoir ce qu'ils vous ont coûté jusqu'ici, les sauveurs. Vous souvenez-vous ? Avez-vous oublié que ça finit toujours par un sauve-qui-peut, leurs sauvetages ? Coppée, lui, calomniateur des humbles et sangsue des pauvres, ne se le rappelle pas. Le souvenir de la part glorieuse qu'il prit à la guerre de 70 dont ses oraisons furent bien près de modifier le dénouement, la vision des mortiers qu'il sut contempler sans pâlir, des mortiers du pharmacien qui confectionna ses pilules pendant l'année terrible, n'ont pas laissé trace dans son esprit. Le sauveur qu'il rêve, c'est le sauveur légendaire, réglementaire devrais-je

Chapitre III

dire, qui commence son épopée dans les rues sanglantes de Paris et qui la termine à Waterloo ou à Sedan ; s'il arrive à s'incarner, ce sauveur-là, et si l'on souille d'une croix la tombe de chacune de ses victimes, il aura de quoi saluer de l'épée, le mec ! Et il faudra même qu'il ait un fameux poignet, un poignet de jésuite, un poignet habitué à des batailles spéciales, pour aller jusqu'au bout. Ça ne fait rien, c'est chouette tout de même, de penser qu'on sera salué quand on sera mort. Ça vous fiche l'envie de tourner de l'œil et de donner votre bidoche à bouffer aux asticots de la *Bénédiction*. Sacré Coppée, va ! Il n'y a que lui pour trouver ça ! — Coppée, faudra que t'écopes !

Si tu n'étais pas la baderne de sacristie et le sacristain de caserne que tu es, misérable, tu aurais probablement vu dans ton rêve un autre sauveur — celui qui viendra. — Il viendra sans qu'on l'attende, et sans parler. Il n'aura pas besoin d'expectorer des discours et de polir des phrases pour se faire comprendre. Son geste muet dira que le temps est passé des lâches mensonges et des hypocrisies meurtrières. Il ne saluera point les croix auxquelles est crucifiée la Misère : il les renversera. Il ne demandera pas de couronne : il exigera la liberté et le bonheur de tous. Il déliera les opprimés et appesantira sa main sur les oppresseurs. Son épée, ce sera la faux qui fauche le cou des tyrans, entre ses deux manches rouges.

Il viendra, oui… mais pas encore, peut-être. Il est possible que l'heure n'ait pas sonné pour la France, pour cette France qui s'aveulit et s'acagnarde chaque jour davantage, d'être tirée de sa léthargie. Il est possible que ce soit l'autre sauveur qui vienne d'abord, celui qui salue les instruments de supplice de son épée d'assassin, l'être immonde béni par le prêtre et chamarré par le soldat. Il est possible que les larbins du Nationalisme n'aient pas tort d'épousseter son plumet et de bassiner son plumard. Il est possible qu'il règne.

Non. Ce n'est pas possible. La couronne qu'il devrait porter, ce ne sont pas des mains françaises qui la tiennent ; elle est entre les mains de l'étranger. Et l'étranger — à moins qu'on ne lui offre ce qu'on n'ose encore lui promettre, parce que la France, tout de même, n'accepterait peut-être pas absolument tout — l'étranger refusera l'investiture ; il l'a refusée. Ce n'est pas sans motif que Gamelle, l'ordure, a exhalé sa colère contre l'Angleterre, n'a pu s'empêcher, en dépit de tout, de la vilipender ; les rebuffades qu'il essuya furent

Georges Darien

trop amères à sa vanité, et ses rancœurs étaient trop fortes pour qu'il pût les dissimuler, les taire. En voilà un, qui sait à quoi s'en tenir sur la possibilité d'une restauration en France ! À quoi bon se faire poser le diadème sur la tête si vous êtes obligé, en même temps, d'engager une lutte dont l'issue, forcément, doit être fatale ? Monter sur le trône aujourd'hui pour en être chassé demain par les boulets ennemis, ou par le fouet d'une révolution qu'aura provoquée la guerre — ou la paix ! — Triste chose ! Il est vraiment singulier, et c'est d'une ironie énorme, que les prétendants ne puissent atteindre le but de leurs ambitions que lorsque leurs acolytes seront parvenus à réduire le chiffre des effectifs militaires, à transformer l'armée nationale en armée prétorienne ; eux qui passent pour les plus fervents défenseurs du système militaire actuel, pour ses meilleurs soutiens ! C'est un point que je développerai avant peu. Je voulais seulement indiquer ici pourquoi les fourgons de l'étranger, qui doivent encore une fois nous ramener un despote, se refusent à rouler ; et faire remarquer que les souverains en expectative, s'ils veulent être sacrés potentats, doivent se faire casser la petite fiole sur la tête par leurs confrères d'Angleterre ou d'Allemagne.

Aussi, quand les Nationalistes à la Lemaître déclarent qu'ils ne veulent point toucher à la forme du gouvernement, qu'ils dési-rent seulement en modifier le caractère, ils ne mentent pas com-plètement. Ils tiennent, en effet, à conserver pendant un certain temps l'étiquette républicaine ; et quand cette république aura subi, dans un sens clérical et prétorien, des transformations agréables aux monarques du voisinage, l'enseigne disparaîtra comme d'elle-même et le changement de régime s'effectuera tout seul, naturel-lement. Les transformations qu'ils rêvent, ils ne les indiquent pas clairement ; pas plus qu'ils n'exposent leur conception du patrio-tisme, pas plus qu'ils ne définissent le mot Patrie. C'est dommage ; car ils savent certainement ce qu'ils ne disent point ; et l'on perd, par leur silence, l'occasion d'apprendre des choses qu'il serait très important de savoir, et qu'on ne sait pas.

Qu'est-ce que c'est que le patriotisme ? Qu'est-ce que c'est que la patrie ? Les Nationalistes, dont c'est le métier d'être patriotes, devraient donner des réponses exactes, fournir des formules pré-cises. Ils parlent « d'idées communes que nous avions autrefois ; de vieille civilisation spéciale ; de caractère propre ; des vérités françaises. » Si vous n'êtes point satisfaits, ils vous confient gravement « qu'il y a une conscience nationale, un culte de nos traditions nationales, de nos franchises et de notre drapeau. »

Et si vous vous récriez, si vous demandez quel est le sens de tout ce verbiage idiot, si vous demandez quels mensonges, quelles sottises et quelles saletés il y a derrière ces mots viciés et ces phrases creuses, ils vous chuchotent à l'oreille « que la France doit rentrer en possession d'elle-même, se reprendre, » et ils murmurent des choses confidentielles au sujet des « destinées certaines de notre terre, des besoins de notre sol et de nos morts. »

C'est vrai ! Leurs morts ont des besoins. Quels besoins ?... Et d'abord, comment s'appelaient-ils, vos morts ? Quels noms d'assassins, de traîtres et de crapules portent-ils dans l'histoire ? Catherine de Médicis ? Ravaillac ? Jean Chouan ? Cadoudal ? Bourmont ? Bazaine ? Henry ?... Montrez-les, vos morts ! Allons, exhibez-les, vos charognes !...

Et il faudrait prendre ça au sérieux ; il faudrait ne pas rire quand à propos de patriotisme ils vous parlent, avec le cuistre Renan, de « lien moral, de possession commune d'un riche legs de souvenirs » ; il faudrait ne point hausser les épaules lorsqu'ils viennent vous dire, avec le grimaud Brunetière, que ce qui constitue « la supériorité de l'amour de la patrie, c'est qu'il est irraisonné. »

Car, si vous vous permettez de rire, de hausser les épaules ; de penser et de dire que ces coquins fiolants sont non seulement des imbéciles, mais des traîtres ; que toute discussion de leurs prétendues doctrines serait dégradante et que le seul argument à employer contre eux, c'est le couperet de la guillotine ; si vous avez l'audace d'afficher de telles opinions, même de les laisser soupçonner, votre sort est immédiatement réglé. On déclare que vous avez cessé d'être Français ; on vous désigne à la haine de la tourbe tricolore et policière ; et l'on vous stigmatise d'un nom terrible, on vous proclame un Sans-patrie.

Nom terrible, certainement ; si terrible que la plupart des gens auxquels il fut appliqué se sont hâtés de protester, d'affirmer avec indignation qu'ils n'étaient pas des Sans-patrie. À tel point qu'on pourrait supposer que le Sans-patrie est une simple création de l'imagination malade des Nationalistes, qu'il n'y a pas de Sans-

Georges Darien

patrie.

Je dis qu'il y en a ; que, malheureusement, il y en a même beaucoup. Moi, par exemple, j'en suis un.

*

En fait, c'est le passé qui triomphe aujourd'hui ; nous voulons l'annihiler dans les Idées, dans les pensées, dans les plus profondes convictions de l'humanité.

HERZEN.

Je suis un Sans-patrie. Je n'ai pas de patrie. Je voudrais bien en avoir une, mais je n'en ai pas. On me l'a volée, ma patrie !

À tous ceux qui ne possèdent point, à tous les pauvres, à tous ceux qui ne sont ni les laquais des riches ni les bouffons à leur service, on a volé leur patrie. À tous ceux qui sont obligés de travailler pour des salaires dérisoires qui leur permettent à peine de réparer leurs forces ; à tous ceux qui ne trouvent même pas, en retour de la sueur de sang qu'ils offrent, le morceau de pain qu'ils demandent ; à tous ceux que leur cerveau plein désigne à la haine et dont le large front est brisé par l'indigence comme par un casque de torture ; à tous ceux qui errent le long des rues ou des routes en quête d'une pitance et d'un gîte ; à tous ceux qui renoncent à gagner leur vie et se décident à l'empoigner ; à tous ceux qui crèvent dans le fossé du chemin, dans leur taudis, sur le grabat de l'hôpital ou dans la cellule de la prison ; à tous ceux que tue la misère physique ou morale, ou qui se donnent la mort pour lui échapper — on a volé leur patrie.

À toutes celles dont l'immense labeur sans salaire permet à l'abjecte Société de continuer sa route imbécile ; à toutes celles dont les flancs féconds fournissent aux éternels Molochs la chair humaine qu'ils réclament sans trêve ; à toutes celles dont les flancs stériles sont voués aux luxures assoupissantes et dont les baisers mettent le baume du vice sur les plaies vives de l'universelle détresse ; à toutes celles dont l'intelligence, la bonté, la délicatesse et la grandeur d'âme sont étouffées ainsi que des plantes mauvaises ;

Chapitre III

à toutes celles qui sont victimes, esclaves, damnées — on a volé leur patrie.

Aux tout petits, dont l'âme à peine ouverte est flétrie par les émanations pestilentielles du marécage social ; aux enfants dont l'esprit a conçu des rêves que la liberté aurait fait naître grandioses, et que font avorter les grilles de la misère — on a volé leur patrie.

Aux armées de pauvres, aux hordes de misérables, et même aux bandes de brigands — on a volé leur patrie.

Je crie : Au voleur !

De tous les hommes auxquels on fait croire que le patriotisme est un sentiment abstrait, indéfinissable, qu'il ne faut point tenter d'expliquer, mais pour lequel il est utile et glorieux de souffrir et de mourir — on a chouriné l'esprit afin de les empêcher de voir ce que c'est que la patrie.

De toutes les femmes auxquelles on persuade qu'elles doivent, par patriotisme, mener une existence de dévouement morne et stérile, de noire abnégation, qu'elles doivent sacrifier sans espoir de récompense leur vie, leurs affections, leurs rêves, et les fruits de leurs entrailles — on a étranglé l'âme et arraché le cœur afin de les empêcher de voir ce que c'est que la patrie.

De tous les enfants dont on farcit le cerveau d'abominables et ridicules légendes et des infâmes leçons du catéchisme religioso-civique — on a étouffé l'intelligence afin de les empêcher de voir ce que c'est que la patrie.

De tous ceux qui travaillent, qui peinent, qui souffrent, et qui n'ont rien — on a tué l'énergie afin de les empêcher de voir ce que c'est que la patrie.

Je crie : À l'assassin !

Je crie révolte, et je crie vengeance. Je crie : En voilà assez !

Voleurs et assassins — les Riches — sont parvenus, grâce à la terreur et à l'ignorance qu'ils imposent et entretiennent, à obscurcir complètement la signification du mot : Patrie. Avec l'aide de leurs deux valets, le Prêtre armé du mensonge et le Soldat qui brandit un sabre, ils ont réussi à interdire à ceux qu'ils ont spoliés la compréhension du mot ; et, devant ce vocable qui ne doit avoir pour elles aucun sens précis, les victimes des Possédants ont dû se courber avec respect, jurer de tout sacrifier, existence comprise, aux choses mystérieuses qu'il représente. Mieux encore. Devant les menaces et les murmures des déshérités, las enfin de l'épouvantable servitude qui pèse depuis si longtemps sur leurs épaules, les Riches se sont émus ; non contents d'avoir à leur service le prêtre et le soldat, ils ont enrôlé dans leur garde les pions et les sous-diacres de l'écritoire : et ces drôles, s'emparant du mot qu'il ne faut pas qu'on comprenne, le déguisant davantage encore sous le clinquant des phrases et les oripeaux de la déclamation, sont arrivés à en faire un spectre qu'ils opposent aux plaintes et aux demandes des Pauvres — ce mot, qui doit être la synthèse de toutes les revendications sociales !

La Patrie, aujourd'hui, — et, hélas ! depuis si longtemps ! — la Patrie, c'est la somme des privilèges dont jouissent les richards d'un pays. Les heureux qui monopolisent la fortune ont le monopole de la patrie. Les malheureux n'ont pas de patrie. Quand on leur dit qu'il faut aimer la patrie, c'est comme si on leur disait qu'il faut aimer les prérogatives de leurs oppresseurs ; quand on leur dit qu'il faut défendre la patrie, c'est comme si on leur disait qu'il faut défendre les apanages de ceux qui les tiennent sous le joug. C'est une farce abjecte. C'est une comédie sinistre.

Un bœuf de Durham est de race anglaise ; un mulet du Poitou est de race française ; (il n'y a de race française que pour les animaux) ; ces bêtes ont-elles une patrie ? Les pauvres n'en ont pas davantage. Quel intérêt les attache au pays dans lequel les fit naître le hasard ? Aucun. Quelle garantie d'existence leur donne leur naissance sur un certain point du globe ? Aucune. Quelle solidarité existe entre eux, qui n'ont rien, et ceux qui possèdent tout ? Aucune. Quels liens, quel contrat moral, même quels efforts communs, voire quelles légendes, les lient les uns aux autres ? Néant. Et réellement, quel antagonisme d'intérêts peut exister entre un pauvre allemand et un pauvre français ? Quelles inimitiés raisonnables peuvent les diviser ? Il est bien certain qu'ils sont frères d'infortune, que les différences que l'on peut constater entre eux ne sont que superficielles. Proudhon avait raison de dire que la nationalité est surtout le résultat d'institutions politiques communes ou de la contrainte exercée par le Pouvoir central. Oui, c'est l'habitude d'une servitude identique ; la marque du même joug sur le cou.

Chapitre III

Ces Pauvres, que les Riches arment les uns contre les autres pour les luttes que provoquent les querelles de vanité ou les rivalités commerciales, ces Pauvres eurent, il y a quelque trente-cinq ans, l'idée la plus extraordinaire et la plus touchante qui se puisse concevoir. Ils constatèrent que, quel que fût leur pays d'origine, ils n'avaient pas de patrie ; et ils résolurent de se lier les uns aux autres par une association fraternelle, l'Internationale des Travailleurs. Songez-y ; songez à ce fait formidable : les travailleurs européens, dans le dernier tiers du XIXe siècle, déclarant qu'ils n'ont pas de patrie, et qu'ils n'ont pas de patrie *parce qu'ils travaillent*. Quel jour jeté sur notre civilisation !

Que les conclusions soient fausses que tirèrent les déshérités de cette triste constatation, je n'en disconviens pas. L'émancipation des travailleurs n'est pas un problème simplement local ou national, certainement ; pourtant, on peut en entreprendre la solution nationalement, pour commencer. Quant à la nécessité de subordonner tout mouvement politique au grand but de l'émancipation économique, elle est plus que discutable ; les événements de 1870, qui suivirent de quatre ans le congrès de Genève, se chargèrent de le prouver. Mais peu importe, pour le moment. Le grand fait subsiste qu'en 1866, les Pauvres affirmaient à l'unanimité qu'ils n'avaient point de patrie.

Ils n'en ont pas ; non. Les rapports de non-possédant à possédant sont pires, souvent, que n'étaient autrefois les rapports d'esclaves à maîtres. L'esclave, d'ailleurs, n'avait pas de patrie ; mais on ne lui disait pas qu'il en avait une. Aujourd'hui, l'on jure aux malheureux qu'ils ont une patrie ; on les engage à en être fiers, et à se montrer dignes d'elle en renonçant à toute autre préoccupation que celle de sa défense. En vérité, ce n'est même point le passé qui triomphe ; c'est quelque chose de plus hideux encore. Jadis, on ne connaissait pas l'immonde hypocrisie qui a cours maintenant. Les vieux spectres n'ont point cessé de hanter notre existence, mais l'imposture nouveau jeu les a drapés dans des linceuls neufs, dont Tartufe tient la queue.

Si les pauvres ont fini par s'apercevoir qu'ils n'avaient pas de patrie, il ne leur est pas encore venu à l'esprit, malheureusement, de chercher à savoir au juste ce que c'est que la Patrie ; et, ayant réussi à le savoir, d'en réclamer une. Car toute la question est là : s'ils

Georges Darien

admettent, comme le faisait l'Internationale, que les revendications politiques particulières doivent céder le pas aux revendications économiques générales ; s'ils admettent que les déshérités, afin de devenir citoyens du monde, doivent d'abord renoncer à la qualité de citoyens de leur pays (ou, au moins, renoncer à réclamer cette qualité pleine et entière, effective) ; s'ils admettent qu'afin de mettre un terme aux spoliations dont ils sont victimes d'un bout à l'autre du globe ils doivent s'abstenir d'abord de s'attaquer aux filous qui les dépouillent chez eux — ils sont perdus ; ils ne réussiront jamais à briser leurs chaînes ; ou ils n'y parviendront qu'au bout d'un temps très long. — Si, au contraire, ils cherchent à se rendre compte de la cause primordiale de leur sujétion ; si, l'ayant découverte, l'ayant réduite, pour ainsi dire, à son expression la plus nette et la plus simple, ils s'attaquent à cette cause avec énergie, avec ténacité, avec une volonté terrible qui refuse de se laisser détourner de son but — alors, leur succès est assuré ; et s'ils savent faire usage d'une politique très simple, dédaigneuse des vieux rouages de la politique bourgeoise, ce succès se manifestera très rapidement.

Qu'est-ce que c'est que la Patrie ? C'est la portion de la planète qu'occupe un peuple ; c'est cette partie du monde qu'habite chacun de ces groupements d'éléments plus ou moins divers que l'on appelle des nations ; c'est le sol sur lequel vivent ces nations ; c'est la terre sur laquelle chaque peuple a établi sa demeure ; c'est la terre, la terre elle-même. La terre, indépendamment de toute autre chose ; à l'exclusion de tous éléments spirituels, légendes, souvenirs ou aspirations ; à l'exclusion même de la fortune mobilière qu'elle contient, des instruments de production qu'elle porte, des richesses qu'elle a enfantées ou acquises ; à l'exclusion même du langage. C'est la terre, rien que la terre, et toute la terre occupée par une nation. La Patrie, c'est le sol de la Patrie.

La terre française, voilà la patrie française. C'est cette terre qui doit assurer, dans toute la mesure du possible, l'existence de tous les Français. C'est elle, et elle seule, qui doit subvenir à toutes les charges que nécessite la vie des hommes qu'elle porte. Elle ne peut pas être fragmentée, partagée à jamais entre les favorisés du sort au détriment des malheureux ; elle ne peut pas être divisée en parcelles plus ou moins étendues qui sont, chacune, propriété indivi-

Chapitre III

duelle. Elle ne peut point cesser, quels que soient ceux qui en ont la possession temporaire — individus ou communes —, d'être la propriété de tous les Français. C'est leur domaine inaliénable, intangible. Je ne dis point : cela ne serait pas juste, cela ne devrait pas être. Je ne crois ni à la Justice, ni au Droit. Je dis : cela ne se peut pas. Que cela existe actuellement, c'est pour moi une chose monstrueuse, insensée, à laquelle je crois à peine. La propriété individuelle du sol n'est pas seulement un vol ; c'est de la folie. C'est une preuve d'aberration chez ceux qui en sont exclus, et de démence plus grande encore chez ceux qui détiennent la terre.

Non seulement la propriété individuelle du sol condamne les multitudes à la plus effroyable misère morale et physique, tandis qu'elle fait de l'existence des riches quelque chose de misérable et d'indigne ; non seulement elle rend absolument impossible l'établissement d'une taxation équitable, c'est-à-dire intelligente, et utile — car le seul impôt logique, ou plutôt possible, ne peut peser que sur la terre — ; mais elle livre le pays tout entier aux entreprises de qui veut l'attaquer. Il est inutile de savoir beaucoup d'histoire pour se rendre compte de la façon de plus en plus piètre dont la France, depuis cent vingt ans, s'est défendue lorsqu'elle a été envahie. Il ne faudrait pas citer, une fois de plus, les Volontaires de la légende ; outre que les causes qui déterminèrent leur enthousiasme n'existent plus aujourd'hui, et que les illusions généreuses d'alors ont fait place aux décourageantes certitudes d'à présent, on ne doit pas oublier que ces Volontaires furent intéressés, matériellement, à la défense du territoire. Qu'ils fuient volés ; que les Propriétés Nationales passèrent dans d'autres mains que les leurs ; qu'on leur permit, quand ils revinrent de la guerre, de crever de faim à leur aise le long des murs des dites Propriétés, accaparées par l'héroïque Bourgeoisie ; tout cela ne prouve rien. Le fait reste que, pour les engager à combattre pour la Patrie, on leur promit une Patrie. Le principe a donc été admis. Voilà un précédent.

Quant aux invasions de 1814 et de 1815, quant à l'invasion de 1870-71, surtout, mieux vaut n'en point parler. Je préfère ne pas dire ce que fut, à part quelques belles exceptions, la résistance française. En deux mots, les riches ne cherchèrent qu'à sauvegarder leur propriété — ou à l'accroître — et les pauvres prouvèrent, de toute la force de leurs faibles moyens, jusqu'à quel point ils se désinté-

Georges Darien

ressaient du conflit. C'est en vain qu'on me parlera de l'héroïsme attribué à la population faubourienne de Paris, pendant le siège ; la capitale était atteinte de ce qu'on a nommé la folie obsidionale, et les gens que n'absorbait point le souci de leurs intérêts étaient la proie d'un état mental qui ne leur permettait plus de considérer la guerre que comme un Jeu. Du reste, on n'ignore pas que les gouvernants civils ou militaires n'eurent alors qu'une préoccupation : empêcher à tout prix cet héroïsme potentiel de se traduire par des actes ; ils redoutaient visiblement d'avoir à payer, plus tard, les services qu'auraient rendus les déshérités. Ils auraient certainement été forcés de leur faire des concessions ; et ils préféraient de beaucoup verser aux Prussiens des milliards dont pas un centime, en réalité, ne sortait de leurs propres poches ; milliards procurés par des emprunts qui constituaient pour les riches une opération financière acceptable ; emprunts que les pauvres ont déjà amortis plusieurs fois sans qu'il y paraisse le moins du monde, et dont ils devront continuer à payer les intérêts jusqu'à ce qu'ils se déterminent à régler le Grand Livre, avec une allumette. Le parti-pris de trahison, la volonté bien arrêtée de décourager la résistance dès qu'elle tenterait de se manifester, furent évidents partout, chez les possédants, durant toute la période. C'est ainsi que des chefs indignes, à l'armée de la Loire — dont la France, malheureusement, ignore l'histoire — faisaient fusiller leurs hommes, par vingt et trente à la fois, pour les infractions les plus futiles à une discipline absurde. Je pourrais citer des milliers de faits. À quoi bon ?...

Je m'en voudrais de ne pas dire exactement ce que je pense. Je crois que si la France était attaquée demain, sa situation politique et sociale demeurant ce qu'elle est aujourd'hui, elle n'offrirait pas même la défense qu'elle a offerte en 70. Je suis convaincu que des transformations profondes, qui rendront une patrie aux déshérités, pourront seules lui permettre de repousser l'agression. Entre la suppression de la propriété individuelle du sol et la défaite irrémédiable, finale, il n'y a place pour aucune hypothèse. La Patrie Française sera constituée, en fait, ou la France périra.

Je ne crois pas qu'une guerre soit absolument nécessaire à la formation d'une Patrie réelle ; mais, vraisemblablement, elle en provoquera la création ; un événement considérable — étant donnée surtout l'apathie régnante — pourra seul amener une modification

Chapitre III

aussi importante dans l'état général d'un grand pays. Je n'ai pas non plus l'intention, bien entendu, d'opposer la Patrie à l'Humanité ; ce serait aussi absurde que d'user des sophismes démodés de ces rhéteurs qui voulaient qu'à l'Humanité on sacrifiât la Patrie ; la Patrie se fond de plus en plus dans l'intérêt humain, dans le genre humain tout entier ; le patriotisme se transforme en un large sentiment de compréhension universelle. Par la force même des choses, la sphère de l'intelligence de l'Homme — je dirais de ses devoirs et de ses droits, si je croyais aux devoirs et aux droits, — s'étend tous les jours. Mais je pense qu'il est bon, qu'il est nécessaire, que l'homme soit citoyen de son pays, en toute réalité, pour devenir citoyen du monde ; je crois fermement, surtout, que c'est à cause de l'existence d'une immense classe de déshérités, chez toutes les nations, que les guerres, les haines internationales, sont possibles. Ces pauvres qui ont été dépouillés de leur patrimoine ; de l'enfer desquels, ainsi que l'a dit le poète, est fait le paradis des heureux ; ces pauvres qui vivent comme des exilés sur le sol qui les a vus naître, qui sont des étrangers dans leur propre pays ; ces pauvres sont des mercenaires au service des riches. Toutes les Déclarations des Droits de l'Homme, toutes les déclamations possibles n'y feront rien. C'est un fait. Ces pauvres ne deviendront réellement des hommes libres que lorsqu'ils vivront sur une terre libre. Pas avant. Et la suppression de la propriété individuelle du sol, qui tuera l'esclavage déguisé et la misère flagrante, tuera aussi la guerre.

Il y a des gens, cependant, qui ne veulent point que la guerre meure, ni que la terre, principalement, cesse d'être le monopole de quelques-uns. Les possédants ? Oui, certes. Mais surtout les coquins qui se sont institués les chiens de garde de cette hideuse saleté : notre sainte mère l'Église. Ceux-là savent bien que c'est de l'esclavage de la terre que sort, directement, la puissance religieuse. Ils savent bien que l'abominable instrument de supplice qu'ils prétendent vénérer, et dont il ont décroché le dieu qu'ils mangent afin d'y crucifier l'homme dont ils veulent boire le sang, ne pourrait pas être planté, ne tiendrait pas dans une terre libre. Ils savent peut-être d'autres choses encore ; des choses terribles qu'on n'a point osé soupçonner jusqu'ici ; mais que je sais, moi, et que j'exposerai tout à l'heure. Aussi, dès que les déshérités font mine de vouloir mettre en question les institutions néfastes qui les enserrent comme des

Georges Darien

carcans, ces gredins se précipitent, l'anathème à la gueule, le sacré-cœur à la boutonnière, la férule au poing. Pions à figures longues et jésuites de robes courtes se mettent à prêcher l'amour de la patrie, la nécessité de la foi ; et Brunetière lui-même apparaît, Bossuet à la main, derrière le canapé sous lequel il se mit à plat ventre pour moucharder Buloz en attendant le moment de lui faire le coup du père François (Coppée). Il ouvre son suçoir à savates, que le porte-tiare, en frémissant de dégoût, effleura de sa semelle auguste ; il nasille, il brait... Ferme ton plomb ! Y a une carotte dedans ! Il n'y a que des carottes, dedans — des blagues, des impostures, des mensonges !

Ce sont tous les monstres du passé que servent et défendent ces scélérats lorsqu'ils prônent le besoin de croire et le patriotisme ; c'est le vieux vampire de l'État et la vieille gouge religieuse ; c'est l'hydre féroce des Anciens Temps, dont les têtes repoussent aussitôt qu'on les a coupées, et qu'on ne pourra tuer qu'en arrachant la terre à ses ignobles griffes. Chacun des mots qu'ils prononcent, chacune des phrases qu'ils écrivent, est une injure aux pauvres, aux éternelles victimes de l'État et de l'Église. C'est comme si nous étions, nous qui ne possédons rien et dont l'existence n'est tolérée par les puissants que parce qu'elle les fait vivre, c'est comme si nous étions attachés au poteau de sacrifice et comme si ces valets de bourreaux et ces mignons d'inquisiteurs, avant de frapper le coup mortel qu'ils aspirent à donner, venaient taillader notre chair de leurs couteaux, la cingler de leurs fouets et la couvrir de leurs crachats.

Ces misérables sont nos persécuteurs ; c'est eux qui ont fait notre misère, c'est eux qui la perpétuent, c'est eux qui rêvent de la rendre plus affreuse encore ; qui rêvent l'esclavage plus cruel de ceux qui acceptent leur domination, qui rêvent la saignée des autres. N'attendons pas qu'ils frappent. Tuons ça. Dès aujourd'hui, vouons-les à la mort, si nous voulons vivre. Nous connaissons nos ennemis, derrière quelques tas d'ordures qu'ils s'embusquent pour tirer sur nous ; nous saurons les trouver. Méline ! on t'appliquera le tarif des raccourcissements protecteurs. Brunetière ! tu feras voir le trou de ton cou par la petite lucarne. Nous montrerons vos têtes au peuple. Il en vaut la peine. Si nous voulons abolir le passé sanguinaire, si nous voulons faire de la France autre chose que le

Chapitre III

bagne et le couvent qu'elle est devenue, nous devons supprimer tout ça, et vite. Pourtant, si l'on tient à mettre un peu de fantaisie dans l'exécution, pourquoi pas ? Ils en mettraient bien dans la répression, les gredins, s'ils étaient les plus forts et si les Gallifet à leur service pouvaient recommencer leurs carnages à la mode de l'Ambigu. Aussi, par exemple, si l'on propose d'empaler Joseph Reinach sur Millevoye, j'applaudirai.

Oui, nous tuerons le Passé. La France voudrait être cosaque ? Elle ne le sera pas. Elle sera libre. Et son territoire, cessant d'être la propriété d'une bande de coquins, appartiendra à tous ses habitants. La France aux Français. À la lettre. Nous tuerons le Passé ; nous arracherons ses racines du sol, nous le mettrons à mort dans la personne des scélérats qui l'incarnent, et nous le jetterons à la voirie. Voilà ce que nous ferons, nous, les Sans-patrie. Nous prendrons une patrie. Nous reprendrons notre patrie pour la donner à tous. Nous serons ses sauveurs.

On nous traite en étrangers dans notre propre pays. C'est bien. Nous agirons en étrangers. Ce pays, nous le conquerrons.

On nous appelle des Sans-patrie ? Nous l'avons été jusqu'ici, c'est vrai. Mais nous ne voulons plus l'être. Nous voulons être patriotes, comme les riches. Juste autant.

Nous n'avons pas de patrie ! C'est ce cri-là qui résume toutes nos plaintes, toutes nos colères, toutes nos haines, tous nos désespoirs, et toutes nos douleurs. Et voici le cri qui exprime ce que nous voulons, ce qu'il nous faut :

Une patrie !

Chapitre IV

Cette misérable classe d'êtres humains, tellement écrasés sous le poids de leurs fardeaux qu'ils n'ont même pas le temps de souffrir comme des hommes, pas le temps d'avoir une idée, de rassembler leur énergie. Ce sont des esclaves inconscients de leur servitude.

HERZEN.

Georges Darien

Un Anglais célèbre a dit : « La pauvreté est un crime que je ne peux pardonner. » Les Français aiment à rappeler cette phrase qui prouve, selon eux, le manque de cœur de leurs voisins d'Outre-Manche ; ils ne peuvent point, disent-ils, la citer sans frémir. Elle bouleverse leur âme sensible. Quant à eux, ils déclarent que « pauvreté n'est pas vice » et que « la misère est sacrée. » Voilà de beaux sentiments. Ils font aussi des allusions, fort transparentes, à une hypocrisie abominable qui n'affecte une grande compassion pour les indigents qu'afin de pouvoir leur rendre impunément l'existence plus pénible encore ; qui augmente son exploitation du misérable de toute la somme de pitié qu'elle lui témoigne ; sorte de tartuferie exhibant des dehors variés, tantôt d'une bonasserie béate et pleurnicharde, tantôt d'une solennité hautaine et bénisseuse, tantôt d'un enjouement chevrotant et sinistre ; et dont on peut contempler toute la hideur, assurent-ils, là-bas, dans la grande île rouge, de l'autre côté du détroit. J'ai habité l'Angleterre assez longtemps pour savoir à quoi m'en tenir ; et si je dis que j'ai vu cette hypocrisie-là, on pourra me croire. Eh ! bien, je l'ai vue. Je l'ai vue en France. Jamais en Angleterre.

Ce n'est pas ici le lieu d'établir un parallèle entre les deux nations, ni d'expliquer en quoi les sentiments des Anglais à l'égard des pauvres diffèrent de ceux des Français envers les leurs. J'écris : les leurs. En France, en effet, on a ses pauvres. Tout être cossu qui se respecte, mâle ou femelle, dit : « J'ai mes pauvres. » Ainsi qu'il dirait : « J'ai mes esclaves, mes choses, mes guenilles humaines sur lesquelles je puis étaler le clinquant de ma charité. » La misère est sacrée, pour les Français riches. Il est défendu d'y toucher. On pourrait la détruire.

L'Anglais célèbre, tout de même, avait raison. La pauvreté est un crime ; il ne faut pas craindre de le dire, de le répéter. C'est un crime atroce. Crime pour celui qui l'impose. Crime encore plus grand pour celui qui l'accepte. Le riche, en effet, crée le pauvre. Mais c'est le pauvre qui crée le riche.

La misère n'est pas sacrée. Elle est infecte. La misère, c'est la saleté, la vermine, la gale et les punaises ; les poux ; le choléra ; la peste ; la bassesse et le mensonge ; la famine et le meurtre ; l'envie, la lâcheté, les maladies honteuses, l'inceste, la prostitution, le militarisme, la crédulité, la religion ; d'autres ordures, encore ; toutes les ordures ;

Chapitre IV

par dessus tout, la bêtise. Voilà ce que c'est que la misère.

En France, pays de l'artificiel et du trompe-l'œil, la misère aime à se maquiller ; elle a rarement l'aspect sombre, irréconciliable, tragique, qu'on lui voit ailleurs. Quand elle s'est fardée ; quand elle a poudré ses joues creuses de la farine qui manquera à son pain ; quand elle a allongé ses yeux avec le charbon qui demain servira à l'asphyxie ; lorsque, de ses dents longues, elle a mordu ses lèvres pâles, afin de les rougir ; on l'appelle la pauvreté décente. On la célèbre ; on la chante ; toute une littérature lui est consacrée. Il y a les homélies indispensables, d'un bon poids ; puis, des choses légères : le paradisiaque craquement du lit de sangle ; le grenier où l'on est bien à vingt ans ; le pot de fleurs, jardin suspendu de Jenny l'ouvrière, au cœur content, content de peu. Il y a l'apothéose de la mansarde, le lyrisme du grabat, la poésie de la soupente, la romance du plomb. Les pauvres ont de la chance. On peut ajouter, avec l'ironie de Jowett, qu'ils ont l'immense bonheur d'être affranchis des doutes religieux. Ah ! les veinards ! Et ils la connaissent, leur félicité. Ils la goûtent, ils s'en soûlent — ils en dégueulent, ils en crèvent.

Quand ils sont crevés, et qu'on fouille les cadavres, il y a une chose qu'on trouve souvent dans leurs poches : une carte. Dans la poche de la femelle, une carte de prostituée ; dans la poche du mâle, une carte d'électeur. C'est de ça qu'ils sont morts, tous les deux. Esclavage de la femme. Lâcheté de l'homme.

Le Pauvre anglais est rarement électeur. Le Pauvre français, le plus misérable, est toujours électeur. Il vote pour un politicien qui lui promet de la justice. Le politicien, une fois élu, essuie ses bottes sur la figure de l'électeur. Il tient parole ; il y a de la justice sous ses bottes ; c'est là seulement qu'il y a de la justice : sous les bottes des politiciens. (Je ne veux rien cacher : il y en a aussi sous celles des gendarmes).

Depuis le temps qu'on promet de la justice aux hommes, et même qu'on leur en donne, ils devraient en être rassasiés ; ils en redemandent. Ils croient toujours que la justice qu'on leur a fournie était une justice sophistiquée, avariée, qui n'avait pas le poids ; ils en réclament de la bonne, de la vraie. Pauvres, je vais vous dire le mot de l'énigme : de la vraie justice, de la bonne, il n'y en a pas. Il

Georges Darien

faut vous contenter de celle qu'on vous présente, ou vous en passer tout à fait. Voilà l'impure vérité.

La justice dont on vous gratifie est relative ; elle est relative à vos exigences. Elle est dérisoire, parce que vos exigences le sont aussi. Les gens qui vous distribuent cette justice, magistrats ou autres, sont des pauvres aveuglés par le désir de la richesse, ou ce sont des riches ; la justice telle qu'ils la conçoivent, par conséquent, est une justice à formules numérotées, basée sur la haine ; et ils vous méprisent, car vous les ennuyez, les faisant vivre. Il ne faut pas oublier ça. Quant à la justice absolue, que vous souhaitez, vous l'aurez lorsque vos exigences seront absolues. Et même, alors, vous ne l'aurez point ; parce que, comme dit Aristote, la justice suprême est l'amour ; et lorsque vous aurez le courage d'avoir des exigences complètes, vous aurez l'intelligence d'aspirer à quelque chose de plus haut que la justice. En attendant, laissez donc la justice tranquille.

Il y a longtemps que le mirage de la justice, prometteur de jours plus heureux, fut considéré comme un excellent moyen de retenir les pauvres dans la servitude. « S'ils se plaignent, disait le Bossuet de Brunetière et des dragonnades, c'est avec quelque couleur de justice. » Oui, Aigle de Meaux. *Je le sais.* Je sais aussi que s'ils renonçaient à se plaindre et à croire à la justice, ce ne serait pas sans quelque couleur de raison.

Mais, voilà : la plainte, la croyance irraisonnée en des fictions lamentables n'exigent point d'efforts. L'état de choses actuel, malgré quelques changements superficiels, est si vieux qu'il semble normal. Le progrès de la misère est en raison de celui de la richesse. Les douleurs balancent les joies. Tant de douleurs, tant de joies. Toujours les mêmes joies ; toujours les mêmes douleurs. Les riches et les pauvres se limitent, s'incarcèrent, pour ainsi dire. C'est un équilibre immonde. Le rompre, ce serait, pense-t-on, faire un saut dans l'inconnu. Or, les pauvres — et c'est là une chose terrible — redoutent l'inconnu beaucoup plus que ne le craignent les riches. Ils sont inconscients de leur esclavage, mais ont encore moins conscience de leur force. Ils n'ont pas le temps d'en avoir conscience, de croire à la possibilité de leur libération. Et, restant pénétrés de leur infériorité de fait, convaincus de l'éternité de leurs peines, ils perpétuent une situation horrible à laquelle l'action, seule, pourrait mettre un terme ; ils obligent les riches à continuer leur épouvantable oppression. Voilà pourquoi l'Anglais, en déclarant la Pauvreté un crime impardonnable, était autrement vrai, sincère et humain que Bossuet le malfaiteur dans son sermon sur « l'éminente dignité des Pauvres. »

*

Les hommes sont si bêtes qu'une violence répétée finit par leur paraître un droit.

HELVÉTIUS.

Si vous donnez à un pauvre (particulièrement un pauvre français) un coup de pied au derrière, il fait mine de se rebiffer ; si vous lui en donnez un second, il sourit ; si vous lui en donnez un troisième, il en demande une demi-douzaine. Refusez-les lui, ou il vous en réclamera d'autres. Les lois qui enserrent les pauvres et les claquemurent dans leur misère sont nombreuses ; mais les abus qui se sont greffés sur ces lois, et qu'ils acceptent, sont plus nombreux encore. Il n'y a pas d'humiliations auxquelles ne les soumette la charité ; et ils la vénèrent. Il n'y a pas d'excès auxquels l'État ne se soit livré contre eux ; et ils attendent tout de sa justice.

La Justice est la charité officielle ; et la Charité est la justice officieuse. Ce sont deux emplâtres sur la cangue qui immobilise le désespoir des misérables. Il arrive quelquefois que la meule qui écrase les déshérités les uns après les autres fait trop de bruit, et qu'on entend trop distinctement craquer les os qu'elle broie. Alors, la Justice engage les princes des Philistins à modérer l'énergie de l'aveugle Samson du prolétariat qu'ils ont à leur service et qui tourne, dans son inconscience douloureuse, l'effroyable instrument de torture ; les pinces des Philistins font la sourde oreille ; et la Justice, qui sait qui la fait vivre, n'insiste point. Elle appelle la Charité et lui demande dégraisser le pivot de la machine ; la Charité s'empresse ; même, les princes des Philistins lui apportent de l'huile, qu'ils viennent de voler aux veuves de leurs victimes ; et la meule continue à tourner, un peu plus vite, mais silencieuse.

Georges Darien

Ce que la Justice et la Charité estiment surtout chez les malheureux, c'est leur résignation. La résignation est une vertu chrétienne. Lorsqu'on est pauvre, il y a une place toute marquée pour les vertus, et particulièrement les vertus chrétiennes : l'égout.

« Les pauvres sont les nègres de l'Europe », ricanait Chamfort. Aujourd'hui, dire une chose pareille serait calomnier les nègres. Leurs progrès, depuis qu'ils jouissent de la liberté qu'ils ont conquise, en somme, beaucoup plus qu'on ne la leur a donnée, ont été énormes ; on a prouvé qu'aux États-Unis ils ont franchi, à tous les points de vue, la plus grande partie de la distance qui les séparait des blancs. Durant ce temps, la marche de leurs frères à peau blanche fut bien lente, en proportion ; elle ressembla fort à un piétinement. Il est certain que l'état politique et social d'Haïti, cette France noire, n'est inférieur en aucun point à celui de la France blanche — la belle France.

Presque tous les nègres haïssaient leur esclavage. Presque tous les pauvres aiment leur pauvreté. Je n'exagère pas ; ils l'aiment. Ils y sont attachés par des multitudes de liens, d'habitudes dont il leur coûterait de se séparer. Ces habitudes ont été enfantées par la misère, et mourraient avec elle. Beaucoup d'indigents, et surtout d'indigentes, en pleureraient la disparition et, en fait, regretteraient longtemps leur indigence. L'homme, en général, n'est pas enclin au progrès. « La misère, dit Rousseau, ne consiste pas dans la privation des choses, mais dans le besoin qui s'en fait sentir. » Or, l'homme (et le pauvre, en particulier,) ne connaît point son pouvoir ; mais il y a quelque chose qu'il connaît moins encore : ce sont ses besoins. Il cherche à en avoir le moins possible. Les déshérités, à ce point de vue, ont dépassé toutes les bornes ; ils sont parvenus à supprimer leurs besoins les plus élémentaires ; le peu dont ils se contentent est stupéfiant. À une époque comme la nôtre, pleine de possibilités énormes qui devraient exciter toutes les aspirations, ils se satisfont d'un genre d'existence inférieur à celui des plèbes d'il y a deux mille ans. En vérité, ils ne font souvent aucun effort pour subsister. Voilà pourquoi je crois que les animaux ont une grande supériorité sur l'homme : tous les animaux cherchent à vivre.

Les animaux, n'ont point d'âme ; et l'homme en a une, dont il est fier. Elle est rien blèche ! Pour ce qu'elle lui vaut, il ne ferait pas mal de la vomir dans le premier bénitier venu. Les pauvres, voyez-vous, doivent avoir deux âmes. C'est pour ça qu'on les aime bien.

On leur fait l'aumône — l'aumône de toutes sortes de choses. — On leur rend la justice, on les assiste, on les soulage et même — merveille des merveilles — on les console. Le souci des misérables s'étend de plus en plus ; et c'est, assure-t-on, l'un des beaux côtés de notre époque. Peut-être bien ; il y a des degrés dans l'abominable. La charité devient une maladie d'essence religieuse, ridicule et terrifiante ; la pitié se christianise jusqu'au dernier point de l'abjection ; il y a, aujourd'hui, la folie du haillon et de l'abcès comme il y a la folie de la croix. Il s'agit toujours de se donner des sensations ; mais la purulence doit devenir de plus en plus fétide, tangible.

Blanqui disait aux opprimés que s'ils ne se décidaient pas à agir, il y aurait pour eux de l'eau bénite d'abord, de la mitraille ensuite, de la misère toujours. On a ajouté à l'eau bénite un peu de manne que les pauvres attendent, les yeux au ciel, sur le grabat où les a jetés leur fatigue.

Le crime le plus horrible des riches envers les pauvres est de s'être arrogé le droit de leur distribuer la justice et l'assistance, de leur faire la charité. Ce sont les misérables qui paient eux-mêmes, avec des intérêts usuraires, les frais de la justice dérisoire, de l'assistance immonde et de la charité dégradante qu'ils sont assez vils pour quémander et recevoir. Voilà le comble de la lâcheté, de la dérision et de l'hypocrisie.

Il y a longtemps que Lazare n'est plus à la porte du Riche ; il est à la porte du Pauvre. Quant aux chiens qui lèchent les ulcères de Lazare, ce n'est pas parce qu'ils aiment Lazare. C'est parce qu'ils aiment les ulcères.

*

Qu'en dites-vous, blés mûrs, et qui donc vous moissonne ?
EUG. POTTIER.

Vous n'ignorez point quel nombre immense de malheureux meurt chaque année, en France, de faim, de privations, de folie, des mille et une blessures que produit la misère. Je ne parle que de

Georges Darien

la France parce que c'est un pays très riche, d'une richesse réelle et multiforme, dans lequel, plus que dans aucun autre, la pénurie absolue devrait être une chose inconnue. On ne devrait pas avoir faim, en France. Et c'est justement le pays où, relativement, la détresse physique est la plus grande. Je préfère ne pas parler ici de la détresse morale.

Dans certaines contrées peu favorisées sous le rapport du climat ou de la fertilité du sol, une certaine somme de pauvreté peut être considérée comme à peu près naturelle. Dans un pays à la terre féconde, généreuse, au ciel pur, comme la France, la misère est anti-naturelle. On remarquera que je n'établis aucune différence entre la pauvreté et la misère. Les deux termes sont synonymes, exactement. La distinction qu'on a voulu créer entre eux, bien qu'elle soit commode pour les soutteneurs du présent état de choses, n'existe pas. Dès qu'on manque du nécessaire, on est pauvre ; et dès qu'on est pauvre, on est misérable. Je ne crois pas que vivoter soit vivre ; c'est agoniser. Je ne reconnais pas de degrés dans le dénuement. Je pense que tout être qui raisonne autrement que moi à ce sujet est un infâme menteur qui mérite la mort.

Donc, la misère en France est anti-naturelle ; elle a toujours été créée de main d'homme, exprès. La France est le pays des Pactes de Famine. Le plus abominable qu'on ait jamais connu est en existence aujourd'hui. Le peuplefrançais assiste, la faim au ventre et le sourire aux lèvres, au triomphe du système protectionniste, système fort simple qui consiste à faire périr d'inanition les habitants des campagnes, de façon à ce que les travailleurs des villes puissent crever de faim ; le tout, dans l'intérêt d'un petit nombre de fort honnêtes gens dont l'honorable M. Méline est, de fait, le chef suprême. Le peuple français trouve cela très bien, et ne témoigne en aucune façon son dégoût d'un régime économique qui le décime ; qui le plonge dans une détresse physique et morale dont on peut difficilement se faire une idée ; qui lui a valu les progrès, en sens inverse, de la dépopulation et de l'alcoolisme ; qui a porté à son commerce, à son industrie et à son prestige, des coups irréparables. Le peuple français, qui se vante d'être un peuple de braves, a commis cette immense lâcheté de ne point s'opposer à l'établissement d'un système qui, étant donné certain article du traité de Francfort, permettait à l'industrie allemande de supplanter la sienne dans toutes

Chapitre IV

les parties du monde. Le peuple français est un peuple de lâches. S'il avait la millième partie du courage dont il se targue, il y a long-temps qu'il aurait supprimé, extra-légalement, les tarifs prohibi-tifs. Il lui eût suffi de se saisir, dans un entrepôt quelconque, d'une cinquantaine de mètres de corde qui n'auraient pas payé les droits d'importation, et d'en confectionner de confortables cravates pour le nommé Méline et ses principaux acolytes. La suspension de ces messieurs aux premiers réverbères eût amené, certainement, la suppression immédiate des droits imposés sur les cordes, et objets similaires, et objets différents ; en somme, l'abolition des tarifs pro-hibitifs. Mais le peuple français aime ses affameurs. Il est content d'être affamé. Il honore Méline. Il ne veut point pendre Méline (qui sera pendu, tout de même).

L'alliance étroite du Méline et de sa bande de meurtriers avec la racaille du Nationalisme ne fait aucun doute. Le Protectionnisme est une des meilleures armes des Nationalistes ; directement et in-directement, il abrutit le pays, le verrouille dans sa misère, l'éloigne de jour en jour davantage des peuples étrangers, et excite contre ces peuples des haines imbéciles qui ne peuvent produire que des affronts sanglants ou des guerres plus sanglantes encore. La France tout entière est donc sacrifiée, sans qu'elle fasse entendre le plus léger murmure, aux intérêts d'une clique de sales coquins. La dés-astreuse influence exercée sur les Français, au point de vue moral ou intellectuel, par le régime économique qui pèse sur eux, surtout depuis 1892, ne saurait être niée. Il suffirait certainement d'abolir une partie des droits prohibitifs pour que le caractère de la nation française, qui semble s'abaisser tous les jours, prît une direction contraire. La suppression des taxes, surtout lorsqu'elles frappent des objets de première nécessité, produit des effets aussi excellents que ceux qu'engendre leur imposition sont détestables. On l'a vu jadis en Angleterre, lorsqu'on supprima l'impôt sur le sel. On l'a vu en France… Non, on ne l'a point vu en France. Quand on abolit un impôt, en France, c'est afin d'en établir deux.

Les étrangers qui viendront à Paris, pour l'Exposition, ou qui vi-siteront les grandes villes françaises, y verront très peu la misère. Elle y existe, pourtant, mais se cache, ainsi que honteuse d'elle-même ; pas provocante, sournoise ; fardée, truquée, comme toute autre chose en France ; hideuse, se mentant à elle-même. Il y a

Georges Darien

en français une expression terrible, d'une couardise visqueuse et d'une horreur sans bornes, qui n'existe, je crois, dans aucune autre langue : « Tromper sa faim. » Je pense qu'un peuple doit avoir abdiqué toute dignité pour user d'une locution pareille. Je disais tout à l'heure que la France est un pays où l'on ne devrait pas avoir faim. Je ne crois guère exagérer en disant maintenant que presque tout le monde a faim en France. J'ai vu la misère dans bien des pays. Elle ne m'a jamais, nulle part, semblé plus atroce qu'en France. Plus vile, surtout, plus hypocrite, et plus générale malgré tous les efforts de la vanité. La façon dont arrivent à vivre les trois quarts des habitants des villes françaises est, pour eux-mêmes, un mystère. « À l'impossible, nul n'est tenu, » disent-ils. Mais il ne les lâche pas, l'impossible ! Et ils parviennent à subsister. À quel prix et comment, je crois que je n'oserai jamais le dire. J'ai voulu écrire un livre sur la misère française, un livre dans lequel j'aurais fait voir quelle somme d'énergie immonde il faut, pour vivre, aux êtres qui se sont résolus à se conduire en lâches. J'ai commencé ce livre il y a longtemps ; je l'ai abandonné ; je l'ai repris dix fois, cent fois ; et je ne le ferai sans doute jamais, tellement l'horreur me glace en l'écrivant, tellement je suis envahi par le dégoût ! Dernièrement, encore, j'ai essayé. Il me semblait entendre un grand cri venir de France, terrible comme un hurlement de supplicié, déchirant comme un sanglot d'enfant. Mais, vite, j'ai reconnu que ce n'était point un cri ; c'était un ricanement — un ricanement qui se terminait en prière. — J'ai jeté la plume… Je n'aime pas les pauvres. Leur existence, qu'ils acceptent, qu'ils chérissent, me déplaît ; leur résignation me dégoûte. À tel point que c'est, je crois, l'antipathie, la répugnance qu'ils m'inspirent, qui m'a fait révolutionnaire. Je voudrais voir l'abolition de la souffrance humaine afin de n'être plus obligé de contempler le repoussant spectacle qu'elle présente. Je ferais beaucoup pour cela. Je ne sais pas si j'irais jusqu'à sacrifier ma peau ; mais je sacrifierais sans hésitation celle d'un grand nombre de mes contemporains. Qu'on ne se récrie pas. La férocité est beaucoup plus rare que le dévouement.

Locke, après avoir visité la France, écrivait : « Les galériens ont bien meilleure mine que les paysans. » Aujourd'hui, il n'y a plus de galériens en France. Alphonse Humbert est revenu du bagne d'outre-mer pour s'établir garde-chiourme, et le sénateur Mercier,

Chapitre IV

jusqu'à présent, est simplement forçat *in partibus fidelium.* Si les galériens manquent en France, il est juste de dire qu'on n'y trouve pas, non plus, de paysans. Ou, du moins, on en trouve si peu que ce n'est guère la peine d'en parler. Parcourez les campagnes ; elles sont presque désertes. On n'y rencontre guère, en dehors des propriétairesterriens, souvent misérables, que de tout jeunes gens ou des hommes qui frisent la cinquantaine quand ils ne l'ont pas dépassée ; les femmes de vingt à quarante ans, lorsque la possession de quelque bien ne les retient point à la maison, sont rares aussi. Conséquence, d'abord, du système militaire obligatoire ; les gars, en quittant le régiment, aiment mieux rester dans les villes que de retourner au pays ; les jeunes filles les y suivent ; l'existence, somme toute, n'est pas plus détestable à la cité qu'aux champs, et le hasard a plus d'occasions de vous y servir. Conséquence, surtout, du morcellement de la propriété individuelle, de l'usure, de la non-liberté de tester, de procédés de cultivation absurdement démodés qu'aide à maintenir le système protectionniste (ainsi, bien entendu, que le taux exagéré des fermages). Des trimardeurs, vaguement menaçants, détestés, parcourent les routes ; des étrangers, Belges, Luxembourgeois, Italiens, Allemands, sont appelés tous les ans pour la moisson. La vente des produits du sol, en dépit des tarifs protecteurs, s'opère mal, dans des conditions pitoyables. Si la récolte est mauvaise, on retire à peine de quoi vivre ; si elle est très bonne, ainsi que cela arriva récemment, il y a mévente et l'on gagne encore moins ; on travaille pour les accapareurs. Dans tous les cas, ce sont les agioteurs qui empochent les bénéfices. Voilà la triste situation d'un pays qui est surtout agricole et dont les deux tiers de la population doivent tirer, plus pu moins directement, leur subsistance de l'agriculture.

Gueux des villes et gueux des champs, serfs de la glèbe et esclaves de l'atelier, sont comme autrefois taillables et corvéables à merci. Tout l'antique système de servitude continue à peser sur eux. Quatre-vingt-neuf a peint en rouge leurs chaînes, d'un rouge qui s'appelle du minium et qui empêche le fer de se rouiller. Tout ce qu'on leur rabâche au sujet de la liberté qu'ils possèdent n'est que mensonge et qu'hypocrisie. Ils ont juste la liberté de mourir de faim. L'égalité devant l'impôt n'est qu'une farce ; les tarifs douaniers reconnaissent des zones ; la corvée n'est pas seulement représentée

Georges Darien

par les prestations, comme on le dit, mais par l'obligation du service militaire, qui en exagère l'horreur ; le droit de jambage, tous les privilèges les plus odieux de l'ancien régime, subsistent, aggravés. La seule chose qui distingue les déshérités d'aujourd'hui de ceux du temps passé, c'est qu'ils ne connaissent pas toujours leurs maîtres. D'ailleurs, qu'ils les connaissent ou non, peu importe : ils les aiment ; ils sont prêts à les défendre jusqu'à la mort. Car en défendant ce qu'ils appellent la patrie, ils ne défendraient que leurs maîtres. Défendez-les donc, et servez-les. Soyez-leur fidèles comme des chiens — et vous serez traités comme des chiens.

Quelque malheureuse que soit la situation des masses prolétariennes en France, ce serait une erreur de croire qu'elles sont anxieuses d'en sortir ; une minorité seulement a soif d'une existence nouvelle. La majorité s'est acagnardée dans sa misère ; je suis sûr que, si on la consultait, elle demanderait comme remède à ses maux l'extension générale du système protectionniste. On reproche à l'Anglais d'être conservateur, à outrance ; il serait plus juste de dire qu'il est très défiant ; mais le Français n'est pas seulement conservateur : il est réactionnaire. Il l'est avec fureur, avec rage. Et c'est de l'excès même de ces sentiments réactionnaires de la foule que sort cette passion de la liberté qui ne fut jamais que l'apanage de quelques-uns, et dont la France sut accaparer le glorieux souvenir afin de s'en faire une auréole dont elle n'est digne à aucun titre.

*

La joie de l'esprit indique sa force.

EMERSON.

Malgré l'effroyable misère qui l'accable, le peuple a su conserver dans son esprit une gaîté qui contraste avec la solennité lugubre et creuse de la bourgeoisie. C'est peut-être en ce fait que se trouve la meilleure raison d'espoir pour l'avenir. La bourgeoisie française, la plus féroce, la plus hypocrite, la plus ignorante du monde entier, est aussi la plus triste. Elle est triste d'une tristesse lourde, épaisse, grossière, comme produite par des digestions mauvaises, encombrées de cauchemars ; tristesse de maraudeurs repus et couards, qui sentent les remords de la ripaille volée leur monter dans la gorge avec les éructations ; tristesse de pénitents roublards et timorés, incrédules et superstitieux, auxquels la fatigue de l'orgie donne l'envie du jeûne, et la pensée du jeûne le goût sadique de l'orgie ; tristesse sentencieuse, tremblotante, gluante, qui poisse jusqu'à la misérable contrefaçon de gaîté qui sert à l'entretenir, bien plus qu'à la combattre. Gaîté fausse, nauséabonde, écœurante ; dont le ricanement grince ainsi que la serrure d'une cassette longtemps enfouie dans une fosse ; dont les hoquets ressemblent aux refoulements des pompes nocturnes. Ah ! cette gaîté ! La lamentable et puante chose !... Cette gaîté-là, complément indispensable de l'incurable consternation qui pèse sur la bourgeoisie française, lui fut fournie, depuis fort longtemps, par les charcutiers de la farce et les marmitons de l'anecdote, coquins sans style et sans esprit qui sont classés comme grands hommes. Leur réputation dure, soigneusement entretenue, replâtrée, repiquée, de temps en temps reprise en sous-œuvre. Celle de Molière, par exemple, est encore dans tout son éclat. Ce tapissier dévoyé, qui sut dresser à la véritable joie humaine le plus lugubre catafalque qu'on puisse rêver, est cité couramment comme un comique de premier ordre ; on l'égale aux plus grands ; à Shakespeare, tout naturellement ; et le sonnet d'Oronte, la seule chose à peu près bien qu'il ait jamais faite, est donné comme un modèle du ridicule. Remarquez que Beaumarchais, qui fut le seul grand comique français, est laissé de côté ; haï, en vérité ; généralement inconnu. Il est trop profond, trop spirituel ; et ce n'est pas cela qu'il faut. La tristesse de la bourgeoisie française a besoin, pour se détendre, des pollutions grasses de l'adultère physique et du jet tiède de la seringue. Pas de vrai comique, en France, sans cocufications et sans lavements. Nulle nation ne trouva jamais autant de motifs de réjouissance dans ses infortunes conjugales et les ridicules aventures qui en dérivent, et dans ses douleurs d'entrailles.

La bourgeoisie, en effet, impose ses goûts et ses préférences au pays tout entier, qui les accepte ; les farces abjectes qui plaisent au tiers-état doivent réjouir l'aristocratie et mettre le peuple en belle humeur. Le peuple a toujours été incapable de trouver des divertissements qui lui fussent propres ; et l'aristocratie n'existe que pour mémoire (pour mémoire de ses trahisons passées et de son impuissance grotesque). Le caractère distinctif des productions que préfère la bourgeoisie est une grossièreté, une lourdeur de forme et une nullité de conception qui donnent la nausée à l'homme intelligent et l'enveloppent d'un indicible ennui. Ce caractère se retrouve dans les œuvres soi-disant sérieuses qu'apprécient les gens bien-pensants, dans les compilations soi-disant scientifiques qu'ils approuvent, dans la littérature qu'ils patronisent — littérature naturaliste, engendrée par leur appétit d'ordures, littérature psychologique, produite par leur soif d'espionnage. — Les valets d'art qui se mettent à leur service sont en grand nombre. Leur plume ou leur pinceau ne chôment point ; ils sont dirigés en leurs travaux et retenus dans la bonne voie par des pédants pompeux ou sans-façon, gardiens vigilants des grandes traditions du vieil esprit français. Francisque Sarcey fut, durant de longues années, le plus notoire de ces manieurs de férules. C'était, à vrai dire, un oracle. Quand il fut mort, et même avant que les fossoyeurs eussent eu le temps de faire disparaître sa charogne, ce fut à qui exhalerait le plus haut le mépris et le dégoût qu'avait inspirés, même à ses coreligionnaires, la sottise et la malhonnêteté de ce défenseur du bon sens selon Prudhomme. Mais, tant qu'il vécut, il put à son aise exalter l'imbécillité, glorifier l'ignorance, vilipender toute œuvre haute et généreuse ; il ne se trouva personne pour prendre au collet ce misérable et pour le souffleter des épithètes vengeresses qu'on vint plaquer sur son cercueil. Voilà une preuve de la pusillanimité honteuse qui souille le caractère français. Cette lâcheté morale produit, naturellement, les résultats qu'on en peut attendre. L'infamie de la bêtise arrive à prendre la place qu'occupait, en vertu de droits acquis, la bêtise de l'infamie. Pendant quinze ans, pendant vingt ans, le public se délecte à la lecture des contes excrémentiels du répugnant Armand Silvestre ; cet épouvantable drôle, du fond d'un ministère où l'imbécillité des contribuables entretient son abjection, dirige vers les bouches béantes de la foule un jet continu d'immondices. D'autres l'imitent ; les encriers sont remplacés par des tinettes. Dans la presse littéraire, qui fut fondée pour répondre aux désirs avoués d'une population de coprophages, la chaise percée fait au bidet une concurrence acharnée. Le livre, le théâtre, illustrent les annales du cabinet de toilette, des cabinets. On se rue à des spectacles comme le Coucher de la mariée ; on s'écrase aux réceptions du Pétomane. On s'amuse, en France.

Ah ! il faut avoir une terrible désolation dans l'âme pour s'amuser de cette façon-là ! Et la bourgeoisie, par le navrant étalage de sa gaîté puante et lugubre, démontre quelles frayeurs angoissantes lui pétrissent le cœur, quel désespoir l'étreint ; elle veut rendre cette gaîté obligatoire ; l'imposé aux troupeaux d'esclaves en chapeaux-hauts de forme dont l'ambition consiste à singer leurs maîtres ; l'organise non seulement à Paris, mais même dans les provinces ; l'expose à l'étranger, autant que possible. Car il faut qu'on continue à parler de la gaîté française, à dire que la France est le pays du rire et de l'esprit.

Du reste, on peut le dire ; c'est vrai, au moins en partie. Il y a du rire et de l'esprit en France. Seulement, on n'en trouve ni dans la bourgeoisie ni chez les bouffons à ses gages. C'est dans le peuple qu'on en rencontre, et tant qu'on veut ; et même de la gaîté ; et même plus que de la gaîté : de la joie. Je ne parle pas simplement du profond sens comique du peuple, de sa perception vive, de sa finesse qui transparaît même sous ses fanfaronnades, de sa clairvoyante ironie saupoudrée de blague, de la force amère et tranchante de sa moquerie. Je parle de cet enthousiasme naïf et puissant ; de cette exaltation un peu expansive, toute en admiration, qui sait encore en rester *de là* ; de cette exubérance de l'âme qui pousse l'être à partager ses plaisirs, l'y oblige ; de cet intime frémissement causé par l'absorption de la vie, et qui crée des ondes fraternelles. C'est cela, la joie qui prouve la force de l'esprit ; qui indique la misérable faiblesse de celui des classes possédantes, incapable de joie, capable seulement de gaîté morne et infecte. La Joie est une poussée de forces vives, franches et jeunes, que peut arrêter bientôt le mur d'airain de la Bastille sociale, mais dont la source ne tarit point, car elle se trouve dans la conscience de la Vie. La Gaîté, au contraire, trouve sa source dans le sentiment de l'agonie morale, dans la conscience de l'Ennui. La Joie est une avec l'être. La Gaîté est extérieure à l'être. La Joie est un résultat. La Gaîté n'est, souvent, qu'une marchandise. La gaîté française, telle que la Bourgeoisie tricolore la présente au monde, est une marchandise frelatée, sophistiquée, avariée, empoisonnée, pourrie. Le monde devrait, par simple propreté intellectuelle, la rejeter avec dégoût. Le peuple français, s'il avait tant soit peu le respect de lui-même,

Georges Darien

mettrait immédiatement un terme à l'expression publique et quotidienne de cette soi-disant gaîté. Il refuserait de se laisser imposer les admirations bourgeoises, les calembours bourgeois, les vaudevilles bourgeois, toutes les immondices bourgeoises. Il prendrait possession de la direction de l'intelligence française, dont la Bourgeoisie, qui l'a usurpée, est indigne à tous les points de vue ; il ne permettrait pas a cette crapuleuse minorité de déshonorer, comme elle le fait de parti-pris, la réputation de l'esprit français et de continuera recouvrir l'or des gloires réelles avec le fumier des réputations postiches. Il démontrerait, par des actes, ce que prouve déjà sa joie intellectuelle, que c'est en son esprit qu'est la force. Mais il faudrait, pour cela, qu'il pût avoir pleine conscience de sa force, de sa joie et de son esprit ; les armes nécessaires à son salut sont dans ses mains, mais il n'en sait rien ; on l'empêche de le savoir. Ce seront peut-être la saleté morale et la tristesse de ses tyrans qui lui ouvriront les yeux sur leur faiblesse, sur leur définitive pourriture.

*

Le goût n'est pas seulement une indication de moralité ; c'est la seule moralité.

RUSKIN.

En effet, quelle que soit la cécité morale du peuple et quelque attaché qu'il soit à son aveuglement, il viendra bien un moment où il sera obligé de s'apercevoir que ce qu'on lui donne comme gaîté n'est que désolation ; que ce qu'on lui donne comme esprit n'est que misérable sottise ; que ce qu'on lui donne comme force n'est que pitoyable faiblesse. Il s'apercevra alors que les calembours du vaudeville, les flons-flons du café-concert, l'assourdissante chaudronnerie des musiques militaires, le rire gras de la presse à scandales et les hoquets hystériques de la littérature patentée sont les éléments nécessaires de l'épouvantable cacophonie qui doit étouffer ses gémissements, ses plaintes et ses cris de révolte. Il s'apercevra de tout ce qu'il y a de dégradant et d'abject dans son acceptation d'une oppression intellectuelle aussi grossière, dont les motifs sont aussi clairs à deviner et les résultats aussi faciles à constater. Il se rendra compte que c'est en lui, en lui seul, que résident la joie, l'esprit et la force. Et l'exaltation que produira cette découverte lui donnera l'énergie nécessaire au nettoyage définitif de l'intelligence française, depuis si longtemps déshonorée, salie et corrompue par les dégoûtants coquins de la bourgeoisie.

Non seulement ces sacripants sont lugubres, plats, et d'une répugnante saleté morale, mais ils sont dépourvus de la plus simple notion de goût. Ils sont même arrivés, sous des prétextes idiots et mensongers de nécessités commerciales, à éliminer des productions françaises le goût dont les avait marquées si longtemps l'intelligence du peuple. Le goût français n'existe plus, parce que la hideuse bourgeoisie française, étant incapable de l'avoir et même de le comprendre, l'a proscrit. Sottise, ignorance, jalousie. Surtout, malhonnêteté. « Il faut avoir de l'âme pour avoir du goût, » disait Vauvenargues ; et avoir de l'âme, c'est être moral, honnête ; c'est sentir la vie vibrer autour de soi, en soi ; c'est se sentir vivre dans de la vie. Les classes dirigeantes françaises se sentent crever dans l'imbécile corruption qu'ont engendrée leur avidité, leur égoïsme idiot, leurs impostures ; elles se sentent crever sur une terre qui n'est point la leur, dans un pays qui leur est étranger, avec les sentiments, les aspirations duquel elles n'ont rien de commun. On découvre aisément dans la bourgeoisie allemande ou anglaise, par exemple, beaucoup des traits distinctifs du génie allemand ou anglais ; il est impossible de retrouver dans la bourgeoisie française aucune des caractéristiques du tempérament français. On ne peut guère dire exactement ce que c'est qu'un bourgeois français ; c'est un être misérable, lâche, ignorant et cruel, une sorte de composé de toutes les infamies qui marquent le bourgeois de tous les autres pays, mais qui se retrouvent en lui à l'exclusion de toute autre chose ; fait qui pourrait s'expliquer par l'immense déviation qu'a subie, depuis cent ans, la marche historique de l'esprit français. Un bourgeois français ne présente, ni dans sa façon de penser, ni dans sa façon d'agir, aucun des signes distinctifs du tempérament français ; tempérament qui s'esquissait si fortement avant la Révolution, et qui fut bien près de créer une race française : tempérament qui n'est pas tout à fait mort, qui renaîtra sans doute, mais dont les classes dirigeantes, qui basent leur pouvoir sur l'argent, ont horreur et qu'elles ont tout fait pour écraser. Un bourgeois français est

Georges Darien

tout ce qu'on veut, excepté unFrançais. Voici, je crois, la meilleure définition qu'on en puisse donner : c'est une sale bête. Dans mon opinion, crier : Mort aux bourgeois ! c'est crier : Vive la France !

L'âme française est dans le peuple. Il faut qu'elle se délivre des liens qui l'entravent, qu'elle sache conquérir l'espace et la liberté qui sont nécessaires à son expansion. Et de la vie pleine qu'elle aura su se faire sortira l'expression vraie du goût, de l'esprit et de la moralité françaises, violemment dégagée des simulacres qui la défigurent et qui grimacent comme de hideux fétiches dont les contorsions immobiles ont remplacé le geste large de la divinité.

*

Quand on fut près de fusiller Babi le babouviste, et qu'on lui demanda s'il voulait avoir les yeux bandés, il répondit : « Non. La vie est assez laide pour qu'on la regarde bien en face une dernière fois. »

La seule chose que la bourgeoisie était capable de créer, qu'elle ait pu faire sortir de sa misérable conception de l'existence, c'est la laideur. Rien ne pèse d'un plus grand poids sur les libres élans de l'âme, ne les comprime mieux, que la laideur. C'est comme une lourde dalle enfermant à jamais l'Individu dans l'*in-pace* où l'ont conduit sa lâcheté, sa ridicule confiance, et l'y murant dans la nuit.

Gouvernants et gouvernés végètent lamentablement dans la laideur. Ils ne vivent point, naturellement. La laideur de l'existence de la bourgeoisie est doublée d'une saleté morale — hypocrisie, rapacité, mensonges, conventions de toutes sortes — qui l'exagère encore, mais qui la met en concordance exacte avec l'esprit bourgeois. Étant donnée l'âme bourgeoise, on ne conçoit pas pour elle une autre existence que celle qu'elle s'est créée. À cette âme-là, il faut cette vie-là. Le mouvement des vers, l'agitation des asticots, sont produits par l'immobilité des charognes.

La laideur de l'existence du peuple est doublée d'une saleté morale fort grande, bien qu'elle soit loin d'atteindre au niveau de celle de la bourgeoisie ; mais elle est doublée, surtout, d'une saleté physique énorme qui empêche les Pauvres de se rendre compte de la hideur qui les étreint de toutes parts. C'est cette saleté physique qu'il faudrait combattre avant tout pour permettre au peuple de reprendre conscience de sa réelle valeur ; et le seul moyen efficace de la combattre, c'est d'en faire honte au peuple ; de lui démontrer que la crasse et la poussière cimentent, pour ainsi dire, les pierres de sa prison, empêchent les rayons du jour, qui pourraient filtrer par leurs interstices, de parvenir jusqu'à lui. Tant que les Pauvres, au lieu de réduire et de supprimer leurs besoins, ne chercheront pas à les sentir et à les augmenter, ils seront condamnés à la laideur et à la saleté. Il faudrait, tout de même, qu'ils prissent le parti de se demander si l'existence qui leur est faite, au début du XXe siècle, ne conviendrait pas mieux à des animaux qu'à des hommes.

Ceci est dérisoire : on enseigne au peuple qu'il y a des choses respectables, mais on ne lui apprend jamais qu'il y a des choses belles. Or, les seules choses respectables sont les choses belles. Toutes les choses qu'on présente au peuple comme respectables, et qui ne sont pas belles, sont méprisables ; dégoûtantes ; des ordures. L'autorité, l'obéissance, l'abnégation, ne sont pas belles ; par conséquent, pas respectables. Il y a de hautes conceptions philosophiques, artistiques, qui sont respectables, étant belles ; on n'en parle point au peuple. On ne lui dit pas que la Vie est respectable, et que la Beauté l'est aussi. Si on le lui disait, si on le lui apprenait, il se rendrait compte de l'ignominie purulente de la moralité actuelle, et cracherait dessus.

Les pauvres sentent vaguement l'abomination de la laideur qu'on leur impose, et en souffrent. Ils en souffrent comme on souffre dans un cauchemar ; façon de souffrir bien française. C'est en France surtout que l'opium de la misère, le vin d'amertume de la pauvreté, opèrent comme de puissants narcotiques. La logique disparaît pour faire place aux songes. La perception nette devient une vision brumeuse. Les rêves des Français ne sont point créés peu à peu par les faits, les symbolisant en quelque sorte ; ils sont complets en naissant, cadres commodes pour les sensations et les sentiments à venir, qui se cristalliseront en des formules consacrées, d'allure énigmatique et prétentieuse. Car les Français, manquant généralement d'esprit critique, portent leur effort vers l'immuable et l'universel. Leur idéal doit être très haut, à ce qu'ils croient, dégagé de relations contingentes, et d'une permanence indubitable. Ils tirent plutôt des horoscopes que des conclusions. Ils vont jusqu'à tourner des faits réels en utopie, par manque de raison historique et pratique.

C'est ainsi que les Pauvres français, tout en souffrant vaguement de la laideur qui les enserre, ne peuvent considérer la Beauté que comme une chose indépendante de la vie, à part des réalités quotidiennes, extra-terrestre. La pauvreté de leur âme la réclame ; crie vers elle, dans sa détresse. Mais c'est comme une invocation à une puissance invisible dont on n'attend que le silence, qui restera sourde aux appels. S'ils étaient doués du moindre sens historique, les Français comprendraient que leur existence, dès maintenant, ne peut avoir d'autre base que la compréhension et le culte du beau. S'il avaient le moindre sens pratique, ils verraient qu'ils doivent échapper, sous peine de mort, à la griffe des gredins sans esprit, sans âme, sans savoir — Prudhommes et Mayeux dirigés par Tartufe — qui font de leur vie quelque chose de terre-à-terre et de misérable, une triste, laide et sale chose, un esclavage nauséabond dans lequel il n'y a point place pour l'Art. La compréhension, le goût de l'Art, sans lesquels la France ne doit espérer vivre, ne peuvent exister que dans un pays où il y a exubérance, grande liberté dévie ; où le bonheur, par conséquent, est général ; car l'art est le fruit de la beauté humaine ; et pas de beauté sans bonheur. L'Art forme alors, par contraste nécessaire, le complément de la vie. Le calme hautain, la majesté sereine de l'art ne peuvent exister, être compris, par eux-mêmes ; ils doivent reposer sur l'agitation intelligente et multiforme, sur l'immense joie de la vie, dont ils émanent et qu'ils créent. Question d'esclavage ou de liberté. Les Pauvres choisiront ; ils choisiront pour eux et pour la France.

*

Qu'on attache à la première potence venue la canaille assez bête pour vouloir se laisser mourir de faim plutôt que de se rendre les doigts crochus.

SCHILLER

Chapitre IV

Il n'y a rien de plus touchant que la bienveillance et la compassion dont les Pauvres font preuve les uns envers les autres ; que l'aide qu'ils s'apportent entre eux ; que leur esprit de sacrifice ; que leur amour du travail ; que l'instinct sûr qui leur fait comprendre l'utilité de la résignation et la nécessité de la souffrance ; que leur simple et profonde honnêteté. Ce sont là des vertus, ou je ne m'y connais pas. Sans ces vertus, l'existence des Pauvres telle qu'elle est serait vraiment impossible. Les bourgeois ne l'ignorent pas. Bien qu'ils n'aient pas l'habitude d'en faire usage pour eux-mêmes, ils savent quelle est la valeur de ces vertus et tout le parti qu'on en peut tirer lorsqu'elles sont mises en pratique par d'autres.

Donc, les Pauvres sont vertueux ; et leur existence actuelle est possible ; et ils continuent — chose tellement importante ! — à ignorer ce que c'est qu'une Patrie. Toute une organisation savante — politique, judiciaire, militaire, qui, à vrai dire, n'est qu'un, échafaudage hétéroclite de vieilles formules tyranniques — les aide à se maintenir dans cette heureuse ignorance. Cette organisation coûte cher, et les pauvres en supportent tous les frais avec un plaisir dont on ne peut douter. Ils entretiennent aussi une sorte d'organisation industrielle et commerciale, qui ne constitue pas précisément un système, mais une espèce de société anonyme de déprédation ; et dont le rôle, comme adjuvant de l'organisation administrative, n'est pas sans prix. Ce prix, les Pauvres le connaissent, naturellement. On ne peut pas être Français pour rien. C'est un grand bonheur d'être Français ; c'est un grand honneur aussi ; seulement, ça coûte ; ce n'est pas à la portée de toutes les bourses. Malgré tout, c'est à la portée de la bourse des Pauvres. Ils reculent devant tout effort qui pourrait faire d'eux des hommes, mais ils n'hésitent devant aucune dépense qui pourrait faire d'eux des Français. En effet, ils pensent que lorsqu'ils ont payé leurs impôts, leurs tributs et leurs redevances de toute nature, ils ont acquis le droit de se dire Français. Ils ignorent, veulent ignorer, que la qualité de citoyen d'un pays ne s'acquiert point, mais se prend. Être Français ne veut pas seulement dire : appartenir à la France : cela doit signifier aussi : posséder la France. L'aristocrate, le bourgeois, possèdent la France ; la preuve, c'est qu'ils la vendent. Ils n'appartiennent pas à la France ; la preuve, c'est encore qu'ils la vendent. L'ouvrier, le pauvre, appartiennent à la France ; la preuve, c'est qu'on les fait mourir pour

Georges Darien

elle. La France ne leur appartient pas ; la preuve, c'est qu'on ne leur permet de vivre que pour l'aristocrate et le bourgeois. L'existence du Pauvre n'est admise, en fait, qu'autant qu'elle est nécessaire à l'existence du bourgeois. La qualité de Français, que le Pauvre croit avoir achetée, il ne l'a pas. Ce n'est point un titre régulier qu'on lui a vendu ; c'est un faux. En échange de l'argent qu'il a apporté, encore tout humide de ses sueurs et tout mouillé de son sang, on lui a donné une qualification sans valeur, sans signification. Un mot, de l'ombre, du vent. On l'a volé. Le seul droit qu'il ait acquis, c'est le droit d'exercer en France les vertus qui lui attirent les louanges de ses tyrans.

Ces vertus sont ridicules, lamentables. Quand on pense à des gens qui ont été flagellés par toutes les cruautés de la vie, souffletés par toutes ses ironies, dont chacun porte en soi des charniers d'illusions et des cimetières d'espoirs, et qui vont se consoler les uns les autres — les larmes vous viennent aux yeux, mais le rire vous monte aux lèvres. Les traîne-guenilles sont les traîne-malheur parce qu'ils sont les traîne-patience. Ce sont, aussi, des réservoirs à respect. On ne peut pas se figurer ce qu'ils respectent. Ils vénèrent l'argent, qu'ils n'ont jamais, et qu'on ne leur permet de gagner qu'afin de le leur reprendre. Même volé, volé dans leurs poches, l'argent leur inspire tant de vénération qu'ils en respectent les voleurs. L'impôt, sous ses formes les plus vexatoires et les plus inattendues, est accepté par eux avec un stoïcisme qui déconcerte. Présentement, on est en train de leur faire avaler l'impôt moralisateur ; et ça leur file dans la gorge comme une lettre à la poste. Les catastrophes financières qui ont dragué les misérables économies que n'avaient pas raflées les doigts crochus du fisc, ont trouvé en eux non seulement des victimes résignées, mais même des témoins pleins d'approbations encourageantes. Des scandales du Panama, par exemple, ils n'ont gardé qu'un souvenir agréable, voire attendri ; ils ne se souviennent pas sans une émotion flatteuse pour leur amour-propre d'éternelles dupes de la comédie des poursuites et du procès, des perquisitions, des condamnations, et de ces ordonnances de non-lieu qui jonchent encore l'Arène.

Leur imperturbable acceptation de tous les affronts et de toutes les douleurs va si loin, que les valets de plume de la bourgeoisie n'hésitent pas à célébrer la grandeur des victimes, la gloire des sup-

Chapitre IV

pliciés et la nécessité de l'affliction. C'est ainsi que récemment le sieur Coppée, académicien à dos d'âne et crapaud de bénitier, s'est permis de développer cette opinion fangeuse que la souffrance est bonne, sans qu'aucun des douloureux eut l'idée de venir écraser à coups de bottes les pustules du personnage. Non, poète du goupillon et marguillier du mensonge, la souffrance n'est pas bonne. Elle donne l'hypocrisie, la bassesse, la peur, l'imbécillité, l'abrutissement — toutes les hideuses maladies morales qui suintaient sous ta sale peau lorsque tu montais la faction de la lâcheté dans les confessionnaux, au lieu d'aller te battre, en 1870. — Regarde-les souffrir, ces hommes que les gredins de ton espèce condamnent à une perpétuelle misère ; ces femmes dont tes amis, les crapules en robes noires, sont arrivés à faire un peu moins que des femelles ; ces enfants qui ne deviendront des hommes que le jour où ils te jetteront à la voirie, toi et ta bande. Regarde toutes ces pauvres bêtes à faces humaines ; regarde défiler leur détresse morale devant l'orgueil des Académies ; regarde l'ombre de leur misère physique se projeter sur l'implacable pierre des églises. Regarde leurs douleurs, et leurs joies qui sont pires ; regarde leurs vices, et leurs vertus qui sont pires ; regarde ce qu'elle a fait d'eux, la bonne souffrance. Regarde — et avale ta langue avec ton hostie, bedeau !

Si la souffrance était bonne à quelque chose, elle aurait appris aux pauvres la nécessité de la révolte. Au lieu de leur enseigner l'étroite fraternité de l'appui mutuel dans l'infortune et de l'aide dans la misère, elle leur aurait donné le secret de la fraternité large et haute pour l'action libératrice. Elle leur aurait appris que l'honnêteté qu'on leur prêche, qu'ils pratiquent et dont on les loue n'est qu'une chose dérisoire, rognure de philosophie d'esclaves, haillon de morale piqué par le stylet des sophistes sous le gibet d'un supplicié. Elle leur aurait appris, par les dures leçons qu'elle donne, à se défier des mensonges et des sottises dont on endort leur misère, dont on aveugle leur servitude. Mensonges et sottises utiles à la conservation du despotisme bourgeois, mais d'une grossièreté tellement flagrante que les pauvres devraient avoir honte de ne point les avoir rejetés depuis longtemps. Ne va-t-on pas jusqu'à affirmer sans rire qu'il faut être honnête pour combattre la malhonnêteté ? Quelle farce ! C'est déclarer qu'on ne peut éteindre un incendie qu'avec de l'eau frappée. D'ailleurs, tant que les distinctions de

Georges Darien

classes existent, je ne crois pas qu'il soit bon qu'une caste empiète sur les privilèges d'une autre. Pauvres, laissez donc l'honnêteté aux Riches ; elle leur appartient. Et ils s'en chargent.

*

La discorde vaut mieux qu'une horrible concorde où l'on meurt de faim.

BABEUF.

Le présent état de choses n'est sûrement pas le résultat d'un pacte librement consenti entre dirigeants et dirigés. Mais, s'il l'était, il ne pourrait certainement pas être défendu avec plus d'obstination par les deux parties contractantes. Quand on pense aux luttes de toute nature que les Pauvres ont à endurer afin de ne point sortir du rôle passif qui leur est assigné dans la tragi-comédie sociale, on se demande si réellement c'est le manque de courage qui les empêche d'essayer de modifier leur situation. De fait, ce n'est pas le manque de courage, en termes précis. C'est la fragmentation de ce courage ; la division jusqu'à l'infini de leurs facultés énergiques. Ce sectionnement des forces morales du peuple a été pratiqué avec une grande habileté, principalement par la création de soi-disant devoirs et de prétendus droits politiques, qui n'existent effectivement ni les uns ni les autres. Par exemple, on est arrivé à convaincre le Pauvre que voter, c'est remplir un devoir, accomplir un acte. Il l'a cru. Il n'a pas vu que c'était simplement renoncer à agir. Il n'y a pas d'action indirecte. Un mandant est un homme qui refuse de faire œuvre personnelle ; un mandat est une abdication ; un mandataire est un être qui fonctionne par ordre, ou plutôt — car c'est nécessairement un imbécile ou un misérable — qui fait semblant de fonctionner en vertu d'un ordre. La vaniteuse lâcheté confie le soin de ses destinées à l'ambition stérile. Résultat logique : néant. Voilà le devoir ; voilà le droit ; voilà l'acte.

Il est évident qu'en fractionnant ainsi la vitalité spirituelle du peuple, on pouvait espérer parvenir à détourner de leur direction normale certains courants d'énergie qu'il était impossible de supprimer. C'est ainsi que l'on a, departi-pris, développé dans l'esprit du

Chapitre IV

peuple la passion du jeu avec toutes ses conséquences. Cette passion du jeu est simplement le goût de l'action, le besoin de l'effort naturel à l'âme vigoureuse et toujours jeune du peuple, et que la bourgeoisie, ne pouvant étrangler, a disloqué, défiguré. Sur le galop d'un cheval, sur les jarrets d'un bicycliste, le pauvre risque son misérable salaire, le pain de sa famille, sa vie. Et qu'a-t-il à espérer ? Un gain presque toujours impossible, éphémère en tous cas. Et il ne voudra tenter aucun effort pour sortir de sa malheureuse situation, lorsque les risques sont relativement si minimes et le succès tellement certain ; il refusera de concentrer ses facultés énergiques, éparpillées par les sales pattes de la bourgeoisie, dans la direction d'un but qu'un seul effort viril pourrait atteindre ! Les pauvres semblent avoir à cœur de perpétuer l'état social actuel, dans lequel ils crèvent lamentablement et vivent plus lamentablement encore. Ils paraissent considérer cet état social comme une situation rationnelle, basée sur la concorde ; comme l'expression, aussi parfaite que possible à la pauvre humanité, d'une harmonie préétablie. Ils sont tellement anxieux de ne le troubler en aucune façon qu'ils ont encombré leur route vers le progrès et le bonheur, où quelque chose les appelle malgré eux, d'une multitude d'obstacles d'aspect menaçant et terrible.

Il y a, pensent-ils, des rangées de sphinx épouvantables tout le long du chemin difficile au bout duquel brille l'étoile de l'avenir ; comment résoudre les énigmes qu'ils proposeront ?

Par le silence. Et quant aux sphinx, il faut les jeter à la mer, sans leur répondre, s'ils existent. Mais il n'y a point d'obstacles en travers de la voie qu'il faut suivre, que vous suivrez. Pauvres, il n'y a pas de sphinx non plus. Et s'il y en avait, pas un d'eux n'oserait ouvrir la gueule pour interroger la Misère. Il n'y a que des fantômes, je vous dis ! Des fantômes que vous avez évoqués vous-mêmes. Des légions de spectres, des armées d'épouvantails — des épouvantails que le vent jettera sur le sol quand vous vous mettrez en marche, des spectres qui s'évanouiront devant la lueur de vos torches.

Les Pauvres s'obstinent à croire, et à répéter partout, qu'il y a un Système social. Il n'y a de système social nulle part, et moins en France qu'ailleurs. Les pouvoirs civil, militaire, judiciaire, la finance, l'industrialisme, etc., sont profondément divisés et ne sont rattachés l'un à l'autre par aucun lien qui leur soit propre ; ils n'ont,

Georges Darien

au fond, pas un seul intérêt commun ; ils se gênent réciproquement dans leur exploitation des déshérités, se jalousent, se méprisent, se haïssent. Si leurs conflits, qui sont perpétuels à l'état latent, ne se terminent point en luttes fratricides, c'est seulement parce que l'Église met un peu d'ordre dans ce chaos d'intérêts égoïstes et aveugles ; assagit cette incohérence et maquille cette anarchie ; parce qu'elle unit, comme dans un faisceau d'épées dirigées contre les Pauvres, toutes les ambitions éphémères et les convoitises basses ; parce qu'elle les assemble, des liens prestigieux de sa morale et des liens subtils de sa diplomatie. Au fond, toute la politique sociale des classes dirigeantes, c'est la politique de l'Église. Il n'y a de classe dirigeante que l'Église. C'est grâce à son action multiforme et continue que l'incohérence de l'état actuel présente une apparence de cohésion. Le pauvre, l'opprimé, s'il se révolte, n'a donc pas à engager la lutte contre un système, le système social n'étant qu'une illusion populaire ; il n'a qu'à terrasser définitivement son éternel ennemi : le prêtre.

Les pauvres croient aussi que le travail ennoblit, libère. La noblesse d'un mineur au fond de son puits, d'un mitron dans la boulangerie ou d'un terrassier dans une tranchée, les frappe d'admiration, les séduit. On leur a tant répété que l'outil est sacré qu'on a fini par les en convaincre. Le plus beau geste de l'homme est celui qui soulève un fardeau, agite un instrument, pensent-ils. « Moi, je travaille », déclarent-ils, avec une fierté douloureuse et lamentable. La qualité de bête de somme semble, à leurs yeux, rapprocher de l'idéal humain. Il ne faudrait pas aller leur dire que le travail n'ennoblit pas et ne libère point ; que l'être qui s'étiquette Travailleur restreint, par ce fait même, ses facultés et ses aspirations d'homme ; que, pour punir les voleurs et autres malfaiteurs et les forcer à rentrer en eux-mêmes, on les condamne au travail, on fait d'eux des ouvriers, Ils refuseraient de vous croire. Il y a, surtout, une conviction qui leur est chère : c'est que le travail, tel qu'il existe, est absolument nécessaire. On n'imagine pas une pareille sottise. La plus grande partie du labeur actuel est complètement inutile. Par suite de l'absence totale de solidarité dans les relations humaines, par suite de l'application générale de la doctrine imbécile qui prétend que la concurrence est féconde, les nouveaux moyens d'action que des découvertes quotidiennes placent au service de l'humanité

Chapitre IV

sont dédaignés, oubliés. La concurrence est stérile, restreint l'esprit d'initiative au lieu de le développer ; s'oppose, par peur du lendemain — cette peur du lendemain toujours beaucoup plus forte que la haine des rivaux — à toute tentative un peu audacieuse ; se cramponne aux vieilles méthodes. La solidarité seule aurait l'énergie et la hardiesse nécessaires pour rejeter toutes les reliques du passé et pour employer résolument les procédés nouveaux. Au fond, le travail ne produit pas, mais transforme ; c'est la terre seulement qui produit ; et l'effort nécessaire à la transformation de ses dons, ainsi que l'aide qu'elle réclame pour nous livrer ses fruits, doivent tendre à se réduire de jour en jour à leur plus simple expression ; à devenir de plus en plus mécaniques, libres de main-d'œuvre. La seule raison d'être du travail, du labeur animal, est donc de se diminuer lui-même jusqu'à suppression plus ou moins complète. En refusant de comprendre cette chose si simple, en s'obstinant à croire à la nécessité du travail dans ses conditions présentes et à l'utilité de sa glorification, les Pauvres font le jeu de leurs tyrans et perpétuent leur propre esclavage.

La principale cause de cet esclavage, pensent-ils, est l'existence du Capital, monstre d'une puissance extrême et d'une nature indéfinissable, qui s'est placé, dents et griffes, au service de la bourgeoisie. Les théoriciens du socialisme et les économistes varient d'opinion sur la nature du Capital ; les uns représentent son rôle comme désastreux, et les autres comme bienfaisant, ou tout au moins indispensable. Sa situation vis-à-vis du travail est discutée, jugée despotique par les uns, régulatrice par les autres ; généralement on les oppose l'un à l'autre ; mais c'est une chose que Deschanel ne comprend point. Deschanel ne comprend pas « qu'on oppose le capital au travail ; ils sont une seule et même chose, dit-il ; le travail, c'est le capital en formation. » Et, sans doute, le capital, c'est le travail en déformation. Deschanel, j'te vas tuer ! (J'espère bien.)

Au bout du compte, Deschanel, si sot qu'il soit, ne l'est pas plus que les théoriciens du socialisme et les économistes qui sont venus avant lui ; toutes les explications, toutes les définitions, en dehors d'une seule qui est tellement simple qu'on ne la donne jamais, sont complètement dérisoires. Le capital, c'est la terre, le sol. Il n'y a pas d'autre capital ; il ne peut pas y eu avoir d'autre. Quant au Capital-Monstre, au capital tout-puissant, Moloch moderne aussi cruel et

Georges Darien

aussi insatiable que le Moloch antique, il n'existe et ne peut exister que comme expression métaphorique, comme figure de rhétorique. Il ne fait semblant d'exister que parce que les Pauvres sont assez bêtes pour admettre son existence ; le rôle qu'il prétend jouer, c'est le rôle que les Pauvres lui permettent de jouer. Il est vraiment inconcevable que les déshérités aient pu ajouter foi à l'existence du Capital ; il leur suffirait de le nier pour voir s'évanouir jusqu'à son ombre, jusqu'à son souvenir. En dehors de la fortune intellectuelle du monde, qui n'est le monopole de personne et qui, en fait, est propriété universelle ; en dehors de la fécondité de la terre, de la terre qui reste à conquérir et qui doit devenir propriété commune, où donc y a-t-il une richesse possible ? Où donc y a-t il un Capital possible ? Voilà le cerveau et voilà l'estomac ; voilà la vie de l'esprit et voilà la vie du corps. Y a-t-il un autre genred'existence ? Non. Donc, il n'y a point d'autres richesses que la richesse intellectuelle et celle de la terre, de laquelle, d'ailleurs, la richesse intellectuelle provient. Toutes les erreurs, toutes les sottises, tous les mensonges des économistes eurent pour cause l'oubli de ce fait très simple : Nous habitons une planète qui s'appelle la Terre. Leurs constitutions théoriques d'un Capital composé de ceci, de cela, de l'argent, du machinisme, des produits emmagasinés, d'un peu plus, d'un peu moins, de tout ce qu'on veut, de tout ce qu'on ne veut pas — forment les échafaudages les plus grotesques qu'ait pu élever la perversion de la pensée humaine. Ces malheureux cherchaient à justifier, à établir sur la raison et la logique, un état social qui est l'expression même de la démence ; à donner des motifs sérieux à l'énorme effort moderne, qui n'a en réalité ni base ni but, et qui ne constitue en somme qu'une colossale déperdition d'énergie. Il est inutile de discuter leurs élucubrations. L'argent n'est pas le capital ; que les travailleurs d'une seule grande ville exigent tous le payement de leurs salaires à la fin de leur journée de labeur, et ils s'en apercevront. Le capital n'est pas davantage le machinisme, qui ne représente que la force inemployée de tous les malheureux à qui l'on refuse du travail ; et par conséquent, l'esclavage abrutissant de ceux auxquels on en accorde ; les machines sont des outils nécessaires à l'exploitation du seul capital, la terre ; aujourd'hui instruments, souvent démodés, de tyrannie affreuse — demain instruments sans cesse perfectionnés de liberté et de bien-être. Les produits accumulés ne sont pas le capital non plus ; ils représentent l'énorme quantité de besoins qui n'ont pas été assouvis. Le Capital, donc, tel qu'il est défini par les misérables explications des économistes, tel qu'il est conçu par l'esprit enfumé du peuple, n'existe pas.

Ce capital n'est que la somme de tous les crimes que les pauvres laissent commettre contre eux. Ce capital, c'est le protectionn-isme, les privilèges et les monopoles, les traquenards financiers, l'esclavage militaire, l'impôt meurtrier, surtout la superstition mo-rale et religieuse. Pauvres, c'est la somme de toutes vos lâchetés. En résumé, le capital que vous redoutez est tout simplement le crédit que fait votre patience imbécile à ceux qui vous disent qu'ils ont des capitaux, qu'ils n'ont jamais.

Il faudrait pourtant que les pauvres se décidassent à ne plus se laisser effrayer par des fantômes ; à ne plus livrer aux gredins qui s'embusquent derrière ces spectres leur vie, leur liberté, leur bon-heur. Il faudrait qu'ils reconnussent avec Babeuf que la discorde vaut mieux qu'une horrible concorde où la faim vous étrangle.

Il faudrait qu'ils comprissent — ce qu'on veut les empêcher de voir à tout prix — que la Patrie, c'est le sol de la Patrie ; et qu'il appartient à tous les Français. Et, le jour où ils seront convaincus de cette vérité, s'écroulera d'elle-même cette épouvantable tyrannie administrative, militaire, industrielle, et surtout religieuse, qui fait de la vie des déshérités un long martyre, et qui me semble particu-lièrement détestable parce qu'elle est un dégoûtant anachronisme.

*

Plus de riches debout,
De pauvres à genoux…
La Carmagnole.

Le XIXe siècle a été le siècle des possibilités. L'homme n'a tiré parti de ces possibilités que dans la mesure la plus étroite ; il n'a fait us-age que d'un petit nombre de découvertes, et de telle façon que leur développement ne s'est généralement effectué qu'au prix de massacres et d'hécatombes épouvantables. Le XXe siècle, à moins

Georges Darien

que l'homme ne se décide à retourner à l'état sauvage, sera le siècle des réalisations. Les races prendront conscience d'elles-mêmes, les nations se créeront effectivement, l'humanité se constituera en fraternité. De grands changements se produiront dans l'état politique et social des groupements humains. De tous les peuples, celui qui peut le moins retarder ces transformations, c'est le peuple français. La destinée semble de toutes parts le pousser à l'action ou à la mort. L'audace et l'énergie lui ouvriront une vie nouvelle, ou l'apathie le conduira au tombeau.

Il est inutile de jouer sur les mots : c'est la situation de la France qui condamne le monde entier à la ruineuse nécessité des armements monstrueux. Cette situation, la France aurait pu en sortir plusieurs fois depuis trente ans, mais n'a jamais tenté de le faire ; il est peu probable que les autres nations lui permettent de la perpétuer indéfiniment. Le spectacle qu'offre le relèvement de la noble blessée est touchant, sans aucun doute, et même très beau ; malheureusement, ça coûte trop cher aux spectateurs, et ils commencent à en avoir plein le dos. Avant longtemps, la France sera attaquée ou sera obligée d'attaquer elle-même. Dans les deux cas, si elle ne transforme point radicalement son état social et politique, elle ne peut attendre qu'un résultat de la lutte : la défaite, la défaite irréparable, définitive. Pour des raisons que j'ai déjà exposées en partie, et que je développerai plus loin, c'est sur la propriété du sol, et pas ailleurs, que devra porter l'effort des rénovateurs qui pourront sauver la France. Il faudra que les pauvres français aient une patrie, en réalité. Il faudra que, devant les canons de l'ennemi et à l'aube du jour qui verra l'écroulement des temples du mensonge, les Pauvres cessent d'exister en France, et les Riches aussi. Il faut que l'envahisseur trouve devant lui une nouvelle France, la France qu'ont rêvée les grands penseurs qui portèrent si haut le nom français, la France qu'ont appelée de leurs vœux tous ces apôtres de la révolution qui vécurent pour le peuple et moururent pour lui — et non pas la France des charlatans, des imposteurs, des lâches à gosiers vibrants et des marguilliers à goupillons tricolores.

Les temps sont proches. L'heure des discussions, des croyances, et même des négations, est passée. Elle ne doit pas revenir avant l'abolition de la misère. À l'action inflexible, à l'emploi nécessaire de la force, c'est le Silence qui doit préparer les Pauvres.

Chapitre IV

Chapitre V

Qui a du fer a du pain.

Blanqui.

Le peuple a la force dans ses mains, et ne s'en doute pas. Il ne se doute de rien, sinon de ceci : que sa servitude aura fatalement une fin ; de quoi il a grand'peur. Car, que lui arrivera-t-il quand il sera libre ? L'homme a été tellement abruti par des siècles de despotisme et surtout par un siècle de fausse liberté, que l'idée seule qu'il lui faudra se passer de maître le terrifie. Dès qu'il s'est libéré des liens que lui impose un gredin couronné, le peuple s'empresse de s'asservir lui-même en s'intitulant Peuple souverain ; ce qui lui permet, immédiatement, de déléguer sa souveraineté ; après quoi il s'accroupit sur son fumier, qu'il aime, et se met à gratter ses ulcères avec les tessons empoisonnés que lui passent ses délégués, et qui s'appellent des lois ; et rend grâces au Seigneur qu'il conçoit, mannequin sanguinolent tressé à son image, de l'avoir créé Peuple, et Souverain, et imbécile, et lâche.

Il y a beaucoup d'armes forgées pour le futur, dont on ne comprend point l'usage, dont on ne peut se décider à admettre l'existence, et qui existent. Elles sont là, attendant qu'on les empoigne. Il faudra bien qu'on s'en serve, un jour ou l'autre ; ou qu'on marche dessus, si l'on ne s'en sert pas, et qu'on se blesse au pied ; et qu'on crève de la blessure. C'est le Destin qui a forgé les armes. Il est aveugle. Et ceux qui doivent se servir des armes sont aveugles aussi. Mais leurs yeux s'ouvriront à la lueur des éclairs que vomiront les canons.

On sait comment et dans quelles circonstances furent créées les grandes armées nationales. Ce fut la volonté populaire, guidée par un instinct obscur, beaucoup plus que le désir des classes dirigeantes, qui détermina leur formation. Il est malaisé d'analyser le vague instinct qui poussa le peuple à exprimer sa volonté ; mais il y entrait certainement de la méfiance pour les troupes, mercenaires en fait, auxquelles la bourgeoisie confiait la garde du territoire et, principalement, la défense de ses intérêts ; du mépris et du dégoût pour les militaires de métier, dont les uns avaient fait preuve d'une incompétence grotesque et les autres d'un parti-pris de trahison par trop scandaleux ; d'autres sentiments encore, très brumeux, qui s'estompaient à peine dans l'intellect populaire, mais lui faisaient concevoir potentiellement ce que doit être, en réalité, la patrie ; ce qu'elle est effectivement ; combien peu d'intérêt ont les riches, en raison de la propriété individuelle du sol protégée, respectée, par les lois de la guerre, à défendre cette patrie ; et combien peu d'intérêt à la défendre ont aussi les pauvres, privés de toute participation aux avantages qui peuvent résulter de leur qualité de citoyens, désormais dérisoire. En somme, ce fut un instinct très vague, mais décidément démocratique, libertaire, égalitaire, qui poussa les masses populaires, après 1871, à exiger des classes possédantes la création des grandes armées nationales. Ce fut sur l'attitude de la France, on le sait, que les grandes puissances réglèrent la leur. Aujourd'hui, donc, chez toutes les grandes nations continentales, tout homme valide fait partie de l'armée et doit être appelé, le cas échéant, à sacrifier son existence pour la défense de sa patrie. L'analogie qu'on pouvait établir, jusqu'ici, entre le salarié d'à présent et le serf d'autrefois, perd donc de sa justesse. Le pauvre de jadis, rivé à son servage, n'avait pas à prendre les armes pour la défense de la terre à laquelle il était attaché ; des hommes d'armes combattaient pour la protection de cette terre et même des misérables qui la cultivaient. Le salarié d'aujourd'hui, qui admet librement son esclavage, l'accepte par principes, et s'y cramponne en désespéré, le salarié est devenu un soldat ; c'est lui qui doit défendre la propriété et les possessions de ses maîtres ; il tient en ses mains une arme, qui n'est qu'un outil de servitude mais qui pourra devenir le jour où il le voudra, un instrument de délivrance. Afin de conquérir sa liberté, le serf était obligé d'essayer des révoltes héroïques et impossibles ; était finalement vendu par les hideux Étienne Marcel de la bourgeoisie ; et vaincu, décimé par les nobles. Afin de conquérir sa liberté, le prolétaire n'a même pas à entreprendre une lutte qui, d'ailleurs, aurait cessé d'être inégale ; il lui suffirait de s'affirmer.

Quelle est la mission des grandes armées nationales ? À cette question, qu'on ne s'est pas assez posée, il ne peut y avoir qu'une réponse : Les grandes armées nationales ont pour mission de constituer, en fait, les patries ; de créer, réellement, les nationalités ; de faire du patriotisme l'expression d'un fait, et non pas renonciation

Chapitre V

d'un non-sens. Elles ont pour mission, en un mot, d'établir l'égalité dans toute la mesure du possible. Cela est indiscutable. Autrement, ces grandes armées ne pourraient avoir aucune signification ; et, n'ayant point de raison d'être, elles auraient déjà cessé d'exister. Il est vrai que, jusqu'ici, elles n'existent guère que théoriquement. Mais peu importe ; elles ne disparaîtront point avant d'avoir rempli le rôle qu'elles sont destinées à jouer.

Le système militaire qui appelle tous les citoyens à la défense du territoire doit donner à tous ces citoyens un intérêt égal dans ce territoire. L'égalité devant la mort qu'on risque pour la défense de la terre doit rendre les hommes égaux dans la possession de cette terre ; l'inégalité foncière, la propriété individuelle du sol, sont en contradiction absolue avec l'existence des armées nationales. L'abolition de la propriété individuelle de la terre, voilà la seule raison d'être, la mission de ces armées.

Nous touchons à un âge d'extermination. Nous sommes déjà, en fait, dans un âge d'extermination. Rien de ce qui existait hier n'existe aujourd'hui ; le jour qui vient le prouvera. Les choses se sont transformées sous nos yeux sans que, nous nous en apercevions ; elles nous apparaîtront, soudainement, sous leur nouvel aspect. La guerre elle-même n'est plus seulement internationale ; elle devient civile ; son résultat n'est plus seulement politique ; il est social. Ces choses sont tellement près de se manifester que je ne les énonce pas au futur. C'est demain que le fer doit donner au Pauvre la liberté et le pain — la terre qui produit le pain et proclame la liberté.

La politique, surtout la politique extérieure, échappe aux mains des possédants ; leurs combinaisons sont débiles, efflanquées, caduques, pourries ; c'est l'Église, en définitive, qui les inspire, les guide et les escorte à leur dernière demeure. La politique passe, par la force même des choses, aux mains des novateurs, des révolutionnaires ; ils doivent trouver, ceux-là, des formules jeunes, très simples ; balayer à l'égout, impitoyablement, tous les mensonges, tous les truismes pompeux et toute la putréfaction des principes ; donner à la liberté complète, indispensable aux grandes luttes qu'il faudra soutenir, une large et solide base matérielle. C'est ainsi seulement que pourront s'enthousiasmer les forces populaires dont le développement absolu sera nécessaire à la sauvegarde

Georges Darien

de la Patrie, constituée enfin en réalité. Voilà ce que la France, on doit l'espérer, saura comprendre tout d'un coup, quand il le faudra ; voilà ce que les misérables charlatans qui l'abrutissent l'empêchent de comprendre aujourd'hui.

*

L. D. P.
La débâcle prochaine.

Il est bien entendu que, pour le moment, les armées nationales n'existent que de nom. Théoriquement, il est impossible de séparer l'armée active de ses trois lignes de réserves, qui auraient à combattre avec elle en cas de guerre ; en réalité, l'armée active est une armée prétorienne, plus nombreuse seulement que celles qui l'ont devancée. Ses chefs, ou du moins la plus grande partie d'entre eux, ne l'ont jamais considérée autrement ; appartenant presque tous aux classes privilégiées, à l'aristocratie et à la bourgeoisie, ils ne peuvent naturellement désirer l'existence d'une armée démocratique ; ils forment une caste instinctivement opposée aux aspirations populaires et aux idées républicaines, et font tous leurs efforts pour maintenir leur position. Ils savent que leurs privilèges risquent d'être menacés et mis en péril, soit par l'armée elle-même qui peut se lasser de leur despotisme, soit par la partie civile de la population, qui peut empiéter sur leurs prérogatives ou se mettre en tête de les contrôler. Contre ces deux dangers ils se sont prémunis et fortifiés par la discipline et une organisation spéciale.

Je ne crois pas nécessaire de parler de la discipline en usage dans l'armée française, discipline qui constitue, hélas ! — et l'on n'a pas honte de l'avouer — la force principale de cette armée. Cette discipline est horrible et, qui pis est, imbécile (excepté à un seul point de vue.) Qu'elle soit utile à la cohésion et à l'efficacité de l'armée, comme armée, ne peut pas se soutenir un instant ; le bon sens et l'exemple d'autres nations (la discipline anglaise, dirai-je, celle de la flotte britannique) prouvent aisément le contraire. Cette discipline odieuse et stupide, qui cause chaque année le désespoir, la maladie, la mort morale et physique de milliers de Français, n'a réellement qu'un but : donner une énorme importance au pouvoir de l'oligarchie militaire ; forcer le citoyen à se pénétrer, pendant son séjour au régiment, de la terrible sévérité des châtiments qu'elle tient en réserve ; lui inspirer, pour le reste de ses jours, une crainte salutaire ; permettre aux chefs clérico-réactionnaires de tenir bien en main, comme une arme, cette partie des troupes nationales qu'ils continuent à traiter ainsi qu'une armée prétorienne ; écraser d'avance, sous la terreur, tout espoir d'insurrection contre leur odieuse tyrannie.

Il suffit de jeter un coup d'œil sur l'organisation de l'armée française pour se rendre compte de ce fait : que la préoccupation constante de la caste empanachée qui la dirige a été de soustraire ses actes au contrôle du pouvoir civil. Mettant habilement à profit cette crainte de la dictature qui hante le Pouvoir civil, cette caste s'est soigneusement abstenue de placer la réalité d'un commandement suprême à la tête de l'armée. L'homme qui eût exercé ce commandement eût été responsable : et il est dans l'intérêt des chefs de l'armée que personne ne soit responsable, ne puisse être appelé à rendre un compte. Donc, l'armée française n'a qu'un généralissime nominal, qui ne connaît ses troupes que par ouï-dire et ne les a vues que sur le papier. Quant au ministre de la guerre, son pouvoir est chimérique. Instable, incertain du lendemain, préoccupé de considérations politiques, passant la moitié de son temps à préparer des réponses vides de sens à des questions stupides, et l'autre moitié à grouper les éléments d'un budget menteur qui doit tirer autant d'argent que possible du Parlement et lui rendre aussi peu de comptes que possible, il vit au jour le jour sans pouvoir jamais entreprendre rien d'utile. C'est à peine s'il a le temps de défaire le peu qu'a fait son prédécesseur ; que son successeur à lui, il le sait, rétablira ; et que détruira de nouveau le remplaçant du successeur. Le ministre de la guerre est un mannequin, un soliveau. Quant aux comités, conseils, etc., dont la plupart n'ont pas même d'existence légale, il vaut mieux n'en point parler. Mais, si l'armée française n'a pas de commandement suprême, ce commandement est remplacé par uneextraordinaire centralisation administrative, parfaitement anonyme et parfaitement irresponsable. L'armée semble être organisée seulement pour le temps de paix, c'est-à-dire — car il faut voir les choses telles qu'elles sont — en vue d'une

Georges Darien

action à l'intérieur ; pas du tout pour la vie active de la guerre. L'armée n'est pas commandée ; elle est seulement administrée. Les commandants de corps ne sont unis entre eux que par des intérêts de caste, lien suffisant pour une tentative contre le régime établi, mais tout à fait dérisoire lorsqu'il s'agit d'une action en commun contre l'ennemi.

Donc, en raison des intérêts de caste de ses chefs (qui sont, après tout, simplement les intérêts de la réaction, c'est-à-dire de l'Église), l'armée française est soumise à un régime terrible de punitions barbares et dégradantes, de châtiments corporels absolument infâmes. Car, en dépit de toutes les affirmations contraires, ce sont seulement les châtiments corporels qui sont en usage dans l'armée française, et qui y sont appliqués avec une férocité, une lâcheté et une hypocrisie que je qualifie, sans aucune hésitation, de *bien française*. Une longue et douloureuse expérience me permet d'insister sur le mot. C'est seulement en France que l'officier est instruit à oublier complètement que ses subordonnés sont des hommes et des compagnons éventuels de lutte ; c'est seulement en France qu'il est, non pas la brute sauvage qu'on peut quelquefois trouver ailleurs, mais l'être tortueux et faux, systématiquement cruel et hypocritement despotique, le gardien féroce et cafard d'abominables traditions qu'il veut faire prévaloir à tout prix, le tortionnaire clérical soigneusement dressé — on peut appliquer à ces individus les expressions dont ils usent envers leurs hommes — soigneusement dressé, dis-je, à son métier d'agent de la bourgeoisie et de défenseur du Saint-Siège.

Donc, — je me répète exprès — en raison des intérêts de caste de ses chefs (qui sont, après tout, simplement les intérêts de la réaction, c'est-à-dire de l'Église), l'armée française est dirigée par une administration anonyme dont les opérations échappent à tout contrôle. Le Parlement, c'est certain, aurait pu — aurait dû — exercer depuis trente ans la surveillance la plus étroite sur lesdites opérations ; cette surveillance, il n'a jamais tenté de l'exercer ; par lâcheté ; par ignorance ; par calcul. Plus, même. Lorsque les scandales les plus honteux ont éclaté, lorsque les négligences les plus criminelles ont été mises à découvert, lorsqu'un député courageux apporte à la tribune les preuves innombrables et irréfutables de l'incapacité, de l'insouciance, des malversations, des complaisances coupables de la gent galonnée ; lorsqu'il démontre que les ressources du pays sont mises par elle en coupe réglée et que, du haut en bas de la hiérarchie soldatesque, le même parti-pris se retrouve de dilapidation des deniers publics et des forces vives de la nation ; lorsqu'il met en lumière les tripotages, les gaspillages militaires : la Chambre refuse de l'écouter, de prêter l'oreille à ses adjurations. Elle sanctionne le pillage ; elle admet la curé et Elle n'a que des éloges pour les forfaits qu'on lui dénonce, que des applaudissements pour leurs auteurs. Il ne faut point, en effet, « irriter l'armée qui doit contenir les factieux de l'intérieur. » Et ces factieux-là, sur l'ordre des représentants qu'ils se sont donnés, ont pour devoir, et même pour unique raison d'être, de continuer à entretenir l'armée — ou plutôt l'oligarchie à panaches — qui doit les contenir, qui doit les maintenir dans une respectueuse servitude et qui exige d'eux, en retour des ridicules parades dont elle consent à leur offrir le spectacle, le tribut de leurs sueurs et de leur sang.

Des parades. L'armée, depuis trente ans, n'a pas offert autre chose à la France. « Elle a fourni à la nation, disait récemment un ministre, tant de gages d'avenir, de raisons de croire et d'espérer ! » Lesquelles ? Des parades. L'armée, dit-on, c'est la Grande Muette. Grande ! Nombreuse, oui. Muette ? Faut voir. Quand elle ouvre la gueule, ce n'est pas pour hurler ; plus pratique que ça, l'armée ! c'est pour qu'on y enfourne de la galette ; et elle a une chouette descente de gosier, graissée par les saintes huiles. Mais quand les Chauvins ont dégueulé leurs boniments, quand la pègre tricolore a déclamé ses sottises, alors l'armée descend sur la place, défile, exhibe ses drapeaux tout neufs, trop neufs, ses armes essayées à Fourmies, les plumes prestigieuses de ses généraux. La foule applaudit, en délire. Ça parle plus haut que des discours, les exhibitions de la Grande Muette, les fanfares de ses trompettes et les boum-boum de ses grosses caisses. Ça vaut des paroles, beaucoup de paroles, et c'est aussi creux, aussi puéril, aussi misérable. Ça parle très haut, pour ne rien dire, et surtout pour ne rien faire, et ça parle au cœur de la foule, par conséquent. Le cœur de la foule, c'est une éponge, une éponge à pomper toutes les ordures. Si son cœur n'était pas une éponge, cette tourbe, quelque vile qu'elle soit, comprendrait que l'armée française ne doit pas avoir de drapeaux neufs, mais les vieux drapeaux qui sont à Berlin, ou pas de drapeaux du tout ;

Georges Darien

que les plumes des généraux leur ont beaucoup servi, jusqu'ici, à signer des capitulations ; et que les armes ne sont point faites pour être données en spectacle à la badauderie publique, mais qu'il faut qu'on les brise, ou qu'on s'en serve. Oui, qu'on s'en serve, ou qu'on foute tout ça au rancart. Maquignons du patriotisme, empanachés à perpète et camelots de la revanche, il faudra bien que vous là terminiez, à la fin des fins, cette promenade en queue de cervelas, procession de la lâcheté à gueule d'empeigne, que vous continuez depuis trente ans autour de cette terrible Tour de la Faim où vous avez enfermé le Peuple ; il faudra bien vous décider à disparaître, avec votre attirail de cannibales, ou à aller vous battre tout de même, tonnerre de Dieu !

Se battre ! ah ! fichtre ! voilà une chose qu'ils n'aiment guère, les tueurs professionnels et les derviches hurleurs du chauvinisme. On dirait même qu'ils en ont une fière peur, de se faire mettre leurs tripes au soleil. Ils en ont tellement peur, en vérité, qu'au lieu d'engager la lutte contre les ennemis qu'ils injurient du matin au soir, et qui viennent leur offrir la bataille, il préfèrent se dérober honteusement, sous des prétextes lamentables, quitte à recommencer leurs insultes dès qu'ils se trouvent à l'abri. Il est nécessaire, hélas ! de parler ici du dernier — en date — de nos repliés en bon ordre, le nommé Marchand. Je suis peut-être, malheureusement, seul de mon avis en France ; mais je pense que la conduite du personnage, à Fashoda, fut loin d'être héroïque. Fort loin. Quand un homme a accepté la mission (d'ailleurs ridicule) dont il s'était chargé ; quand cet homme appartient à une caste dont le seul souci est de défendre ses propres intérêts et ceux de l'Église, et non ceux de la nation ; quand cet homme garde au fond du cœur les sentiments bas qu'on lui voit afficher dès son retour, tendances grossièrement réactionnaires, haine ignorante et imbécile de l'étranger ; quand cet homme professe la croyance la plus absolue dans ce code de l'honneur militaire qui n'est qu'un formulaire de sauvagerie, mais dont on prêche la grandeur au peuple ; quand cet homme, dis-je, se trouve en présence de ceux qu'il considère comme ses ennemis, comme les ennemis de sa caste, et injurie en cette qualité, sans trêve ; alors, son devoir n'est point d'aller demander des avis et de prendre des ordres, mais de commander à ses soldats de charger leurs fusils ; son devoir, si l'ennemi s'approche, est de lui envoy-

Chapitre V

er des balles. Monsieur Marchand, au lieu de balles, fit envoyer des salades à Lord Kitchcner. Le code de l'honneur militaire restant muet au sujet des salades, des légumes en général, et ne les comprenant point parmi les projectiles à diriger contre l'ennemi, je suis obligé de croire que Monsieur Marchand n'est point resté fidèle à ce code de l'honneur militaire dont il est l'un des premiers souteneurs. Les larmes mêmes versées à la vue du *d'Assas*, bien qu'elles m'émeuvent comme il convient, ne me font point oublier les salades. Le souvenir des salades me hante lorsque je pense à M. Marchand (ce qui m'arrive tout de même, de temps en temps,) et m'empêche, à mon grand regret, de croire à son héroïsme. Non, vraiment, je ne crois pas que M. Marchand soit un héros ! Comme Français et même comme Anglais, je ne dis point qu'il ait agi mal. Je ne veux point le savoir, ici. Mais, comme officier, son action ne fut pas héroïque. Elle fut lâche.

Un bon sophiste pourrait soutenir que ce n'est pas le courage personnel qui manque aux militaires de profession. Il pourrait donner pour preuve de son assertion la conduite extrêmement audacieuse, bien que légèrement incorrecte, de Messieurs Voulet et Chanoine. Défunt Voulet et feu Chanoine — on peut les supposer morts pour faire plaisir aux autorités militaires — défunt Voulet et feu Chanoine ont démontré que ce ne sont ni les scrupules ni la crainte du danger immédiat qui peuvent retenir le bras des officiers français. Il serait donc téméraire d'affirmer que ce fut le souci de sa conservation qui dicta à Monsieur Marchand la ligne de conduite qu'il suivit à Fashoda ; qui l'empêcha d'agir à l'égard de Lord Kitchener ainsi que se comportèrent quelques mois plus tard, envers un colonel trop confiant, feu Chanoine et défunt Voulet. C'est la guerre, la grande guerre qu'aurait sans doute déchaînée une action déterminée, que redoutait Monsieur Marchand ; que redoutent par dessus tout les militaires professionnels ; qu'ils redoutent non pas tant pour elle-même que pour ses conséquences, qu'ils prévoient. Voilà pourquoi Monsieur Marchand ne se décida point à une action qu'il aurait dû, étant donné son code d'honneur spécial, engager sans ordres ; sans autres ordres que ceux qu'il avait à son départ. Car, enfin, le drapeau de la France était engagé ; il était attaqué ; c'est hors de doute ; les Anglais offraient la bataille ; c'est incontestable. Monsieur Marchand, dont c'est le métier de

Georges Darien

défendre ce drapeau, qui porte des galons sur la manche pour cela, qui est payé pour cela, ne l'a pas défendu. Il est commode, après coup, de taxer de pusillanimité le Pouvoir Civil, d'invectiver M. Delcassé, de l'accuser d'être à la solde de la perfide Albion ; je ne veux point discuter les ordres qu'a donnés le Pouvoir Civil, rechercher s'ils étaient, oui ou non, conformes aux intérêts de la France. Je constate seulement que, ces ordres, Monsieur Marchand n'avait point à les prendre. Le pavillon français, ce pavillon qui couvre plus d'une marchandise équivoque, était attaqué à l'improviste ; Monsieur Marchand, qui en avait la garde, aurait dû le défendre, sans demander aucun avis. Il aurait dû traiter Lord Kitchener comme il avait déjà — paraît-il — traité les Derviches. Il aurait dû lui envoyer des balles, et non pas des salades.

S'il ne l'a pas fait, c'est qu'il craignait — ainsi que tous les chefs de l'armée — d'engager une guerre pour laquelle la France, peut-être, est prête, mais pour laquelle les épauletiers ne le sont pas, certainement. Une guerre transformerait, forcément, le caractère de l'armée actuelle — cette armée active qui n'est qu'une armée prétorienne, gouvernée par la terreur, administrée par l'anonyme, et manifestement attendant son César. — Une guerre amènerait la constitution, réelle, de l'armée nationale. Or, les grandes armées nationales sont, dans l'équation sociale, une formidable inconnue. Les gouvernants, les grands pontifes de la croix et du sabre, s'en rendent compte. S'ils pouvaient supprimer les armées nationales, forcer les peuples à revenir au système des armées réduites, ils le feraient demain, avec joie. C'est ce qu'ils tentèrent de faire, officiellement pour la première fois, au Congrès de la Paix qui se tint à La Haye, sous les auspices du Czar. L'attitude de l'Angleterre, qui ce jour-là sauva le monde, fît avorter le projet des tyrans. Ce projet, néanmoins, continue à être défendu, d'une façon plus ou moins sournoise, par la presse continentale ; il l'était dernièrement, en France, par la plume autorisée du mouchard Lapeau, dit Lepelletier. Il s'agit, on le conçoit, de supprimer effectivement l'existence jusqu'ici théorique des armées nationales, de s'en tenir purement et simplement au vieux système des armées prétoriennes, d'arracher ainsi aux mains de la Révolution la force dont elle peut se servir demain, et de constituer enfin, entre les Pouvoirs internationaux, une nouvelle Sainte-Alliance.

Chapitre V

Dans l'espoir d'une transformation semblable, qui leur donnerait définitivement la puissance suprême qu'ils ambitionnent, les chefs militaires conservent à tout prix à cette partie de l'armée nationale qui est l'armée active son caractère prétorien. Au risque de compromettre la défense du pays, au risque — qu'on peut prophétiser, hélas ! — d'épouvantables catastrophes et d'une débâcle peut-être sans lendemain, ils s'obstinent à faire de l'armée, au lieu de l'instrument de libération qu'elle devrait être aux mains d'une démocratie intelligente, l'outil de despotisme qu'elle devient de plus en plus dans celles des officiers.

*

Absinthe-minded beggars.
d'après R. Kipling.

Les officiers forment, dans la nation, une caste à part ; voilà un truisme, ou presque. L'utilité de cette caste reste à démontrer ; et il serait impossible, de plus en plus impossible, de baser cette démonstration sur des faits. Des phrases sonores et des périodes ronflantes ne prouvent rien ; de bonnes raisons vaudraient mieux. Il serait sans doute difficile de les fournir. Il serait malaisé, par exemple, de montrer quels services, depuis trente ans, son corps d'officiers a rendus à la France ; comment il l'a défendue, et fait respecter ; comment il a fait tout ce qu'il pouvait faire afin de lui conserver le prestige qu'avaient pu lui laisser ses défaites. On pourrait exposer sans peine, au contraire, de quelle façon les officiers ont à maintes reprises, et surtout depuis ces dernières années, fait de la France la risée du monde entier. Depuis 1871, ils mascaradent comme les représentants attitrés, le symbole vivant de la patrie. On a osé écrire qu'ils portent dans leurs fourreaux l'honneur et l'avenir de la France. On a osé écrire ça. J'écris que ce qu'ils ont dans leurs fourreaux, c'est une lame mal trempée, qui fut présentée aux Prussiens la poignée en avant, qui donna le signal du feu contre les Français de Paris, de Fourmies et d'ailleurs, qui égorgea des nègres sans défense et coupa leurs bourses après avoir coupé leurs gorges. J'écris que cette lame qu'Esterhazy, à l'image de tant

Georges Darien

d'autres, sut utiliser comme pince-monseigneur, et qu'Anastay essaya vainement de croiser avec le couperet du bourreau, sera brisée par l'épée de l'ennemi ou rompue entre les poings du peuple. Cette lame, dont les moulinets émerveillent la foule imbécile, n'est pas l'arme dont doit se servir la France dans une lutte qui est proche, probablement, et qui sera suprême, certainement. Ces officiers ne sont pas ceux qui doivent mener au feu les troupes de la République française dans une guerre où elles combattront, forcément, pour la liberté et l'égalité.

L'armée française est, de nom, une armée démocratique ; elle le deviendra, en fait, à l'heure d'une déclaration de guerre. Alors, des idées vagues encore se préciseront, des faits qu'on soupçonne à peine s'affirmeront ; une guerre entre la France et un autre grand pays ne sera pas seulement une guerre internationale, politique ; elle sera une guerre sociale, civile pour ainsi dire. S'il devait en être autrement, par impossible et par malheur, la France n'aurait pas besoin d'engager la lutte ; elle serait vaincue d'avance. Les officiers qui dirigeront les forces françaises devront donc être des hommes d'un savoir et d'une intelligence indubitables, deux choses qu'on trouve quelquefois sous l'uniforme, mais rarement. Ils ne devront point, par dessus tout, être recrutés parmi les capitulards de 1870, les descendants d'émigrés, les fils de chouans, qui constituent la majorité des officiers d'aujourd'hui. Il faut que la France ait réellement bien peu conscience d'elle-même, qu'elle soupçonne bien peu le rôle qu'elle est fatalement appelée à jouer, pour avoir permis à ces gens-là d'occuper à la tête de son armée et de sa flotte les situations dont ils s'enorgueillissent.

Les qualités, la compétence, qu'ils ont déployées dans les postes qui leur furent confiés n'ont rien eu de précisément remarquable. L'organisation de l'armée française a été péniblement copiée sur celle d'une armée voisine ; avec maladresse, même, et une maladresse voulue, car on en a éliminé, dans des intérêts de classe, tout ce qui pouvait assurer une mobilité absolue et rapide. L'instruction militaire de la nation est incomplète, mauvaise ; on ne cherche pas à apprendre aux soldats à faire la guerre, mais simplement à redouter leurs chefs ; les choses les plus nécessaires sont sacrifiées aux besoins des parades imbéciles, aux exigences de traditions ineptes, aux nécessités d'une discipline abominable. Les différents

Chapitre V

services qui assurent l'existence de l'armée, sur lesquels repose son efficacité, sont livrés au désordre le plus complet, sont dans un état permanent de désarroi. Les perfectionnements apportés à l'armement, et dus pour ainsi dire sans exception à l'industrie privée, ne sont admis par les autorités militaires qu'à leur corps défendant, presque toujours lorsqu'il est trop tard, et souvent dans des conditions à déplorer. Les études, les travaux et les plans des états-majors ne sauraient être pris au sérieux. L'unité de direction fait défaut. L'hésitation, l'incurie, sont partout.

Les preuves de ce pitoyable état de choses, hélas ! sont innombrables. Faut-il parler des misérables expéditions coloniales qui ont mis au jour tant d'incapacité, tant de criminelle ignorance, tant de turpitudes de toutes sortes ? Faut-il ajouter qu'elles ont donné la stricte mesure de ce que le pays peut attendre, en cas de guerre continentale, de la gent empanachée à laquelle il a remis le soin de sa défense ?... On se plaisait, dernièrement, à se moquer de l'incompétence des généraux anglais opérant dans l'Afrique du Sud ; on oubliait qu'il n'est pas une seule des erreurs et des sottises qu'on peut leur reprocher dont les généraux français ne donnent sans cesse le spectacle, souvent considérablement augmenté, aux grandes manœuvres. À Spion Kop, le général anglais qui commanda l'attaque mit simplement en pratique, dans la mesure de ses faibles moyens, les procédés intelligents chers au général de Négrier et à plusieurs de ses collègues. Nous aurons le plaisir, en cas de guerre, de voir le général de Négrier et ses collègues fournir à l'armée française tous les Spion Kop qu'elle peut désirer ; de grands commandements sont, en effet, réservés à ces généraux d'échaudoir. Ils s'en montreront dignes, à leur façon ; n'en doutons pas.

Après tout, peut-être vaut-il mieux ne douter de rien — au moins jusqu'à ce que les événements, avec leur brutalité ordinaire, viennent prouver au peuple français que sa confiance fut trop naïve et ses admirations trop faciles. — Peut-être faut-il admettre que ce fut un beau jour pour la France que celui qui vit les héros de 1870, retour d'Allemagne, se placer eux-mêmes par droit de conquête — la conquête du Père-Lachaise — à la tête de l'armée et, grâce à la Commission de Révision des Grades, éliminer de cette armée tous les intrus qui n'avaient point compris que la place d'un officier

Georges Darien

français, pendant la guerre, était dans une forteresse prussienne. Peut-être doit-on reconnaître, aussi, qu'il n'est pas mauvais que les grades, l'avancement rapide, aient été réservés aux bons élèves des bons pères, et que l'armée soit devenue la succursale logique de l'Église, le débouché naturel des jésuitières — le confessionnal préparant à la guérite, la guérite faisant suite au confessionnal. — Il est possible qu'il vaille mieux ne point se plaindre de la morgue ridicule, de l'ignorance avérée, de la cruauté stupide dont fait preuve la majorité des officiers ; et qu'il convienne même de les féliciter pour la façon admirable dont ils s'attirent le respect général en employant des procédés qui, chez des êtres moins galonnés, n'exciteraient que le mépris. Il faut avoir le courage d'atteindre le sommet de la montagne — fût-elle un entassement d'immondices — afin d'apercevoir, au pied de l'autre versant, la consolation de la vallée. Et l'obstination de la caste empanachée à séparer ses intérêts de ceux de la nation interdit au peuple de s'arrêter à mi-côte, l'oblige à gravir jusqu'au bout le sentier difficile et bourbeux qui l'amènera enfin à la que la seule préoccupation des hommes qui se sont donné la mission de veiller à la sécurité de la France a été de former une armée prétorienne qu'ils maintiennent par la terreur — une armée prétorienne qui existe indépendamment de tout contrôle, dans laquelle la plus odieuse tyrannie est de règle, dans laquelle tout idéal démocratique est foulé aux pieds, et que ses chefs projettent d'employer au triomphe de leurs idées cléricales et liberticides, même au prix de l'amoindrissement et de la ruine du pays.

*

Y a-t-il un vengeur là-haut, par delà les étoiles ? Non, non !
SCHILLER.

Si l'on voulait donner une preuve du caractère misérablement despotique, mensonger et hypocrite, des institutions politiques et sociales de notre temps, on n'en pourrait trouver une meilleure que celle-ci : les armées actuelles sont des armées nationales ; et les nations n'ont sur elles aucun droit de direction ou de contrôle. Il est inutile de parler des prérogatives dont jouissent les représentants du peuple, des droits qu'ils pourraient exercer ; tout le monde sait quelle dégoûtante farce est devenu le système représentatif — et quelle dégoûtante farce il devait devenir, et doit devenir, dans un pays où n'existe pas une égalité effective au moins partielle.

— L'*armée nationale* est un mot ; la*représentation nationale* est un mot ; la *nation* est un mot ; la *patrie* est un mot ; l'*armée* elle-même, pure et simple, est un mot. « Les mots, dit Voltaire, font en tout plus d'impression que les choses. » Ils font même tant d'impression qu'on en oublie leur sens réel, le caractère de la chose qu'ils représentent, qu'on n'ose même plus supposer qu'ils puissent avoir une signification. Les peuples sont comme des enfants captifs torturés par des mots. Les mots, les mots vicies de sens, sont les geôliers des peuples modernes ; les principes, qui sont tous des phrases ridicules et mensongères, des enfilades de mots creux, sont les tortionnaires des nations. Il est vraiment honteux que, à notre époque, on en soit là. Une canaille sans cervelle est jetée de force à la caserne ; enrégimentée ; embrigadée ; et cætera ; souffre ; pâtit ; endure la faim et la soif ; est maltraitée ; empoisonnée ; battue ; volée ; condamnée aux maladies contagieuses et héréditaires, à des habitudes déplorables. Quand elle sort du régiment, il faut qu'elle peine, qu'elle trime, qu'elle s'évertue, qu'elle s'exténue, qu'elle se tue, afin de payer les impôts nécessaires à l'entretien des malheureux qui l'ont remplacée à la caserne. Et cette tourbe ne se demande même pas une seule fois pourquoi cet esclavage physique et moral ; pourquoi ce perpétuel et monstrueux tribut. À quoi sert l'impôt ? Et qu'est-ce que c'est que l'impôt ? On ne sait pas. À quoi sert l'armée ? Et qu'est-ce que c'est que l'armée ? On ne sait pas. Payons l'impôt ! Vive l'armée ! Des mots. Des mots ! On s'asservit, on se ruine, on se sacrifie pour des mots. Ont-ils une signification, ces mots ? On ne sait pas. Oui, ils ont une signification. Laquelle ? On ne sait pas. On ne veut pas savoir. Les mots arrivent, avec de grandes escarcelles, qu'il faut remplir. Les principes chargent les canons, avec une poudre qu'ils ont mouillée, sournoisement. Il ne faut pas que les canons partent. Ou, s'ils partent, il ne faut pas qu'on sache pourquoi. Il faut que les multitudes, gangrenées d'apathie morale et pourries d'ignorance voulue, descendent dans l'arène sans savoir pour quelle raison, saluant et acclamant les mots — ces

Georges Darien

Césars des peuples modernes, libres et éclairés, — pour lesquels elles vont mourir. Il faut que la création des Armées Nationales ne produise point d'autre résultat que celui-ci : l'augmentation énorme du nombre des combattants ; la possibilité de ranger en bataille trois millions d'imbéciles contre trois millions d'idiots.

La patrie étant le Sol de la Patrie — et pas autre chose, car, quelques autres éléments coopérant à son essence que vous puissiez invoquer, ils se résolvent tous en valeurs générales, c'est-à-dire susceptibles d'être internationalisées, ou en une seule valeur particulière : la terre, le sol — la Patrie étant le sol de la Patrie, et cette Patrie étant, en dépit des mots, l'apanage d'une minorité (dont une partie n'a même pas d'existence légale), il s'ensuit que l'impôt perçu pour la défense et la conservation de cette Patrie n'est ni une assurance ni un échange, mais seulement un tribut arbitrairement imposé, une simple extorsion. Ce fait était tellement patent, que les possédants ont été obligés de le masquer lorsqu'ils ont reconstitué leurs forces militaires, après 1870 ; d'admettre la formation, au moins nominale, des grandes armées nationales. Ces grandes armées, il ne faut pas l'oublier, n'ont été créées qu'à la voix des peuples, à leur désir exprimé non seulement par des phrases, mais par des faits ; la Commune de Paris est un de ces faits. Le peuple français comprenait donc, alors, que quelque chose méritait d'être défendu, et devait être défendu par tous ; quelque chose qu'il ne possédait pas, qu'il ne connaissait pas et pressentait seulement, quelque chose qu'il était sur le point de connaître et dont il allait exiger la possession. Ce quelque chose, c'était la Patrie — la Patrie qu'avaient livrée, trahie, vendue, les chefs militaires et les classes dirigeantes — c'était le sol de la Patrie.

Car les chefs militaires et les classes dirigeantes le savent, que la patrie c'est le sol de la patrie. Ils le savent si bien que, lorsque l'ennemi s'avance sur eux pour les dévorer, eux et leurs panaches de saltimbanques et leurs propriétés de voleurs, ce qu'ils lui jettent dans la gueule pour apaiser sa faim et calmer sa fureur, c'est un morceau de la terre de France. Ce que demande l'Allemagne victorieuse, c'est l'affaiblissement de la patrie française ; et c'est la terre de l'Alsace, de la Lorraine, qui lui est livrée. Elle lui est vendue, en échange de la conservation de leurs privilèges, par les officiers traîtres dont un si grand nombre caracole encore à la tête de l'armée,

Chapitre V

et par les Rodins de la bourgeoisie dont la fine fleur pérore à la tête des Nationalistes. Et, aussitôt la cession faite, comme le peuple de Paris s'indigne et se révolte contre l'abjection des galonnés et des Tartufes, on décide qu'il faut le saigner à blanc. Les galonnés se font renvoyer d'Allemagne leurs épées déshonorées, les Tartufes dressent le plan de la hideuse basilique dont ils rêvent de souiller Montmartre pour remercier le Dieu des lâches et des filous de leur avoir accordé la paix à si bon compte. Les ouvriers parisiens sont exterminés ; la basilique est construite… Et aujourd'hui, ce sont les galonnés, les Tartufes de ce temps-là, et les avortons intellectuels qu'ont pondus leurs femelles, qui psalmodient les litanies des chères provinces, qui prêchent le culte de la patrie, qui crient Vive l'armée ! et Vive la France ! Et le Paris d'à présent fait des ovations à ces salauds, que vomissait le Paris d'il y a trente ans ; il acclame Coppée, qui faisait des neuvaines pour la capture de la grande ville, il acclame Déroulède, qui en fusillait les habitants. C'est à ne pas croire ! La situation de la France apparaît vraiment plus bête encore que misérable… Logiquement, c'est aux Révolutionnaires seuls, à ceux qui s'étaient opposés d'abord à la guerre insensée et qui s'opposèrent plus tard à la paix infâme, qu'il appartient de parler des provinces perdues, de la patrie, et même de l'armée. Et ce sont les gluants coquins qui causèrent le conflit désastreux, qui furent les artisans de la débâcle, qui troquèrent contre l'assurance d'une tranquillité honteuse deux provinces françaises et les milliards des malheureux, qui osent venir se poser en champions de la revanche et du patriotisme ! Ils ont feint d'oublier, et la foule imbécile a réellement oublié, que c'est par eux que fut signé à Francfort, entre les capitulations de 1870 et les massacres de 1871, le pacte abject qui mutilait la France. Ils le paraphèrent, ce pacte, d'une plume arrachée au chapeau d'un général et le scellèrent du manche d'un goupillon. C'est leur signature qui est au bas du contrat, contrat valide, excellent, régulier, conclu de bonne foi et en toute connaissance d'infamie, contrat que la bourgeoisie et la soldatesque française sont tenues d'exécuter, qui les lie l'une à l'autre d'un lien ignominieux, et que les mains de la Révolution, seules, ont le droit de déchirer, et déchireront.

Donc, les possédants, obligés, après 70-71, d'admettre le principe des armées nationales, résolurent de perpétuer, en fait, la vie-

Georges Darien

ille distinction entre nation et armée et de continuer à cacher au peuple l'identité désormais réelle de ces deux termes. Ils purent y réussir facilement, après les carnages de la Commune et la répression féroce qui la suivit. Le peuple, qui avait été près de découvrir la signification du mot *Patrie* — et qui fut impitoyablement décimé, en 71, pour ce crime, — renonça à en poursuivre le sens et la définition ; se contenta d'illusions grotesques ; s'endormit par lassitude, d'abord ; continua à dormir, par lâcheté. De sorte que, avec l'épithète *nationale* accolée à Armée, avec l'épithète *nationale* accolée à Défense (une défense qui serait seulement celle des possessions des Riches), les coquins clérico-réactionnaires purent extorquer au peuple toutes les sommes nécessaires plus encore au développement de leurs intérêts privés (mercantiles, industriels et autres) qu'à la préparation d'une guerre. Une guerre, en effet, n'est pas ce que rêvent les classes dirigeantes.

L'armée telle qu'elle existe offre un immense débouché aux produits de toute espèce qui y sont consommés inutilement, stérilement, et que le souci de sa conservation ne permet point à la bourgeoisie de livrer à la consommation utile et féconde. La bourgeoisie trouve aussi, dans le corps des officiers, le pivot solide, sinon gratuit, autour duquel ses filles, pénétrées de sa grandeur, peuvent faire tourner leurs ambitions. L'armée interdit encore l'expression menaçante, et même bruyante, du mécontentement qu'excite l'état de choses actuel. L'armée, en défendant cet état de choses, protège du même coup l'Église dont l'activité incessante lie les uns aux autres et unifie autant que possible les éléments hétéroclites, voire hostiles, qui constituent le système présent. Elle assure à l'aristocratie, toute dégoûtante d'imbécillité et suant la trahison, un semblant de raison d'être, une soi-disant fonction qui l'empêche elle-même d'ajouter foi à la réalité de sa décomposition. Elle présente, par ses démonstrations tapageuses, un sujet d'admiration à la naïveté des foules ignorantes ; parvient à leur faire prendre ses ramollots et ses don Juans à corsets pour des modèles de force physique et d'élégance masculine ; leur fait applaudir, en ses badernes hors d'âge et ses Saint-Cyriens bouffis d'orgueil, les pères nobles et les jeunes premiers du patriotisme autorisé, gueulard et prudent, tonitruant et inoffensif.

Voilà de beaux résultats ; et l'armée, dans son état actuel, les

Chapitre V

produit sans difficulté. Il faut ajouter qu'elle n'en produit pas d'autre. Jusqu'ici, on admettait que la fonction d'une armée était de se préparer à la lutte, et de faire la guerre ; on a démontré, aujourd'hui, l'absurdité de cette hypothèse. Une armée existe simplement afin de conserver la paix, à n'importe quel prix ; afin de n'être jamais prête à la lutte ; et de ne point faire la guerre. Ne point faire la guerre, là est l'important. Il est bien entendu que les expéditions coloniales, nécessaires à l'éclosion de la graine d'épinards, à l'enrichissement des honnêtes gens en redingotes ou en pantalons garance qui ne voient dans l'extension de la France au-delà des mers que le triomphe de leurs ignobles combinaisons, ne sont point comptées comme guerres. On les célèbre ainsi qu'il convient — comme il convient à ces lâches et cupides sauvages qui s'appellent des civilisés ; — c'est ainsi que Monsieur Hanotaux n'hésita point à déclarer que la conquête de Madagascar par le Père (jésuite) Duchêne devait être mise en parallèle avec la conquête des Gaules par Jules César ; Monsieur Hanotaux a la fourchette, pour les comparaisons ; mais, malgré tout, en dépit du nombre prodigieux de vies françaises qu'elles dévorent, les expéditions coloniales ne sont point considérées comme des guerres, et sont par conséquent permises à l'armée. Elles sont même préconisées, comme exercices utiles, par des gens influents et qui seraient sans doute désintéressés si l'existence n'avait pas ses nécessités inéluctables ; elles sont recommandées, par exemple, par M. Étienne dont la compétence en tout ce qui touche aux habitants des pays chauds, en la meilleure façon de soupeser leurs bourses et de les mettre à sec, est hors de doute et date de loin puisqu'il la doit, dit-on, à l'école maternelle. Mais la guerre, la vraie guerre, la guerre continentale, est et demeure interdite à l'armée. L'armée ne doit pas faire la guerre, ne doit même pas être en mesure de la faire. Elle doit conserver la paix ; c'est-à-dire, l'ordre social actuel.

Les misérables groupes politiques qui jouent l'un après l'autre le rôle d'opposition reprochent amèrement aux gouvernements qui se succèdent de ne pas mettre la France en état de répondre à une provocation, de repousser un affront. C'est la plus lamentable des comédies. Chacun des coquins qui composent les groupes en question, et même le plus obtus d'entre eux, sait très bien qu'on ne peut donner à l'armée l'efficacité qu'il réclame que révolution-

Georges Darien

nairement ; il n'ignore point que c'est la base sur laquelle est établie l'armée, base en contradiction formelle avec l'essence, de cette armée, qui vacille, prive l'institution militaire actuelle de toute stabilité et de toute solidité, et que c'est une assise démocratique seule qui peut donner une vigueur réelle au colosse de la nation en armes ; il sait que tout ce qu'on raconte au sujet de la défense nationale n'est qu'une farce ridicule ; que la seule défense possible de la France, si on lui cherche querelle, est dans l'attaque ; et que la seule attaque possible à la France, c'est la Révolution. Il le sait, mais feint de ne le point savoir ; et le gouvernement, qui lui répond de vagues sottises, le sait aussi, mais n'en veut rien dire.

Ce que savent ses représentants, il n'est guère admissible que le peuple, si sot et si apathique qu'il soit, l'ignore complètement. Les raisons mêmes qui font désirer aux possédants le maintien de l'armée telle qu'elle est devraient lui faire souhaiter, à lui, la transformation immédiate de cette armée. C'est une chose qu'il devrait demander résolument, exiger séance tenante. Aucun des motifs qu'on pourrait invoquer pour défendre les institutions militaires d'aujourd'hui n'est valable ; des preuves nombreuses, des évidences indiscutables, s'élèvent contre elles, d'avance. D'ailleurs, il existe une excellente raison de démocratiser l'armée, d'en faire enfin l'armée du peuple : c'est le peuple qui paye pour elle ; c'est le peuple qui sert dans cette armée, gratuitement ; c'est lui qui, payant l'impôt, et tout l'impôt, entretient cette armée et en assure l'existence. C'est à lui qu'elle doit appartenir. Elle appartient aux parasites qui vivent de lui. Ils en ont fait non seulement un instrument de domination, d'oppression et de menace, mais une sorte de propriété privée dont ils jouissent en bonnes crapules de pères de famille, eux et leurs petits, et les petits de leurs femmes, et les petits des bons moines ; ils en vivent, s'en gavent et s'en engraissent ; tout cela est tellement ignoble que j'ai presque honte d'en parler. Je ne sais pas si l'on est fier d'être Français quand on regarde la colonne (ça se pourrait tout de même, si on lui faisait refaire la planche) ; mais je sais qu'on est vraiment dégoûté d'être Français quand on pense qu'un propre-à-rien, parce qu'il a porté sur sa manche des loques de lustrine ou des galons d'or, aura son existence largement assurée ; et qu'un ouvrier ou un artiste, un homme qui n'aura pas contribué à l'œuvre d'abâtardissement social qui fait de la France une guenille de nation, se verra donner le choix, sur ses vieux jours, entre la pourriture de l'hôpital et la fange du ruisseau.

Oui, ce qui existe en France existe ailleurs. Oui. Et puis ? Ne nous vantons-nous pas, dites donc, d'être le premier peuple du monde, les chevaliers de la liberté et les champions de l'égalité ? Faudrait faire voir ça, un peu. C'est joli, les paroles ; mais des actes vaudraient mieux. Nous nous targuons d'avoir donné beaucoup d'exemples à l'univers, et il y a sans doute un peu de vrai dans toute cette forfanterie ; donnons-lui un exemple de plus. Montrons-lui qu'une République peut être une République, quelque invraisemblable que cela paraisse ; faisons-lui voir qu'une armée nationale peut être une armée nationale, et même une armée.

La guerre, alors ? Pourquoi pas ? Pourquoi les prolétaires n'iraient-ils pas se faire se tuer, puisqu'ils s'obstinent à ne pas vouloir vivre ? Tout serait préférable pour eux à la léthargie présente, et si la paix ne leur donne point l'énergie qui leur est nécessaire, ils pourront peut-être la trouver dans les horreurs de la guerre. Je me suis souvent demandé comment les déshérités ne s'aperçoivent pas qu'ils ont tout à gagner à une guerre. Le sens politique leur manque ; et les nullités, à longues barbes et à cerveaux réduits, qui les dirigent ne savent que les aveugler de conceptions chimériques, de théories compliquées et grotesques, et les empêchent, hélas ! de voir les choses telles qu'elles sont. Ce sont les riches, les dirigeants, qui n'ont pas d'intérêt à la guerre, qui ne la désirent pas, qui en repoussent l'idée avec horreur, avec une angoisse qu'ils ne prennent plus la peine de dissimuler.

Déroulède lui-même, l'émonctoire de la revanche, le chantre des luttes d'hier et de demain, sorti tout infect avec sa lyre de fer battu (battu par les Prussiens) du puisard où marine le patriotisme bourgeois dans le sang des misérables — Déroulède, le patriote, le vaillant, le poète, le prestigieux Don Quichotte — Déroulède, l'ambitieux burlesque, le sombre imbécile, l'assassin des ouvriers de Paris, l'hypocrite croque-mort des rimes putréfiées — Déroulède déclarait l'autre jour, la main sur le scapulaire qui lui sert de conscience, qu'il ne veut pas la guerre. Il veut toujours reprendre l'Alsace-Lorraine, bien entendu, dans dix ans, dans vingt ans ou dans cent ans ; dans cent ans, ça ne le gêne pas ; mais il ne veut point la guerre. Ne pas vouloir la guerre, voilà sa véritable mis-

Georges Darien

sion. Il est là pour ça, pour ne pas vouloir la guerre ; et c'est pour ça qu'il nous assourdit depuis si longtemps de ses déclamations revanchardes et qu'il nous empoisonne impitoyablement de sa patriotique charogne. Il ne veut pas la guerre !... Ô malheureux, vous qui avez souffert l'horrible misère sous tous les aspects qu'elle sait prendre, vous qui êtes morts de fièvre sous l'uniforme ou morts de faim sous les haillons, vous tous qui avez donné vos peines, vos sueurs et vos existences aux fantômes de la revanche exhibés par cet imprésario de la honte, vous qui avez tout sacrifié au simulacre de patrie dont il s'est fait le grand-prêtre, voici quelques mots qu'il faut que j'aille cracher sur vos tombes : « Déroulède ne veut pas la guerre. » Écoutez ça, si les asticots n'ont pas encore boulotté vos esgourdes, tas d'ânes ! Déroulède est un homme de paix. Il ne ferait pas de mal à une mouche, ni même à un lion... Oh ! Déroulède, homme de paix, pardonne-moi d'avoir cru que tu voulais la guerre ; je vois bien maintenant que tu ne la veux pas, et que tout ce que tu disais, c'était pour rire. C'est dommage que ça ait fait tant pleurer ; mais du moment qu'on sait à quoi s'en tenir, puisque tu déclares toi-même que tu ne veux pas la guerre... Alors, qu'est-ce que tu veux, sale vache ? Qu'est-ce que tu veux, crapule ?... Douze balles dans la peau ? Tu les auras.

Par extraordinaire, Déroulède ne ment point lorsqu'il dit qu'il ne veut pas la guerre. Ni lui, ni ses associés d'infamie, ni la cohue des possédants, n'en veulent ; ils ont leurs raisons pour n'en pas vouloir. Ces raisons sont justement celles qui devraient pousser le prolétariat à la désirer vivement. Mais le prolétariat, conseillé par les imbéciles qui se sont chargés du soin de ses destinées et qui n'ont dans la tête que les poux qui garnissent leurs barbes, est hors d'état de rien comprendre. Il s'en est tenu aux vagues protestations de 1869 contre les armée permanentes, a continué bêtement à demander leur suppression sans avoir l'air d'y tenir beaucoup, et ne s'est même pas aperçu que son entrée en masse dans l'armée signifie son arrivée au pouvoir. C'est à peine s'il commence aujourd'hui à avoir l'intuition brumeuse de la mission des armées nationales ; il sent, plutôt qu'il ne comprend, que leur suppression dans l'état présent, c'est-à-dire leur transformation en armées prétoriennes, aurait pour lui des conséquences désastreuses. Il est donc en train de changer, sans trop s'en apercevoir lui-même, sa tactique à l'égard de l'armée, qu'il entend conserver malgré tout ; ainsi qu'il a modifié son opinion au sujet des machines, qu'il voulait détruire autrefois, et qu'il regarde aujourd'hui comme des instruments de bien-être pour un futur prochain.

Ce futur, c'est par l'emploi de la force seulement que le prolétariat peut espérer l'atteindre. La force, c'est-à-dire l'armée, est dans ses mains. C'est par elle qu'il doit arriver au développement complet de son idéal démocratique ; à la suppression du vieux système de gouvernement par armée et administration, système tyrannique dans lequel les parlements ne constituent qu'un rouage inutile et risible ; et au remplacement des grands États hostiles les uns aux autres par des groupements volontairement fédérés et composés de communes maîtresses de leurs territoires.

Théoriquement, et une fois l'armée démocratisée, il serait possible au peuple, par le simple déploiement de l'irrésistible appareil mis enfin à sa disposition, d'obliger sans effusion de sang ses oppresseurs à rendre gorge ; après quoi, il pourrait licencier son armée, procéder au désarmement complet. Mais, en fait, cette supposition est inadmissible. D'abord, la condition morale et mentale du peuple a été faite trop pitoyable pour qu'il puisse prendre conscience de son pouvoir en dehors de la pression d'une influence extérieure ; un grand danger seul peut réveiller le peuple et le rappeler à lui-même. D'autre part, les intérêts des possédants français sont intimement liés à ceux des possédants étrangers. Ces coquins forment une association internationale dont les membres se doivent aide et protection. Il serait ridicule de conserver à ce sujet la moindre illusion ; l'aristocrate français, le prêtre français, le capitaliste français feront appel à l'étranger, ainsi qu'ils l'ont toujours fait, contre les Français pauvres qui demanderont à ne plus souffrir de la faim et à vivre libres. Il faudra terrasser cette canaille. Donc, la guerre sera inévitable. Guerre extérieure et guerre intérieure ; cette dernière sera rendue nécessaire par les agissements des bourgeois et fut, d'ailleurs, prévue par leur sagesse ; ils déclaraient en effet, dernièrement, que l'armée était destinée à contenir les factieux de l'intérieur. Ces factieux-là, l'armée démocratisée les contiendra ; elle contiendra les factieux du panache, du comptoir et du confessionnal. Même, il ne lui suffira point de les contenir ; elle les supprimera. Car l'armée démocratisée, l'armée vraiment nationale, ne saurait tolérer de telles ordures.

Quant à la guerre extérieure, dès que l'ordre de mobilisation sera donné, il deviendra évident que l'armée est la nation. Je crois inutile d'exposer ici comment cette évidence se manifestera, peu après, plus clairement encore. Je ne dis pas que la guerre sera la défaite ; Déroulède, la sale vache, ne veut pas qu'on le dise ; et je ne le pense pas. La guerre sera la défaite, certainement, si sa direction demeure confiée aux hautes compétences qui se sont manifestées ces temps derniers ; mais je crois que le règne de ces malfaiteurs ne se prolongera pas au delà des premiers jours de la lutte, c'est-à-dire au delà du désastre initial et du commencement de l'invasion. Ce sont là, tout le monde le sait, des éventualités avec lesquelles il faut absolument compter. Quand le peuple verra que c'est 1870 qui recommence, il s'arrangera de façon, comme on dit, à arrêter les frais. Il se rappellera que l'on n'est jamais bien servi que par soi-même, qu'il n'y a pas de vengeur par delà les étoiles, et que les occasions perdues ne se retrouvent pas. On pourra dire que le peuple ne sera pas capable de tirer parti de la situation. C'est possible, car tout est possible, mais c'est loin d'être certain. Au point de vue strictement militaire, par exemple, on sait que l'armée française comprend un bon nombre d'officiers capables, intelligents et retenus généralement, de parti-pris, dans des situations inférieures ; ils prendront la place des dégoûtantes nullités qui se seront effondrées dans le mépris et l'exécration publique. C'est une erreur de croire que les connaissances d'un général sont de beaucoup supérieures à celles d'un capitaine. Comme toute autre science, la science militaire n'est une science que jusqu'à un certain point. Ce point dépassé, l'art commence. Et c'est seulement sur le champ de bataille qu'un général peut se révéler un artiste, comme Frédéric, ou un virtuose, comme Napoléon.

Voici deux choses qu'il faut avoir le courage de reconnaître : la France est une nation outrageusement volée de son intelligence, à tous les points de vue, par des camarillas imbéciles ; les grandes masses du peuple, les véritables Français, espèrent fermement que Demain ne sera pas la continuation d'Aujourd'hui, mais sa revanche.

Chapitre V

*

Dans l'avenir, le rôle de la France sera seulement philosophique et intellectuel.

Napoléon.

Rien n'est plus misérable que la fureur aveugle et fiévreuse avec laquelle les foules cherchent à détruire en elles les sources d'énergie, ou à en détourner le courant, à lui donner des directions fausses, nuisibles et ridicules. Il est certain qu'elles obéissent, en agissant ainsi, à la voix des mauvais apôtres qui les empoisonnent de leurs prédications, mais elles y trouvent aussi un pitoyable plaisir. Elles échappent ainsi à elles-mêmes, aux appels d'une indépendance qui les terrorise parce qu'elle leur donnerait des responsabilités. Elles échappent ainsi à la pression des faits multiples qui, en élargissant le champ d'action de l'homme, le rapproche de plus en plus d'un bonheur qui ne lui paraît pas fait pour lui. On peut tout dire d'un mot : ces civilisés ont peur de la civilisation.

Qu'est-ce que la civilisation ? C'est la mise en œuvre de toutes les possibilités de destruction et de création, c'est-à-dire d'action, qui tendent au développement complet et au bien-être de l'existence humaine. C'est la reconnaissance de ces deux faits indiscutables : Nous sommes des hommes ; nous habitons une planète qui s'appelle la Terre.

Il n'y a que deux états possibles à l'homme : l'état de barbarie et l'état de civilisation. Il n'existe point d'état intermédiaire. Le sauvage qui n'a encore mis à son service que quelques agents naturels ; qui n'a créé que quelques instruments ; qui n'a entre ses mains qu'un nombre réduit de possibilités ; mais qui n'en néglige, n'en déforme et n'en supprime aucune — à commencer par la plus grande de toutes, l'existence humaine, à laquelle la terre confie les germes de l'avenir — ce sauvage-là est un civilisé. Le civilisé qui a entre ses mains un grand nombre de possibilités, mais les déforme ou refuse de s'en servir ; qui n'a ni la compréhension, ni le respect de l'existence humaine ; qui a laissé s'établir et se fortifier des institutions néfastes dont le seul rôle est de s'opposer à son libre développement physique, à l'essor audacieux de sa vie mo-

Georges Darien

rale — ce civilisé est un barbare. — L'usage fait par ce civilisé de ses facultés et des découvertes qui se succèdent tous les jours, est dérisoire. Le nombre d'existences humaines et animales sacrifiées sans trêve à son imbécillité est effrayant. Les institutions dont sa sottise a permis la création et que sa lâcheté persiste à conserver, sont sanguinaires, dévoratrices d'hommes.

L'Église rejette l'âme humaine au passé, la cloue au gibet des époques mortes, la claquemure dans des catacombes ; elle lui donne l'espoir et la terreur d'une vie à venir, la pénètre de son néant et de la vanité des choses de ce monde. Après l'homme noir, vient l'homme rouge. C'est l'assassin, le meurtrier sans épithète, dont l'œuvre consiste à détruire et à mutiler le corps, ainsi que le prêtre détruit et mutile l'esprit. Derrière ces deux crapules en vient une troisième, la plus vile, la plus sotte et la plus lâche : le marchand. Celui-là ne se fait point payer pour donner la mort, comme les autres ; il la détaille dans sa boutique qui est l'antre du mensonge et de la ruse basse ; il la pèse dans sa balance à faux poids, l'enveloppe d'hypocrisie, et la présente avec un sourire et un petit compliment à ceux qu'il empoisonne. Cet honnête homme vend n'importe quoi, ce qu'il a déjà volé et même ce qu'il n'a pas encore volé ; et l'économie politique explique pourquoi il a raison d'agir ainsi. C'est parce que le produit net est une chose que la valeur ainsi que le bénéfice légitime sans oublier les salaires et en tenant compte des nécessités de l'échange justifie le capital par le moyen de la propriété. En suivant toujours tout droit et en vous garant des voitures, vous arriverez à comprendre ça. Voilà l'explication du rôle du marchand. Qu'il soit trafiquant, industriel, financier, ou ce que vous voudrez, vous voyez qu'il a tous les droits. Il en use et il en abuse. Il est généralement libéral et progressiste, grand amateur de réformes ; toujours patriote ; souvent philanthrope. Quant aux promesses d'avenir qu'il étrangle derrière son comptoir, quant aux catastrophes de toute nature qu'il provoque, quant à l'épouvantable misère qu'il entretient mathématiquement, quant aux milliers de cadavres qu'entassent continuellement son avidité et son avarice, il vaut mieux n'en pas parler. Il suffit de dire que l'état commercial ou industriel est sans doute le pire fléau que le monde ait connu. Et c'est le développement de cet état qu'on veut bien nous promettre pour l'avenir ! On consent à admettre la possibilité de la disparition du prêtre et la nécessité de la suppression de l'homme d'armes ; mais le marchand doit subsister ; son âme doit devenir l'âme universelle. Je pense cependant que l'homme du futur, qui est peut-être l'homme de demain, ne vivra pas pour le trafic ; qu'il méprisera la saleté que nous appelons les affaires et qu'il vivra simplement pour vivre, sans autre but à sa vie que le bonheur et la beauté. Je pense que le prêtre avec sa croix, le soldat avec son sabre et le marchand avec son faux poids disparaîtront ensemble ; et que beaucoup de conceptions fausses, qui sont nécessaires à leur existence, disparaîtront en même temps ; l'idée de justice par exemple, qui après tout n'est qu'un des bras, chargé de tentacules laïques, de cette énorme et dégoûtante pieuvre qui s'appelle la Religion. C'est assez clair. La Justice est représentée, au fronton des édifices où l'on en débite, par une femme masquée d'un bandeau, à la longue robe, qui tient dans sa main droite un glaive et dans sa main gauche une balance. Cette femme, vous la connaissez. La Superstition religieuse protectrice du sabre du soudard et de la balance du mercanti, voilà le symbole de la Justice.

Quelle que soit l'apathie du civilisé d'aujourd'hui, et quelle que soit sa crainte d'une civilisation réelle, les institutions qui perpétuent l'état de barbarie dans lequel il vit sont tellement anti-humaines, anti-naturelles, qu'elles s'effritentà chaque instant davantage et s'écrouleront avant longtemps. Dans certains pays, l'institution religieuse s'affaiblit de jour en jour. Dans d'autres, comme la France, l'institution militaire se désagrège et perd de plus en plus sa raison d'être. On peut ici comparer la France à d'autres nations qui, pour des nécessités d'extension ou de consolidation, peuvent avoir recours à l'emploi des armes. Il est certain, par exemple, qu'afin de parvenir à cette grande fédération des peuples de langue anglaise dont l'Empire britannique n'est que l'expression première, et afin d'écarter les obstacles qui s'opposeraient à sa formation, la race anglo-saxonne pourra avoir à employer la force. Il est possible aussi que l'Allemagne ait à faire usage de la force afin d'arriver à créer cette confédération des pays de langue allemande qui est si nécessaire au repos du monde et à son parfait équilibre moral. Beaucoup de résultats, en effet, qui pourraient être atteints normalement par des moyens pacifiques, ne le sont et ne le seront peut-être encore demain que grâce à des procédés violents ; étant

Georges Darien

données surtout les vieilles habitudes des peuples et l'admiration qu'ils professent pour la force. Cette admiration, après tout, n'est pas tout à fait une mauvaise chose ; elle montre que l'énergie existe encore dans les peuples, puisque le spectacle de cette énergie, même défigurée et travestie, sait encore les émouvoir. Elle fait voir que l'instinct combatif individuel, qu'ont cherché à tuer les parades ridicules et les boucheries irraisonnées du militarisme, n'est pas mort ; et qu'il pourra reparaître afin de devenir le gardien des libertés futures.

Je ne dis point que les deux pays dont je viens de parler auront nécessairement recours à la force pour l'achèvement de l'œuvre qu'ils ont à accomplir ; mais tant qu'ils n'ont pas touché le but que leur désigne leur histoire, ils doivent garder cette force bien en main, de façon à pouvoir faire face à toutes les agressions qui tendraient à les détourner de leur route. Si l'Angleterre et l'Allemagne ont une mission bien déterminée, mission immédiate et particulière, on peut se demander quelle est la mission de la France. On peut se demander quels motifs elle peut avoir de conserver son établissement militaire. Il est absolument certain que la France n'a plus aucun rôle guerrier à jouer en Europe ; j'insiste sur le mot *rôle* ; elle peut avoir à accomplir, en s'appuyant sur la force, une grande œuvre ; par exemple, l'abolition du militarisme ; mais son intervention dans les affaires du monde, sous des prétextes spécieux couvrant mal des prurits de gloire à panache, ne pourrait être expliquée par le bon sens ni excusée par le sentiment, et ne saurait être supportée. La France, il serait puéril de le nier, ne s'est jamais relevée du coup qui lui fut porté en 1870. Son commerce, sa marine marchande, son industrie, son prestige artistique et intellectuel, ont subi des atteintes sur lesquelles il serait oiseux d'insister. Le seul relèvement auquel on pourrait ajouter foi serait son relèvement militaire, auquel tout fut sacrifié et qui peut cependant, hélas ! faire l'objet de bien des doutes. Mais, encore une fois, en admettant que la puissance de cette armée soit indiscutable, quelle tâche peut lui être réservée ? On n'en voit point d'autre, en vérité, que la reprise de l'Alsace-Lorraine. Et si c'est là la mission de l'armée française, on ne peut s'étonner que d'une chose : c'est qu'elle ne l'ait pas encore remplie. L'entreprise eût été, de tout temps, difficile ; mais elle devient de plus en plus malaisée. Les ressources de

Chapitre V

l'Allemagne en hommes, etc., augmentent tous les jours ; et celles de la France décroissent en proportion. Sur quoi une question, nécessairement, se pose : le jeu vaudrait-il la chandelle ? Les honnêtes gens qui dirigent la France à tour de rôle — qui la dirigent vers l'abîme — répondraient : oui, sans hésiter. Mais ils le pensent si peu, eux et leurs ouailles, qu'ils ont fait les efforts les plus désespérés et les plus honteux pour donner à l'armée une raison d'être dont le caractère général fût, sinon plus sérieux, du moins plus séduisant et plus propre à susciter des illusions. Ils conclurent, grâce à l'intermédiaire du Vatican, cette alliance russe dont ils osent se faire gloire, et qui sera l'éternelle tare de la troisième République.

Alliance aussi flatteuse que féconde. Jusqu'ici, comme résultats, elle a dragué hors de France autant de milliards qu'il en fallut donner aux Prussiens lors du versement de cette indemnité de guerre que les Français se vantent encore d'avoir payée si vite ; elle a imposé à la France, en retour des bons offices du Saint-Siège, et en dépit des lois, la vermine cléricale et monacale qui est en train de la ronger ; elle a permis à des esprits aventureux d'échafauder des projets bizarres de coopération entre les armées russe et française, lesquelles devraient opérer leur jonction sur les rivages de la Bohème, comme dit Shakespeare, et attaquer l'Allemagne par le sud. Cette tentative audacieuse doit s'effectuer au moment de la crise autrichienne qu'ouvrira la mort de l'empereur François-Joseph. C'est une affaire entendue. On serait mal venu à affirmer que la crise autrichienne sera close, sans aucune intervention de la France, par la prolongation de l'Allemagne jusqu'à Trieste ; et que le rôle de la Russie, que l'occident a si complètement failli à civiliser, ne commencera guère avant qu'une civilisation adéquate lui ait été apportée par les Jaunes, enfin réveillés de leur sommeil. Mais peu importent les réalités. La France se contente de chimères et ne demande pas autre chose. On lui dit qu'elle a des colonies ; et elle le croit. On lui dit que son armée est nécessaire à leur défense ; et elle le croit. Elle a donné sans sourciller des millions et des millions pour la dévastation du Tonkin, pour l'établissement de l'esclavage à Madagascar, pour la création d'un port militaire à Bizerte (l'Aboukir de l'année prochaine), pour des missions extravagantes conduites par des anthropophages. Elle ne se doute pas que l'Algérie, la seule de ses colonies qui ait une valeur et qu'elle semble

Georges Darien

appelée à conserver, se détacherait de la métropole, tellement elle en est dégoûtée, si le nombre de ses colons était plus considérable. Elle tente même sournoisement, en ce moment, d'entamer leMaroc. Il faut bien donner à l'armée un semblant de raison d'être.

En somme, en dehors du rôle policier et réactionnaire qu'elle peut avoir à jouer à l'intérieur, l'armée n'a point d'autre motif valable d'existence que l'outrecuidante vanité publique. Le temps où la France imposait son despotisme au monde est passé pour jamais. Son action morale même cesse peu à peu de se faire sentir ; les peuples étrangers abandonnent l'étude de sa langue. Son prestige, que des actes ne soutiennent plus, s'évanouit. Les paniers-percés diplomatiques qui la représentent partout, fantômes de Robert-Macaires et spectres de marquis de Carabas, achèvent de la discréditer ; ces personnages vitreux parviennent, on ne sait comment, à intercepter les pâles rayons que projette encore l'astre. Les frontières de la France circonscrivent son influence.

À l'intérieur, toute vie réelle a disparu ; on fonctionne au lieu d'agir ; on n'est mû ni par les nécessités d'une énorme expansion coloniale, comme en Angleterre, ni stimulé par les besoins d'un grand développement industriel et commercial, comme en Allemagne. Peut-être, après tout, la France a t-elle dépassé cette longue période de civilisation irréelle où le prêtre, le marchand et le soldat dominent les préoccupations humaines, et ne conserve-t-elle que les apparences d'un état déjà aboli, virtuellement ; peut-être, sans s'en rendre compte elle-même, est-elle sur le point d'entrer dans une nouvelle phase d'existence, peut-être se trouve-t elle sur le seuil d'une civilisation nouvelle et vraie. Quoi qu'il en soit, la situation présente de la France est lamentable. Sous l'œil narquois des charlatans à panaches et des charlatans à tonsures, elle se repaît et se soûle d'elle-même, s'hypnotise en la contemplation de sa capitale comme un fakir indien en celle de son nombril.

Il faudra cependant que la France se résolve à prendre une décision et qu'elle donne à son existence une signification et un but. Lorsque les vents glacés auront couvert de leurs sifflements les derniers flons-flons des orchestres, lorsque les palais de carton-pâte se seront effondrés sous les premières neiges, la question de l'Exposition fera place à une question plus sérieuse. Cette question, la voici : Que va devenir la Belle France ? Le prolétariat, res-

Chapitre V

té près de ses instincts, les intellectuels, réfractaires aux dogmes de l'hypocrisie, du mensonge et de la sottise, pourront donner la réponse. Les instincts du peuple, revendiquant le sol qui doit les nourrir et dont les a déracinés la main des traîtres, lui crient ce qu'est la France, ce qu'elle doit être ; le savoir des intellectuels leur apprend ce que c'est que la patrie française. Ils pourront agir. Ils sont la vraie force de la France ; ils sont la France même. Quels que soient les obstacles que puissent amonceler les filous et les bedeaux qui défigurent et mutilent la patrie, quelle que soit l'aide qu'ils aillent implorer une fois de plus au delà des frontières — et qu'il n'est pas sûr qu'ils obtiennent cette fois — le triomphe de la Révolution est certain.

L'armée nationale, enfin constituée en fait, accomplira sa mission qui est de supprimer la servitude et la misère en donnant une patrie réelle à tous les habitants du pays. Ainsi, l'armée régénérée par la grandeur même de sa tâche régénérerait la France entière, et contribuerait à la grande œuvre de rénovation sociale qui doit recréer l'humanité. La France aura, alors, à faire jaillir du sol que lui auront conquis ses baïonnettes le caractère physique et mental de sa nationalité ; son rôle devenant le plus noble de tous, philosophique et intellectuel, toutes les possibilités étant mises en œuvre, elle connaîtra enfin la vraie civilisation. Elle aura enfin donné réellement — ce qu'elle s'est si souvent vantée à tort d'avoir fait — un grand exemple au monde.

Rêve d'intellectuel. Les Intellectuels rêvent, voyez-vous ; et c'est pourquoi les Nationalistes les méprisent. Les Nationalistes n'aiment pas qu'on rêve, ni qu'on pense, ni qu'on sache quelque chose, ni même qu'on parle français. Ils aiment qu'on soit Nationaliste. Ils ont cherché, pendant très longtemps, une bonne injure à appliquer aux gens qui ne partagent point leurs opinions. Avec bien du mal, ils l'ont trouvée. Ils appellent ces gens-là des Intellectuels. Dans la France d'aujourd'hui, la belle France des culottes de peau, des mouchards et des marguilliers, il ne fait pas bon être un Intellectuel.

— Des Intellectuels, dit Millevoye, n'en faut pas. Il faut des généraux, des curés, et de la police. Vive l'armée ! Vive la revanche !

La revanche !... Millevoye, les Intellectuels auront la leur.

Georges Darien

*

Voici la suprême conclusion de la sagesse : celui-là seul gagne pour lui-même la liberté et la vie qui résout de les conquérir chaque jour.

Gœthe.

Toute guerre est nécessairement, non pas par définition mais par effet, une guerre de conquête. Une conquête se compose de deux éléments : la prise de possession d'un territoire ou l'imposition d'un tribut, acte disputable, généralement blâmable, mais pas toujours ; et l'expansion d'idées appartenant soit au vainqueur, soit au vaincu, soit à tous deux — acte bienfaisant et fécond car il prépare et produit des conflits intellectuels tôt ou tard utiles au progrès humain. À mesure que le premier élément de la conquête disparaît, devient impossible et superflu, le second élément se développe et prend une importance qui s'augmente sans cesse. Les idées, en effet, sont aujourd'hui liées aux faits, les incarnent, en deviennent l'expression de plus en plus juste et de plus en plus simple ; les absorbent, pour ainsi dire. Nous cessons virtuellement de vivre dans un monde d'abstractions et de chimériques espoirs ; nous nous faisons peu à peu, et souvent à notre insu, un univers de certitudes idéales qui sont la cristallisation de réalités matérielles.

Les nationalités correspondant à peu près à leurs expressions géographiques, les obstacles apportés à l'harmonie générale proviennent des différences politiques et sociales dans la vie des divers États ; par exemple, de leur manière d'admettre, en pratique, l'existence d'un pouvoir religieux, militaire, capitaliste, propriétaire. Ces différences ne subsistent guère aujourd'hui, ou du moins elles n'existent que d'une façon superficielle ; ainsi, les peuples civilisés s'entendent tous pour reconnaître la légitimité de la propriété individuelle de la terre.

Mais que l'un d'eux, demain, — le peuple français, si l'on veut, — s'insurge contre ce système de propriété, et voilà l'accord rompu. Les intérêts des possesseurs du sol sont trop identiques partout, sont trop soumis aux mêmes risques, pour que les propriétaires terriens d'Angleterre et d'Allemagne, dirai-je, n'essaient pas d'envoyer la force armée dont ils disposent au secours de leurs confrères de France. La guerre, étant données l'ignorance et l'étroitesse d'esprit de la majorité des hommes, devient inévitable. C'est une guerre de conquête. L'Anglais et l'Allemand ont à conquérir la conception de propriété du sol que s'est faite le Français, révolté contre l'ancien système ; s'ils y parviennent, la conception française, qu'ils auront enchaînée, aura à lutter pour sa délivrance afin de reparaître avec de nouvelles forces, après un temps ; ou bien à mourir, purement et simplement, si elle est sans valeur. Le Français a à conquérir, de son côté, la conception de propriété territoriale que représente l'Anglais ou l'Allemand. Conquête possible d'un côté ou de l'autre, mais conquête nécessaire. Phase de la grande lutte qui commence en cette fin de siècle pour la conquête de la liberté et de la vie — pour la conquête de la terre. — Cette conquête doit être, nécessairement, poursuivie à l'infini ; les luttes qui en marqueront les étapes ne seront pas forcément sanguinaires ; elles peuvent devenir, et deviendront, amicales ; c'est sur l'éternel conflit intellectuel que peut être basée seulement la fraternité humaine.

Pour le moment, il est inutile d'espérer que les luttes qui marqueront l'avénement des temps nouveaux n'auront point un caractère bestial ; il ne peut pas, hélas ! en être autrement. Ce seront des luttes barbares, les dernières peut-être ; mais ce seront des luttes rationnelles. Les peuples seront enfin forcés, de comprendre, pour la première fois, pourquoi ils font la guerre ; et, le comprenant, comprendront sans doute qu'il ne faut plus qu'ils se fassent la guerre.

Une guerre, donc, doit aujourd'hui avoir un but, un but bien défini ; si elle n'en a pas lorsqu'elle s'engage, elle doit forcément s'en découvrir un après les premiers combats. C'est une chose dont les Nationalistes se doutent, et dont ils ont peur. Ils voudraient conserver à la guerre extérieure, s'ils sont amenés à la faire, (ce dont ils prient leur Dieu de les préserver) son caractère de haine imbécile et creuse ; ils tiennent surtout à conserver à la guerre civile qu'ils rêvent d'entreprendre le caractère d'épouvantable sauvagerie, de barbarie aveugle, qu'ils lui ont toujours donné. Ils font tous leurs efforts pour acclimater dans le peuple des instincts de cruauté dont une nation qui a quelque respect d'elle-même devrait avoir honte. Ils introduisent en France, avec approbation de la canaille cléricale dont ils sont les laquais, les abjectes courses de taureaux qui, de

Georges Darien

concert avec la suprématie du prêtre, ont conduit la malheureuse Espagne à sa situation présente. Ils ont avec eux une grande partie de la population, la plus grande partie peut-être, tout ce qui traîne un sabre, tout ce qui brandit un goupillon, tout ce qui noircit du papier derrière les guichets administratifs, tout ce qui pèse à faux poids, tout ce qui boit le sang des pauvres. S'ils ne peuvent éviter la guerre dont l'idée seule les fait trembler de peur, ils veulent que l'armée française parte à la frontière, telle une armée de mercenaires abrutis, sans une idée à la pointe de ses sabres, avec des baïonnettes trempées dans l'eau bénite ; ils veulent que cette armée-là, afin de sauver Rome et la France (la France de Rome) au nom du Sacré-Cœur, donne au monde le hideux spectacle dont elle le gratifia en 1870 : les valets galonnésdes riches capitulant devant l'ennemi afin de courir massacrer les pauvres, et rougissant de sang français l'épée dont le travail des prolétaires doit payer la rançon. Eh bien ! s'ils doivent réussir dans leurs projets ; s'ils doivent faire, de la vilaine France qui grimace aujourd'hui, la France immonde qu'ils rêvent pour demain ; je lui souhaite, à cette France, la défaite et l'annihilation. Je le pense, et je le dis. Si la France doit être la caverne des meurtriers, le repaire des affameurs, l'antre des cafards et le lazaret des crétins, il vaut mieux qu'elle cesse d'exister. Il faut qu'elle cesse d'exister. C'est de la destruction de cette France-là que doit naître la France réelle, expression vivante de la liberté et de l'égalité, la Belle France.

L'influence des armées nationales sur l'esprit du peuple, si elles se constituent en réalité, sera excellente. En dehors de la base solide qu'elle aura fournie à la nationalité en faisant du sol de la patrie le patrimoine de tous, l'action en masse — vers un but déterminé, unanimement désiré — préparera à l'action individuelle, y conduira directement. À présent, l'homme n'est qu'un rouage infime dans l'immense et grossière machine de l'esclavage social ; on développe en lui juste assez de sa personnalité pour qu'on puisse lui coller sur le clos une étiquette, avec laquelle il va se vendre. Il ne vit pas, il n'agit pas, il ne travaille même pas ; il se débat avec les circonstances, c'est-à-dire entre les pattes molles de la fatalité ridicule et artificielle à laquelle l'a livré une monstrueuse apathie qui le rendit indigne de la griffe du Destin. L'esprit de l'homme a été obscurci, d'une horrible façon, par les gredins qui le tien-

Chapitre V

nent encore dans leurs chaînes. L'homme doit croire aux Principes, les vénérer. Or, aucun malfaiteur universel, aucun fléau, aucune peste, aucun choléra-morbus, n'a causé la cent millième partie des désastres qu'a occasionnés le plus insignifiant des principes. On a vanté à l'homme les Droits et les Devoirs ; il a cru à leur existence. Les Devoirs sont la résultante de la progression de la vie ; ils ne sont point fixés à jamais, et abstraits ; ce sont des nécessités transitoires et tangibles. Quant aux Droits, ce sont de ridicules fantômes lorsque les moyens d'en user n'existent pas ; et ils deviennent des fonctions naturelles et indispensables lorsque ces moyens existent. Droits et Devoirs sont des mots pernicieux, qu'il convient de supprimer. Il n'y a pas de Droits. Il n'y a pas de Devoirs. Il y a des Appétits.

Ces appétits, il est possible de les satisfaire aujourd'hui, au moins partiellement. Il est possible de remplacer la misérable existence actuelle, contrainte, ratatinée, décrépite, — et ces épithètes peuvent s'appliquer à la vie des riches dont le bonheur n'est qu'un mensonge, et qui crèvent déjà de peur sous l'œil froid des déshérités — par une autre existence qui sera un large et continuel développement d'énergie jeune ; dans laquelle tout effort, volontaire et sans limites, contribuera à cette conquête de la liberté et de la vie — conquête de la terre — qui doit être l'œuvre quotidienne de l'homme conscient de soi-même, égoïste.

L'ère de l'égoïsme va s'ouvrir ; de l'égoïsme qui procède de la compréhension équilibrée, et justement orgueilleuse, des instincts ; de l'égoïsme franchement avoué, activement manifesté, et qui refuse de se laisser entraver par l'hypocrisie des dogmes, l'imbécillité des formules et la barbarie des systèmes ; de l'égoïsme, seule force naturelle et vraie. Si l'égoïsme n'existe point, l'individualité est impossible ; par conséquent, la liberté et l'égalité — c'est-à-dire, pour tout exprimer d'un mot, la solidarité. — La force est alors érigée en monopole de classe ; la caste militaire est créée. Et cette classe étant généralement composée de gens d'intelligence pauvre, son pouvoir est contrôlé et dirigé par une autre caste, qui s'est fait une spécialité de la ruse, de l'artifice et du mensonge — la caste sacerdotale.

Georges Darien

Chapitre VI

La tolérance est le meurtre de l'âme.

BAXTER.

La caste sacerdotale est en train de tuer la France.

Personne ne se fait d'illusions là-dessus. La caste sacerdotale sait qu'elle est en train de tuer la France. La France sait qu'elle est en train de crever sous les pieds plats de la caste sacerdotale. La France ne fait pas le moindre effort pour se dégager, pour échapper à la pression du cauchemar vivant qui la piétine et la suffoque. C'est à peine si de loin en loin un Français, plus souvent un étranger, s'étonne du pouvoir énorme et toujours croissant de l'Église catholique-romaine en France ; et cherche à en démêler les causes. Les raisons que donnent ces personnes bien intentionnées sont généralement baroques. En réalité, le maintien et l'incessante augmentation de la puissance cléricale en France pendant le siècle qui va finir ont eu des causes politiques multiples, d'une importance plus ou moins grande, mais transitoires ; ont eu, surtout, des causes sociales, générales, qui sont profondes et permanentes. L'une, la principale, est l'extension de la propriété individuelle du sol, le plus grand obstacle à l'individualité humaine, le plus solide appui des superstitions homicides ; l'autre, c'est l'esclavage légal et conventionnel, l'esclavage épouvantable qui pèse sur la femme. « La France est catholique, » disait cet imbécile de Spuller. Cet imbécile de Spuller n'avait pas tort. La France est catholique parce que la femme est catholique. Et la femme est catholique parce qu'elle n'est pas libre.

J'ai tort de dire que la femme est catholique. En dehors de celles qui ne sont point liées, même nominalement, aux dégoûtantes superstitions romaines, il y a en France un certain nombre de femmes intelligentes et courageuses qui rejettent les enseignements de l'Église et ont pour le prêtre tout le mépris qu'il mérite. Ces femmes s'efforcent de se soustraire à l'affreuse domination que l'homme, à la voix du scélérat en soutane, leur a imposée ; elles cherchent à conquérir les libertés qui leur sont nécessaires, ou plutôt à les reconquérir ; car la Française des dernières années du XIXe siècle est fort loin de jouir des franchises que possédait son aïeule du XVIIIe siècle, par exemple. La déclaration des Droits de l'Homme a été une pierre tombale posée sur l'existence de la femme.

Mais je peux dire que la majorité des Françaises est catholique ; qu'une bonne part de cette majorité est catholique simplement parce qu'elle n'est pas libre ; que si la troisième République avait été autre chose qu'une République nominale, et que si elle avait donné aux femmes les libertés que ce sera son éternel opprobre de leur avoir déniées, ces femmes se seraient affranchies de l'influence cléricale qui pénètre la France par tous ses pores et l'empoisonne.

Être catholique, ce n'est pas seulement faire partie de l'Église catholique-romaine et en admettre les dogmes ; cela, c'est pour la surface, et particulièrement pour le *vulgum pecus*. C'est, en réalité, être attaché aux croyances vermoulues et aux superstitions honteuses qui disposent, autour de l'actuelle infamie sociale, l'auréole en papier peint de la volonté divine. C'est prendre prétexte de ces croyances pour mettre à exécution les préceptes d'une religion qui, sous de faux dehors humanitaires, préconise la tyrannie du Riche et fait au Pauvre un devoir de la servilité et de l'abnégation. Le catholicisme, c'est la figure surnaturalisée de l'esclavage moderne. On est catholique pour deux raisons : par imbécillité ou par intérêt ; dans les deux cas, parce qu'on n'est pas libre. Les Françaises catholiques, dont la situation sociale, intellectuelle et morale, est tellement inférieure à celle des femmes des pays protestants, doivent leurs sentiments religieux à l'une des deux causes ci-dessus. Elles ont peur du diable, ou bien elles ont peur de la révolution. Ou bien — j'ai honte de l'écrire en français, mais c'est absolument nécessaire — elles ont faim. Elles se prostituent à Dieu.

On a expliqué fréquemment l'empire que le prêtre exerce sur la femme. On a généralement donné pour causes à cette influence la vanité, l'ambition et l'ignorance féminines. L'Église, a-t-on dit, a trouvé dans la femme, telle que la lui avait depuis longtemps préparée sa doctrine, l'agent grâce auquel elle pouvait parvenir à se mêler d'une façon intime à la vie des nations ; à enrouler peu à peu le parasitisme de ses lianes autour des rameaux verts et pleins de sève qui s'élançaient du vieux tronc humain. La solitude mentale de la femme fut mise à profit ; ses besoins d'amour, de dévouement et d'enthousiasme furent captés, détournés dans la direction

Georges Darien

de la religion, et mis au service de l'Église. Le prêtre devint le seul ami intellectuel d'un être qui avait été enfermé, avec ses sentiments et ses aptitudes voués au néant, dans la monotonie d'occupations animales. La brume des rêves et le vague des espoirs féminins se solidifièrent dans la religion et dans le prêtre. Toutes les réserves d'affection de la femme, tout l'amour qu'on n'avait point su recevoir d'elle, se transformèrent en une dévotion ardente ; ses pensées, vagabondant à la recherche du savoir qu'il leur fallait, se reposèrent dans le dogme ; l'incertitude de ses tendances artistiques se satisfit de l'appareil pompeux, de lu mise en scène de l'église. Sa vie mentale s'immobilisa au pied du crucifix. Le prêtre devint son conseiller. Seul, il lui témoignait la sympathie dont elle avait soif, devinait ses pensées intimes, s'intéressait à toute son existence. L'église devint nécessaire à la femme. Et comme de cette nécessité dépendait, en somme, le pouvoir de l'Église, tout fut mis en œuvre pour empêcher la femme de se délivrer des chaînes dont elle s'était liée. Il fallait avant tout s'opposer à ce qu'elle pût prendre conscience de sa force et de ses facultés. Ainsi, afin de rester maître de sa pensée, le prêtre remplit l'esprit de la femme de conceptions qui en paralysaient le pouvoir. Ses espoirs, il les relégua à un futur au delà de ce monde ; ses contemplations, il les dirigea vers le passé sous prétexte d'exemple salutaire, d'élévation d'âme, — en réalité afin de lui faire trouver dans ce passé une perpétuelle source de repentir et de grands désirs d'expiation. — Il l'a amenée à le prendre pour guide de sa vie présente et, indirectement, de la vie de ceux qui vivent autour d'elle ; et surtout à lui faire la confession pleine et entière de ses moindres actions. Et c'est ainsi, assure-t-on, que le prêtre parvint à tenir en son pouvoir ce merveilleux instrument de domination : la femme.

Peut-être. Moi, je ne sais pas. C'est la femme qui s'est livrée au prêtre ? Ça m'est égal. C'est le prêtre qui s'est emparé de la femme ? Je m'en moque. Nous n'avons pas, pour le moment, à savoir comment ces choses se sont produites. Nous avons à supprimer ces choses. Nous n'avons point à savoir si la femme d'église est une scélérate ou une dupe ; d'ailleurs, les dupes sont les pires des scélérats. Nous n'avons même pas à savoir si l'homme d'église est un coquin ; nous savons que c'est une coquine, et cela doit nous suffire. Nous savons que le prêtre est une gueuse, la procureuse du bon Dieu, une créature qui n'a aucun titre, physique ou moral, à la qualification d'homme. Un homme ne fait pas vœu de chasteté, ne se condamne point au célibat à perpétuité, ne se promène pas dans les rues avec une robe de chienlit, ne se fait pas le receleur moral des détrousseurs de malheureux, ne leur fournit pas toutes les fausses clefs et les couteaux empoisonnés dont ils ont besoin, et n'a pas pour métier d'absoudre le Crime qui vient de lui graisser la patte. Un homme ne représente pas Dieu sur la terre, ne l'avale point tous les matins, comme une huître, entre deux grands coups de vin blanc, et ne passe point son temps à déposer des pains à cacheter dans les gosiers de ses contemporains. L'imbécillité et l'infamie du sacerdoce sont de plus en plus apparents. Nietzsche n'exagérait pas quand il disait que le temps approche vite où le prêtre sera regardé partout comme le type le plus bas, le plus faux, le plus répugnant de toutes les variétés de l'espèce humaine. Et c'est justement parce qu'il est, à la connaissance de tous, le spécimen le plus infect de la collection de types dégradés qu'a produits la civilisation présente, qu'il se trouve, de fait, à la tête de cette civilisation ; qu'il en est l'expression la plus complète, la plus exacte.

La civilisation d'aujourd'hui, c'est la civilisation chrétienne. Elle est anti-humaine, anti-naturelle, ne mérite même pas d'être discutée. C'est un long mensonge ; c'est une saleté. La mission de l'Église est de la maintenir par tous les moyens, *per fas et nefas*. La mission de ses victimes devrait être de la renverser ; ce qu'elles ont essayé de faire plusieurs fois, à dire vrai ; mais ce qu'elles paraissent avoir renoncé à tenter de nouveau. Car, après tout, la raison pour laquelle l'Église, qui est le meilleur, voire le seul soutien de l'horrible état de choses actuel, voit son pouvoir s'accroître tous les jours ; la raison pour laquelle elle est devenue si puissante en France, est excessivement simple : on lui permet d'exister. L'Église est forte parce qu'on la tolère.

Pourquoi tolère-t-on l'Église ? Les riches la tolèrent parce qu'ils en ont besoin ; les pauvres, parce qu'ils sont trop sots et trop veules pour se débarrasser de son joug. Du reste, ils ne se font pas la moindre illusion sur son rôle ; ils savent que sur toutes les croix qui souillent les places publiques, qui se dressent dans les palais de justice, dans les oratoires des honnêtes gens et même dans les boudoirs des putains, c'est le Déshérité d'aujourd'hui qui saigne et

Georges Darien

qui pantèle, et non un défroqué d'existence problématique qu'on donne comme le fils d'une vierge. S'ils veulent cesser de souffrir, il faut qu'ils descendent de la croix et qu'ils brisent l'instrument de supplice auquel fut clouée leur chair. L'Église prétend compatir aux souffrances des misérables ; si sa compassion était autre chose qu'une vile hypocrisie, il y a longtemps qu'elle les aurait fait cesser. Elle en a eu le pouvoir pendant des siècles. Elle l'a encore aujourd'hui. Elle ne supprime pas la misère, parce qu'elle en vit. Toutes les églises sont à base de servitude morale et physique. L'église catholique romaine est la plus immonde de toutes ces églises. Tant qu'elle existera, elle sera le lien entre les différentes entreprises d'exploitation du Pauvre, qui manquent de cohésion et se désagrégeraient sans elle ; elle saura donner le mot d'ordre et la consigne aux gendarmes bien-pensants qui assurent la sécurité des voleurs. Tant qu'elle existera, elle s'opposera à ce qu'on délivre la femme de l'épouvantable esclavage qui la meurtrit ; elle sanctifiera la répugnante tyrannie de l'homme sur celle qui devrait être sa compagne et son amie... Il n'y a qu'un moyen, qu'un seul, de faire cesser toutes ces horreurs : c'est de ne point tolérer l'Église.

L'autre jour, je lisais ceci dans un journal religieux, une Croix quelconque : « Une petite ouvrière envoie 5 francs à S. Antoine de Padoue pour que le Sacré-Cœur de Jésus sauve la France. » Si la République avait eu quelque souci de la petite ouvrière, si elle lui avait assuré — ce qui était son devoir strict — une existence libre et décente, la petite ouvrière aurait gardé ses cent sous, n'aurait pas pensé que la France avait besoin d'être sauvée, ne se serait point adressée, pour son salut, au Sacré-Cœur de Jésus que doit fléchir le bon saint Antoine de Padoue. La République aurait dû apprendre à la petite ouvrière, lui prouver par des faits, que la France n'a pas à être sauvée, même par un cœur sacré ; et qu'en cas de besoin elle saurait se sauver elle-même en sauvant les malheureux des grilles des exploiteurs. La petite ouvrière aurait cru à la République, à la France par conséquent ; et n'aurait pas envoyé d'argent au cosmopolite saint Antoine de Padoue, qui fait retrouver les objets égarés, maisne fait pas retrouver les pièces de 5 francs qu'on lui expédie, et qui sont perdues pour tout le monde, excepté pour la réaction. Mais la République n'a rien appris, rien démontré, à la petite ouvrière, excepté ceci : qu'elle se fiche comme d'une guigne des femmes, des ouvriers, et des opprimés en général. Et la petite ouvrière, à qui un moine d'une congrégation non autorisée a prouvé en trois points qu'il faut tout attendre de Dieu et rien des hommes, a été grossir le troupeau de ces malheureuses qui aimeraient la liberté si elles pouvaient l'avoir ; mais qui ne peuvent pas l'avoir ; qui doutent tellement d'avoir jamais la liberté et le bonheur qu'elles finissent pas avoir peur du diable ; et qui, par lassitude, découragement et dégoût de la vie qu'on leur inflige, vont faire tapisserie dans les églises où les dames de la bourgeoisie prennent des poses sur leurs prie-Dieu.

Celles-là rendent grâces au Seigneur, qui est si bon, et permet à leurs maris de saigner les pauvres à gogo et de vider leurs poches. Le bon Dieu, comme disait Pottier, tient les mains des pauvres pendant ce temps-là. Il aime la bourgeoisie, le bon Dieu. La bourgeoisie le lui rend ; (il faut bien qu'elle aime quelque chose, après tout.) Voyez les dames de la bourgeoisie, à l'église ; comme elles sont belles et alléchantes, comme elles sont édifiantes et se tiennent bien. Elles ont des belles robes, et des beaux chapeaux, et des beaux jupons qui font frou-frou en traînant sur les dalles ; tout ça a été payé argent comptant et les factures sont dans les poches des messieurs qui plastronnent auprès des dames, et qui quelquefois sont leurs maris. Les maris sont propriétaires, ou fonctionnaires, ou autre chose ; des choses bien payées. Les fils des dames sont à côté d'elles, si gentils, avec des gueules qui promettent, des crânes de dolychocéphales et des uniformes de jésuitières ; les demoiselles sont plus près encore, très sages, avec des yeux modestes aux regards en coulisse dirigés vers des officiers dont les épaulettes reluisent derrière les colonnes, avec des virginités éprouvées par la vie du couvent, avec des cerveaux de canaris et des attitudes de poupées vicieuses. Tout ce monde caquette à voix basse, se sourit, fait des grâces, se complimente, s'envie, s'espionne, se méprise, se hait et s'admire ; surveillant à peine le geste du prêtre qui marque le degré d'attention nécessaire, rythme ironiquement la sottise des bavardages. Tout ce monde paraît assemblé pour remplir un devoir nécessaire à la permanence de sa suprématie ; pour exercer une fonction traditionnelle, mécanique, sans signification précise en elle-même, mais qui rapproche les uns des autres, à époques fixes, les membres d'une famille que séparent la diversité de leurs

Georges Darien

occupations. Tout sentiment religieux, diriez-vous, est exclu d'une pareille congrégation ; on n'y pourrait même trouver la moindre folle fanatique, à peine une comédienne sensuelle. Ces gens-là sont simplement heureux de se sentir les uns près des autres ; de comprendre que leurs différends, si profonds soient-ils, ne pourront arriver à les séparer tant que l'Église conservera son pouvoir. Ils sont contents, aussi, de retrouver dans l'ordre de l'Église le modèle de l'ordre auquel ils ont conformé leur vie, et ce quelque chose de stationnaire, d'indiscutable, d'immuable, dont les idiots ont l'admiration innée, et qu'ils rêvent pour leurs conceptions et pour leurs privilèges.

Mais le sentiment religieux, cependant, existe là ; il existe autant qu'il peut exister dans l'Église catholique romaine. Le sentiment religieux qu'exprime et que crée cette Église, c'est la défiguration d'un sentiment humain ; c'est sa caricature cruelle. La contemplation de ce qui n'existe point, la contemplation d'un Dieu crucifié, martyrisé — contemplation à laquelle l'Église sait toujours contraindre ses fidèles — efface dans leur esprit l'image de ce qui existe, interdit la contemplation de la douleur des pauvres. L'existence du sentiment religieux chez le catholique est en raison exacte de l'absence du sentiment de solidarité humaine. L'hypocrisie du bourgeois est grande ; mais son imbécillité, plus grande encore, lui laisse une certaine bonne foi que l'Église l'amène à placer, sans difficulté, dans le sentiment religieux. Le bourgeois croit parce qu'il a peur de ne point croire ; il a peur de ne point croire parce qu'il sent dans la dureté de son âme comme un vide où pourrait se loger un peu d'humanité ; il se perçoit incomplet dans son infamie, et comprend que l'Église le parachève. « L'Église, disait saint Augustin, a perfectionné l'esclave. » C'est toujours vrai. De plus, elle perfectionne le bourgeois.

En face des misères causées par les riches, pour en cacher l'horreur et rendre malaisée toute tentative de révolte, le Christianisme eut l'atroce habileté d'étaler les douteuses souffrances de son Dieu, et de développer, pour toute philosophie, la légende de ses tortures. Les religions de dénomination chrétienne qui firent preuve de compréhension humanitaire et libertaire ne durent leur grandeur et leur propreté morale qu'à leur évasion du bagne évangélique, du charnier chrétien, et à ce fait qu'elles puisèrent leur inspiration dans une interprétation paradoxale des Écritures et surtout dans l'enseignement des grands prophètes hébreux. Le catholicisme a développé jusqu'à l'extrême l'esprit du christianisme ; le sacrifice de la messe, la présence réelle de Dieu, font oublier le sacrifice des vies douloureuses, la présence réelle du Pauvre. Les cris de l'orgue, clamant les angoisses de la victime du Golgotha, étouffent les plaintes des malheureux qui râlent sous le genou du prêtre, sous le talon du soudard à son service. Plus les souffrances du pauvre deviennent intolérables, plus le prêtre exagère les souffrances de son Dieu ; il l'a doué d'un sacré cœur dans lequel une croix est plantée, où sont enfoncées des épines, qu'entoure une chaîne et qui suinte du sang. Tant que les Pauvres n'auront pas un cœur comme ça, ils n'auront pas le droit de se plaindre. Plus l'esclavage de la femme, qu'il entretient de tout son pouvoir, devient odieux et anachronique, plus le prêtre exalte ce ridicule modèle de la maternité dont il est parvenu à faire la Déesse de l'abjection, cette Vierge que le dogme île l'Immaculée Conception achève de recommander aux méditations pieuses des esprits féminins qui demandent à croupir. Tant que la Femme ne conformera point sa conduite et ses aspirations à l'exemple que lui offre cette grotesque idole, symbole parfait des tendances de la crapule cléricale, elle n'aura pas droit à l'estime des honnêtes gens.

Il est incroyable que le Pauvre n'ait pas encore supprimé, définitivement, le saltimbanque en soutane. Il est incroyable qu'il ne se soit pas encore élevé contre la continuation de cette répugnante farce ecclésiastique que son absurde patience, seule, rend possible. Il est incroyable qu'il tolère le prêtre. Il est incroyable qu'il n'ait point appris, au moins par les terribles leçons qui ne lui furent point épargnées, que l'intolérance seule peut le sauver ; qu'à l'hypocrite intolérance de l'Église il faut opposer l'intolérance franche et complète de la Révolution. Il est incroyable qu'il ne puisse avoir le courage de se débarrasser du passé et, en même temps, de sa misère…

La caverne d'Ali-Baba a été désaffectée et consacrée au panthéon catholique, mais les quarante voleurs y sont toujours, et ils ont fait des petits. Quant aux marchands que jadis on chassait du temple à coups de fouet, il est devenu impossible de les mettre dehors sans vicier le temple ; ce sont eux qui font le service, et l'autel est devenu leur comptoir. Cela démontre combien il était inutile de chasser

Georges Darien

ces marchands ; il ne fallait point les forcer à quitter le temple, mais faire écrouler le temple sur leurs têtes. Le temple, le monument de pierre qui est la maison du mensonge, est la seule chose réelle dans cette comédie sinistre qui est la comédie religieuse. Autrefois, les criminels traqués par le peuple, ou par la justice qui alors n'était pas toujours un vain mot, trouvaient dans le sanctuaire un asile inviolable. Aujourd'hui, les criminels, qui ne sont plus poursuivis par personne, n'ont plus besoin d'asile ; ce sont eux qui poussent leurs victimes à se réfugier dans l'église où elles espèrent trouver un abri, la protection qu'elles ont renoncé à chercher dans la vigueur de leur cerveau ou de leurs bras. Et le prêtre, sur qui elles comptaient pour les défendre ou les consoler, les sacrifie à son autel, dont il faut qu'il vive, dit-on ; ou les livre de nouveau, après leur avoir lié pieds et poings avec des chapelets bénits, à la férocité de leurs oppresseurs. Il ne faut pas chercher asile au temple ; il faut l'abolir. Il ne faut point tolérer le temple. Il ne faut point tolérer la pierre du temple. C'est l'église avec son dôme, ses piliers, son clocher, sa flèche, ses tours, sa nef et sa crypte, c'est cette impertinente pétrification du mensonge dont l'ombre jette sur la beauté de la terre la tristesse d'un voile de deuil, qu'il ne faut pas tolérer. Pour détruire le pouvoir du prêtre, ce n'est ni un philosophe avec ses arguments ni un révolutionnaire avec ses formules que je demande ; c'est un maçon avec sa pioche.

L'antre du mensonge et le repaire du meurtre étant détruits, la Femme sera enfin rendue à elle-même, à l'action libre et à la jouissance du Présent. Il n'y a pas à douter de l'heureuse influence qu'elle exercera. Quelle peut être l'action de la femme est démontré par ce qu'ont réussi à faire celles qui ont échappé à la griffe du prêtre et n'ont eu à lutter que contre la tyrannie masculine encouragée par le coquin en soutane. Ce que fut leur œuvre, œuvre formidable et stupéfiante, la place me manque pour le dire en détail ; mais je puis l'expliquer d'un mot : elles ont empêché l'homme de descendre sensiblement au-dessous de l'animal. S'il était resté livré à lui-même et si sa compagne n'avait su se soustraire à une partie de la domination qu'il voulait lui imposer, on ne peut savoir à quelle profondeur d'abjection se trouverait aujourd'hui le niveau moral de l'homme.

C'est grâce à la femme, à la femme seule, ou aux fils de la femme

— aux rares enfants prédestinés auxquels il lui fut permis de donner, avec son lait, la force de ses instincts, — que le monde pourra se délivrer de la civilisation chrétienne. C'est la femme, les fils de la femme, qui vont affranchir l'homme et les fils de l'homme, prosternés en une adoration apeurée et grimaçante devant leur idole — le Fils de l'Homme. — La cause de la liberté de la femme, qui est celle de l'espèce humaine, est beaucoup plus près de triompher qu'on ne le pense généralement ; il ne faudrait pas en juger par ce qui se passe en France ; dans le grand mouvement de rénovation morale qui se prépare, la France pourra peut-être se placer tout d'un coup, par un grand effort, à la tête des nations ; mais actuellement son catholicisme la relègue fort loin d'une pareille situation ; et s'il existe quelques symptômes d'un avenir moins dégradant, la fumée de l'encens empêche de les distinguer. Cet avenir, pourtant, s'indique ; sinon en France, ailleurs ; et derrière les simagrées pompeuses du prêtre sans doute s'ébauche le geste large qui va balayer les simulacres. Les vieilles institutions de l'Église, de la Famille et de l'État existent encore ; leurs piliers vermoulus sont anxieusement étayés par les malheureux dont l'esprit infirme et lâche craint l'écroulement de prisons qu'ils sont descendus à aimer, et par les aigrefins qui ne peuvent exercer les hideux métiers qui les font vivre que dans la pénombre des abattoirs d'âmes. Mais la fureur populaire va battre bientôt, comme un bélier, les murs des temples où l'on vénère l'imposture ; et le grand jour — la lumière du soleil et la clarté des esprits qui restèrent libres — se précipitant par la brèche, illuminant la nef, déchirera les ténèbres qui sont comme un voile tendu devant l'obscénité des idoles.

Ce qui est obscène, et vicieux, et horrible, ce sont les entités et les abstractions malsaines ; les dogmes de la vénération obligatoire, de l'obéissance passive, de la résignation nécessaire, de l'affection forcée ; les préceptes anti-naturels d'humilité, de chasteté, qui ont pour corollaires l'esclavage de l'enfant et la prostitution de la femme ; les mythes abrutissants ; les légendes sanguinaires, légendes de dieux crucifiés pour le salut du monde, légendes d'hommes égorgés pour la gloire de leur drapeau. Ce qui est indécent, immoral, c'est le mensonge qui exalte l'esprit aux dépens de la chair, qui établit une contradiction entre eux afin de conduire l'esprit à l'imbécillité et la chair à l'hystérie ; ce qui est abominable,

Georges Darien

c'est l'imposture qui sépare l'homme du citoyen, afin de faire de l'homme une bête de somme et du citoyen une bête sauvage. Ce qui est infâme et sale, c'est la permanence, devant la face de la nature, de toutes ces abominations ; des malpropres images taillées et des squalides formules de papier qui les symbolisent ; des monuments qui les abritent. Ce sont des choses dont on s'apercevra lorsqu'apparaîtra, au grand jour, la face livide des idoles.

Parmi les voix qui réclameront l'immédiate suppression de ces horreurs, la voix des femmes se fera surtout entendre ; et il faudra qu'on l'entende. Leur voix, ce sera la voix de l'intolérance. Voilà quelle sera la voix des femmes qui sont des femmes. Leur courage est jeune ; et elles comprennent qu'elles en émoussent la trempe, qu'elles compromettent leur cause en cherchant à pénétrer isolément, pour y prendre leur place, dans la vie d'aujourd'hui. C'est cette vie elle-même qu'elles doivent détruire, dont elles doivent arracher les racines qui ont pénétré leurs esprits et leurs cœurs, les superstitions, les préjugés, les habitudes néfastes et les imbécillités religieuses. Conscientes de leur force, de leur grande soif de vie et de libre développement, elles doivent refuser de soumettre leur individualité, leur sort, celui de leurs enfants, à la direction de dogmes, de règles et de mensonges. Elles doivent rejeter toute formule, mépriser toute institution, n'avoir confiance qu'en elles-mêmes, n'estimer, n'aimer qu'elles-mêmes ; leurs instincts doivent être la seule base de leur vie.

C'est l'intolérance de la femme — intolérance qui existe encore, heureusement, dans ses sentiments intimes, et à laquelle elle donnera un essor complet — qui apprendra à l'homme que la femme veut être libre, et doit être libre ; qui lui apprendra ce que c'est, en réalité, que la liberté ; qui lui démontrera que sa propre indépendance dépend de l'indépendance de sa compagne, et que la sujétion qu'il doit accepter aujourd'hui provient de la servitude qu'il permit a l'Église de faire peser sur elle. L'homme même le meilleur, l'homme des pays catholiques surtout, est devenu ignoblement tolérant ; il pousse l'abjection jusqu'à s'enorgueillir de cet horrible vice. Il a cessé d'être empoigné, entièrement possédé par cette intolérance qui trempe le caractère de l'être et lui permet d'accomplir de grandes choses. Il ressent, tout au plus, des crises d'indignation ; mais l'indignation est passagère ; elle agit par à-coups, ne laisse

Chapitre VI

rien derrière elle, que de la fatigue et du dégoût ; ses accès se dissolvent en prières, en espoirs de réformes, en sottises ; elle donne la maladie de la justice, et non pas la soif de l'action. L'intolérance est permanente ; elle n'a cure de la justice ; c'est la défiance qui vibre en elle ; elle ne veut pas de réformes, mais des suppressions totales. Il faut être intolérant pour être libre.

*

Mesdames ! voyez donc ce ressort...

L'homme et la femme ne seront libres que lorsqu'ils seront égaux ; lorsqu'ils auront fait disparaître les barrières qui les séparent, conventionnelles, morales, traditionnelles, légales, et qui trouvent leur point d'appui, ainsi que toutes les infamies qui déshonorent l'humanité présente, dans la propriété individuelle du sol. L'homme s'est placé partout, légalement, fort au-dessus de la femme. La somme de liberté qu'il fut obligé de lui laisser, au moins dans les mœurs, mesure exactement la quantité et la qualité de la liberté dont il jouit lui-même. Dans tous les pays où la part d'indépendance laissée à la femme est réduite à un minimum, le niveau des mœurs s'abaisse de jour en jour, et les institutions, graduellement, descendent au niveau des mœurs. La situation des pays latins, des pays dans lesquels domine l'esprit latin, démontre l'exactitude de cette affirmation. En France, sur la liste des gens frappés d'incapacité civile et politique, la femme vient après les mineurs, les immoraux et les fous. La Française, reléguée par la loi au rang d'animal, ou même (car la forte expression populaire exprime mieux l'intention de cette loi), au rang d'outil de besoin, la Française prend sa revanche comme elle peut. Cette revanche peut coûter cher à une nation ; la situation générale de la France le prouve.

À part de rares exceptions, les femmes riches, les femmes de la bourgeoisie, se soumettent par calcul à l'influence de l'Église et en assurent]a puissance. Elles travaillent ardemment à maintenir la France sous le joug de Rome et à préparer des générations de fonctionnaires civils et militaires qui retiendront à perpétuité les

Georges Darien

Pauvres dans l'ordure qu'on appelle le devoir. On sait, par exemple, que les établissements d'enseignement secondaire dirigés par des ecclésiastiques reçoivent un nombre d'élèves supérieur à celui des élèves des établissements similaires dirigés par l'État. Ces femmes de la bourgeoisie, qui ne sont pas libres, prennent donc la liberté de livrer la France à l'Église ; et les Français, qui sont libres, déplorent le fait, mais n'y peuvent rien.

Le rôle joué par les femmes qui appartiennent aux classes dirigées n'est que rarement moins misérable et moins néfaste que celui que jouent les femmes des classes dirigeantes. Le poison religieux les infecte moins, certainement ; l'on trouve parmi elles plus d'une femme à laquelle la pauvreté n'a point enlevé tout sentiment d'indépendance, qui méprise le prêtre, et qui rougirait de faire de ses fils les visqueuses éponges à bénitiers que deviennent les fils de la bourgeoisie. Mais il arrive plus souvent que la pesanteur de l'atmosphère dans laquelle elles vivent déprime leur naturelle fierté, et que leurs aspirations vont se briser les ailes contre les barreaux de cette cage qu'on appelle un intérieur. Leurs idées s'emprisonnent, avec les objets qu'il faut soustraire aux larcins possibles, dans les buffets et dans les placards dont les clefs sont jalousement gardées ; leurs rêves glissent sur le carreau des cuisines, se dessèchent au souffle des fourneaux. Le problème de l'existence quotidienne les torture ; il faut trouver des solutions à ses questions insolubles ; il faut vivre, faire vivre ; et l'énorme labeur du ménage, l'effroyable labeur du ménage, consume l'existence de la femme, réclame d'elle, sans trêve, la mise en œuvre de toutes ses forces. Forces intellectuelles. Grâce à quels miracles de calcul, d'adresse, de patience et d'énergie une mère de famille, dans les classes moyennes et dans les classes pauvres, arrive-t-elle à assurer la subsistance de ceux qui comptent sur son industrie pour réparer les forces qu'ils auront encore à consacrer demain au lamentable combat de leurs existences !

Forces physiques. Il n'y a pas de travail plus exténuant que le travail que la femme a à accomplir dans son ménage. Ce travail est non seulement incessant, il est gratuit. Il n'est jamais rémunéré ; personne n'en tient compte, ni ceux au profit desquels il est accompli, ni les gens qui payent les salaires de ceux-là, ni les économistes qui expliquent pourquoi il y a des salaires. Si la femme venait à exiger demain qu'on lui payât son travail, tout le système capitaliste s'écroulerait immédiatement. Pour la gloire de ce système, pour son maintien, elle doit s'évertuer sans trêve, pour le roi de Prusse. (Sans métaphore, si l'on veut.) Je ne crains point d'exagérer quand j'affirme que le labeur des femmes paye la moitié de l'énorme taxation qui écrase la France. Il serait insensé d'espérer qu'une femme condamnée à de pareils travaux forcés pût avoir d'autre influence qu'une influence stupéfiante sur l'esprit de l'homme. C'est une bête de somme Son existence n'a pour effet que d'entretenir l'état social actuel. Ce que la bourgeoise fait exprès afin de livrer la France à Rome, la femme du peuple le fait involontairement pour livrer la France au capitalisme. Elle aide l'exploiteur à payer le salaire de son mari et de ses enfants. L'homme du peuple le voit, le sait, le comprend. Et comme il est libre, l'une des magnanimes unités composant le Peuple souverain, il laisse sa compagne s'exténuer, corps et âme, dans un travail abrutissant, stérile, anachronique, et va boire un coup chez le mastroquet.

Là, il peut rencontrer des femmes qui travaillent aussi, ses filles ou ses sœurs peut-être, qui sont sorties de l'atelier ou du magasin en passant par le lupanar, ou ce qui en tient lieu. Le labeur de la femme, à part des exceptions très rares, ne suffit pas à la faire vivre ; et, pour se créer un supplément de ressources, elle vend du plaisir à prix réduit après avoir vendu du travail au rabais. C'est une nécessité à laquelle bien peu échappent. Prises entre l'insultante obscénité du bourgeois qui les poursuit de ses offres ou de ses menaces, et l'insouciance égoïste de l'homme de leur classe, qui se désintéresse de leur sort, elles sont forcées, pauvres bêtes de peine, de devenir des bêtes de joie. C'est de cette façon seulement qu'elles peuvent récupérer l'argent qui leur fut volé sur le prix de leur travail.

Vous avez vu les ouvrières des grandes villes. Pâles, anémiées, la fatigue cernant leurs yeux et la névrose saccadant leurs gestes, elles n'ont conservé de leur beauté que ce qu'on appelle la beauté du diable — ce genre de beauté enfiévrée, perverse et malsaine que produit la civilisation du bon Dieu. — Elles traversent l'artificielle joie des rues avec des gaietés factices qui sont comme l'ironique écho de souffrances qu'on dédaigne d'avouer. Au secret de leur chair, la chlorose pleure ses larmes pâles. Elles se nourrissent de

Georges Darien

choses équivoques, s'excitent de littératures malsaines. Le luxe, qu'elles contribuent à créer, les grise comme une boisson forte. L'abeille, peu à peu, abandonne la ruche. Elle se transforme en guêpe. C'est la prostitution, clandestine, avouée, tolérée, interdite, traquée, réglementée, — exaltée. — Inutile de mâcher les mots, surtout pendant cette année d'Exposition. Blanc partout. La Belle France affiche son industrie nationale, son industrie nationaliste ; elle a une presse bien pensante, pornographique et tricolore, tout exprès pour faire la réclame. On a même été plus loin. La Parisienne, sur la porte monumentale, est une enseigne éloquente et naïve. Les étrangers, amateurs de façons nouvelles, pourront se faire arranger à la Française. Modes de Paris. Fleurs et plumes. Combien les fleurs ? Combien les plumes ? Ils sauront ça.

Ils sauront aussi que la prostitution est réglementée en France, et s'étonneront de cette hypocrisie. Mais il y a une autre industrie, bien française et nationaliste, qui doit vivre : la police. La femme, même dans l'exercice des fonctions les plus utiles à la grandeur et au bon renom du pays, est sacrifiée au mouchard. Le mouchard peut arrêter la femme et l'emprisonner à son gré. Tout est permis au mouchard, parce qu'il travaille pour l'armée ; et il envoie à Saint-Lazare des femmes qui devront aussi travailler pour l'armée, et lui confectionner les chemises que lui livreront des entrepreneurs nationalistes. Arrestations et emprisonnements sont arbitraires, illégaux. Le code est bafoué par des ordonnances administratives. La loi est soufferte par le mouchard. La France, qui se vante d'avoir proclamé les Droits de l'Homme, n'a pas encore trouvé une femme comme Madame Joséphine Butler, pour réclamer les Droits de la Femme. Il est douteux qu'elle trouve jamais cette femme-là. Du sang français coule dans les veines de Madame Butler. C'est du sang catholique seulement qui coule dans les veines des femmes françaises.

Les étrangers se font souvent de pauvres idées de l'immoralité française. Ils croient qu'elle a des limites. Elle n'en a pas. De cette immoralité, la misère n'est pas toujours la cause. Elle est produite aussi par la platitude, l'hypocrisie et l'artificialité sur lesquelles se fonde la vie française d'aujourd'hui. Le mépris de la femme pour l'homme trouve cette forme d'expression : se vendre a lui. Quand l'homme a cessé, de par son ignominie de vaincu fanfaron, d'être

Chapitre VI

un objet d'enthousiasme, d'affection ou même d'excitation sensuelle, on peut tout de même en tirer de l'argent. C'est la seule chose qu'on en puisse tirer. L'argent, après tout, donne, sinon la liberté elle-même, au moins son illusion ; et l'illusion de la liberté est déjà quelque chose pour un être qui aspire sans cesse à l'indépendance complète et qu'on a condamné à l'esclavage perpétuel. L'argent permet aussi de satisfaire, en leur rognant les ailes, des rêves de beauté qui hantent les cerveaux féminins et qu'exaspère la hideur de la vie actuelle. Par le souci de sa toilette, de l'intime décor dans lequel elle vit, la femme d'argent établit sur les autres femmes une suprématie moins bête en somme, moins laide, que celle que l'homme d'argent établit sur les autres hommes. Elle cherche, dans la mesure du possible, à réaliser l'idéal qu'elle se fait d'elle-même ; au moins en apparence ; elle se met, extérieurement puisqu'il ne lui est point permis de le faire autrement, en harmonie avec son *moi*. Et voilà ce que l'homme ne sait pas faire.

La prétention des hommes à une grande supériorité sur les femmes est simplement grotesque. Leur immense vanité les empêche de voir que cette supériorité consiste à placer un carcan au cou d'un être qui leur met à son tour des menottes aux poignets ; après quoi ils n'ont plus qu'à tourner en rond, ensemble, au bout d'une chaîne bénie par l'église, dans l'ornière qu'a creusée la tradition. La présomption de l'homme l'aveugle au point de ne pas lui laisser soupçonner l'énorme mépris, souvent saupoudré de compassion affectueuse, que la femme mariée la plus honnête, elle-même, a si souvent pour son mari. Mépris justifié. La sottise dont l'homme fait preuve généralement, le rendrait simplement pitoyable ; mais son outrecuidante infatuation le rend profondément contemptible, — d'autant plus que, les droits qu'il s'arroge, il les fait valoir avec cruauté ; qu'il se montre, non seulement maître glorioleux et imbécile, mais tyran implacable. Le plus ridicule, c'est que, pris individuellement, les hommes font rarement preuve de férocité, et qu'il arrive, même fréquemment, que leur conduite vis-à-vis de leurs femmes dépasse les bornes de la pusillanimité. C'est seulement pris en masse, lorsque l'agglomération de leurs impuissances donne une force rageuse et maladive à la superstition de leurs privilèges, c'est seulement lorsque ces fantoches, les hommes, se transforment en ce tortionnaire, l'Homme — qu'ils manifestent

Georges Darien

dans toute la hideur de son exclusivisme leur appétit d'autorité.

La femme est le seul être qui, sous la domination despotique et cruelle de l'homme, n'ait pas complètement abdiqué sa fierté ; quand on voit ce que les femmes ont eu à supporter, et quand on voit à quelle hauteur elles ont su maintenir leur âme ; quand on considère ce que dix ans de servitude, deux années de carnage, font de l'homme ; on doit constater que la force de résistance et l'énergie du caractère, qui sont les marques d'une supériorité certaine, ne se trouvent pas du côté de l'homme. Du reste, il suffit de considérer l'immense bêtise du politicien condamnant la race humaine, sur l'ordre du prêtre, à la perpétuelle misère, et de considérer d'autre part l'immense courage de la femme perpétuant cette race au prix de toutes les douleurs, pour ne conserver aucun doute au sujet de la prétendue prééminence de l'homme.

Le poids plus considérable du cerveau masculin, la faiblesse du sens olfactif chez la femme prouvent sans conteste l'infériorité féminine. On ignore absolument quelle est l'influence du poids d'un cerveau sur ses capacités, et la mesure du sens olfactif est une opération de haute fantaisie. Mais cela ne fait rien. L'homme, auquel la faiblesse de son odorat, amenant la nécessité de la ruse, a donné sur le chien une supériorité de mauvais aloi, a établi scientifiquement sur les fortes raisons citées plus haut le principe de sa supériorité intellectuelle et morale sur la femme. La femme a dû admettre ce principe, et l'humanité tout entière a eu à en payer le prix. Certaines nations — les nations latines, par exemple — trouvent qu'elles n'ont point payé assez cher. La France, pour ne citer qu'elle, maintient jalousement les droits de l'homme.

On n'y trouve plus, pour ainsi dire, ni hommes réels ni vraies femmes ; on y trouve des fonctionnaires, des dames et des bêtes de somme. On n'y trouve presque plus d'enfants ; on y trouve des élèves des Jésuites et du Sacré Ventricule et de la graine de bois de lit. Bientôt, d'ailleurs, on n'y trouvera plus personne ; la population décroît à vue d'œil, en dépit des primes offertes aux nombreuses familles, sous forme de bénédictions célestes. On ferait peut-être bien de se souvenir qu'il faut chercher l'augmentation de la population, comme le disait Quesnay, par l'accroissement des subsistances et non par des encouragements directs. Mais il n'est sans doute pas encore temps. Il vaut mieux s'occuper d'augmenter le pouvoir

Chapitre VI

du fonctionnaire, du militaire et surtout du prêtre. Voilà ce qui est important, et ce que les gouvernants qui se succèdent ne négligent point. La permanence du fonctionnaire, meurtrier de la vie active, c'est la permanence du mariage d'argent qui donne la somme de toutes les abominations sociales. La permanence du militaire, c'est la permanence de la débauche. C'est aussi l'impossibilité d'une existence libre pour la femme ; la liberté dont jouissent les jeunes filles anglaises ne pourra pas être accordée aux jeunes filles françaises tant que cinquante mille désœuvrés traîneront leurs sabres sur les pavés de la Belle France. D'ailleurs, la compréhension de la femme ne peut exister dans un pays où le culte de l'homme d'armes est le premier des devoirs. La permanence du prêtre, c'est la misère pour aujourd'hui, la ruine pour demain.

La supériorité de l'homme, comme on le voit, s'affirme en France d'une façon indiscutable. Elle s'affirmerait peut-être davantage encore s'il supprimait le fonctionnaire, le militaire et le prêtre, s'il laissait libre l'initiative individuelle et surtout s'il libérait la femme, — et aussi la terre. — Mais voilà des choses qu'il ne faut guère attendre de lui, au moins jusqu'à ce que le canon le réveille. Et puis, si faible que soit le nombre des femmes d'esprit libre, je crois que c'est grâce à elles surtout que la France pourra sortir du marécage où elle s'enlise. Je suis fier d'avoir dit le premier que c'est la femme, la mère, qui renversera le Moloch du militarisme. Je le crois encore. L'homme aime à parler de la faiblesse de la femme. Il y a des champignons si friables qu'on peut les écraser entre les doigts ; et, dans une nuit, ils soulèvent du sol des dalles qu'un homme robuste ne pourrait changer de place qu'avec un levier.

La situation dans laquelle la femme est tenue en France est simplement honteuse. Elle l'apparaît davantage encore lorsqu'on songe que la France a posé si longtemps, et pose encore, pour le pays du progrès et de la liberté. Des signes nombreux indiquent que les femmes, au moins la meilleure partie d'entre elles, cherchent à sortir de cette situation. Elles essaient de se créer des positions indépendantes, revendiquent des droits légaux et politiques. Il est inutile de critiquer ces tentatives dont l'intention, au moins, est excellente ; de tous ces symptômes, sans grande signification par eux-mêmes, on doit tirer cette conclusion très importante : qu'un nouvel esprit cherche à s'emparer de l'âme de la femme. Cet esprit,

Georges Darien

c'est l'Esprit de Sexe, que le Christ avait mutilé et voué à la honte imbécile, et que l'infâme Église Romaine a fait tous ses efforts pour tuer. La femme de demain sera la femme que trouvèrent devant eux les légionnaires romains lorsqu'ils envahirent la Germanie ; elle apparaîtra pour la bataille, se réveillant enfin du cauchemar religieux dans lequel elle se débat depuis dix-huit siècles. Elle excitera l'homme, comme autrefois, à la conquête de la terre et aussi à la destruction de tous les monuments anti-humains qui furent les témoins et les causes de son esclavage.

La femme heurte aujourd'hui ses aspirations et ses élans à toutes les impossibilités. Tout est en contradiction avec ses désirs et ses instincts. Mais la femme hait, de nature, l'inavouable et l'indiscutable, l'absolu, la pétrification du passé. Son rôle n'est pas de chercher à *monter* au niveau de l'homme, à épouser ses idées, ses sentiments et ses querelles ; mais au contraire de lui en faire comprendre la fausseté, le caractère factice, misérable et dangereux. C'est elle qui doit donner à la vie son caractère complet, fortement égoïste, et avide de tous les bonheurs possibles.

Détruisant les absolus anti-naturels et stagnants, elle doit faire vivre les immédiats humains. Elle doit démontrer à l'homme que c'est leur action commune, seule, qui peut être féconde. En France, c'est une démonstration qu'elle pourrait donner sans aucun mal. Y a-t-il rien de plus ridicule au monde que de voir le Français, qui se pose en champion du progrès, refuser à la femme les libertés les plus élémentaires tandis qu'il place humblement sa vie politique, civile, et sociale sous les pieds d'un crétin qui s'appelle le prêtre, lequel est l'agent d'un autre crétin qui s'appelle le pape, lequel est l'agent de cet immonde assemblage de sottises et d'infamies qui s'appelle la réaction internationale !

*

Perge et Romam destrue.

Les Nationalistes, qui constituent la force active de cette réaction internationale que Rome cherche à faire prévaloir en France, déclarent que la France doit appartenir aux Français. Cela ne signifie point, ainsi que pourraient le croire des personnes arriérées, que le sol de la France doit appartenir à tous les habitants du pays ; une telle pensée est loin de l'esprit généreux des Nationalistes. Cela signifie simplement que le gouvernement de cette malheureuse nation, qui depuis plus d'un siècle se débat désespérément entre les griffes du prêtre, doit être confié définitivement à la crapule en soutane ou en robe courte qui prend son mot d'ordre au Vatican. Les gens qui pensent que l'avenir de la France est dans une autre direction, qui croient qu'elle reprendra seulement parmi les nations la place qu'elle a perdue, et qu'elle perd tous les jours davantage, lorsqu'elle se sera délivrée du vampire catholique — ces gens-là sont traités, par les Nationalistes, de cosmopolites, de sans-patrie et d'intellectuels. Ces épithètes n'ont en elles-mêmes rien de désobligeant ; et venant d'où elles viennent, elles honorent. Il n'y a qu'une Internationale à laquelle il soit honteux d'appartenir ; c'est l'Internationale noire.

Les Nationalistes se défendent d'être aux ordres de l'Église. Ils ne sont, disent-ils, ni cléricaux, ni anti-cléricaux. Les faits démontrent tous les jours l'absurdité de cette affirmation. Le cléricalisme, qui n'est autre chose que le catholicisme militant, ne peut permettre qu'on prenne à son égard des positions fausses. Il ne tolère pas ; il louvoie, mais ne s'arrête jamais dans sa marche. Qui prétend transiger avec lui, est sa dupe ou son complice. Qui n'est pas résolument contre lui, est pour lui. L'Église, en France, n'étant pas nationale, ayant son origine, son point d'appui, et sa base d'opérations hors des frontières, les gens qui ne le combattent pas sont forcément partisans de la constante introduction d'un élément étranger dans la vie du pays. Ce ne sont pas des patriotes. Ce sont des cosmopolites, et des cosmopolites de la pire espèce, qui ne choisissent point ce qui leur convient chez les nations voisines, ce qui pourrait leur être utile, mais qui sont prêts — et se déclarent prêts — à accepter sans examen ce que leur apportent des colporteurs équivoques. Ce sont, à proprement parler, des sans-patrie. (Ce ne sont pas des intellectuels, tout de même).

On peut dire que cette définition s'applique aussi bien aux soi-disant républicains qui gouvernent actuellement la France qu'aux Nationalistes qui aspirent à prendre leur place. Si la France, après avoir fait semblant de combattre le cléricalisme, lui a permis de

Georges Darien

prendre la situation qu'il occupe aujourd'hui, c'est simplement parce qu'elle n'a plus assez d'énergie pour avoir confiance en elle-même ; et parce qu'elle pense que l'amitié de Rome peut venir en aide à la faiblesse de sa diplomatie, lui procurer des alliances, comme cette ridicule alliance russe achetée à tempérament et qui confirma le traité de Francfort. L'influence de l'Église est excellente aussi pour garantir aux riches la tranquille jouissance de ce qu'ils appellent leurs biens ; pour cimenter les matériaux hétéroclites qui forment l'édifice social : et pour empêcher la République Française de devenir une république. Car là est le danger ; et les républicains ne sont pas les derniers à s'en apercevoir.

L'Église romaine est donc, effectivement, maîtresse de la France. Elle est directement responsable de sa situation mentale et, indirectement, de sa situation politique et sociale. Les Nationalistes aiment à parler de la mentalité catholique de la France. Ils exagèrent ; mais il est certain que plus de la moitié de la population française est mentalement catholique. Ce que cela veut dire, les étrangers qui observent la France de loin, en attendant qu'ils puissent la juger de plus près, ne l'ignorent pas ; et les pauvres et les intellectuels qui ont à souffrir de cette mentalité pitoyable, s'en rendent compte aussi. Les progrès de cette mentalité — qu'il convient d'appeler de son vrai nom : l'abrutissement — sont continuels et effrayants. En dehors de la presse nationaliste qui travaille énergiquement pour eux, les tonsurés possèdent des journaux dont la circulation est immense et qui empoisonnent de leur prose infecte l'âme des multitudes. Les légendes sont cultivées avec soin ; celle de Jeanne d'Arc, particulièrement ; ses statues se multiplient ; les fêtes en son honneur ne se comptent plus ; après le feu du bûcher qui peut-être la consuma, ce sont des feux d'artifice que le clergé offre à la bonne Lorraine. On cultive aussi avec succès l'injure, la calomnie, le mensonge, l'escroquerie, le vol, et même, dit-on, l'assassinat sans phrases. On tient l'armée ; on tient l'enfance ; on tient les femmes ; on tient la terre. C'est surtout la terre qu'on tient et qu'on cherche à tenir de plus en plus ; on crée ou l'on développe l'antisémitisme et l'anglophobie. Ce sont d'excellents dérivatifs aux mécontentements divers. Si la foule réfléchissait, elle comprendrait que la haine du juif comme juif est imbécile. Le juif n'a pas créé l'état social actuel ; cet état est contraire à ses tendances et à son caractère ; qu'il en profite souvent, ce n'est pas niable : et qu'il ait raison d'en profiter, c'est encore plus certain. Un système meurt des abus qu'il engendre. La civilisation présente n'est pas juive ; elle est chrétienne. Ce sont les chrétiens qui l'ont fait naître, qui la supportent, et qui la défendent. Les chrétiens n'ont pas à se plaindre ; ce sont des imbéciles, voilà tout. « Cependant il ne faut pas les brûler. »

Quant à l'anglophobie, quoiqu'elle fasse vivre plusieurs scélérats dont l'existence ne me paraît pas nécessaire, je ne saurais en dire de mal. Elle a démontré que les Nationalistes, et le clergé qui les mène au combat, ne manquent point de courage, ou du moins d'un certain courage ; cela n'est pas pour satisfaire mon âme de sans-patrie, mais la vérité avant tout. Je dois avouer que c'est un beau spectacle, que celui de ces multitudes bien françaises qui ne pardonnent pas à la perfide Albion de vivre de l'autre côté du détroit, et qui demain refuseront de le lui permettre ; qui lui font voir qu'elles ont conservé dans leurs gosiers l'énergie qui manque à leurs bras ; et qui témoignent des véritables sentiments de l'esclavage latin à l'égard de la liberté britannique. La France elle, rivée au papisme qui la déshonore, n'a pas besoin de libertés. Sa foi lui suffit. Elle ne peut point, par exemple, avoir le droit d'association, car on craint l'augmentation trop énorme des congrégations religieuses qui pullulent déjà sur le territoire, en dépit de toutes les lois ; et, l'État formant en fait l'association unique, c'est de lui que les miséreux attendent tout. Leur apathie, leur débilité morale, se reposent sur des conceptions chimériques comme celle des retraites ouvrières, sur les panacées qui moisissent au fond de la gibecière du socialisme chrétien ou du socialisme d'État.

Si les pauvres se payent de mots, ce n'est pas que l'argent manque en France. Des bandes de frocards sympathiques le récoltent à pleins sacs, et des âmes charitables ne se lassent pas de faire des envois de fonds à la presse bien-pensante. Cet argent, destiné aux pauvres, leur est remis intégralement, des deux façons suivantes : une partie en est expédiée à Sa Sainteté pour subvenir aux frais de cette politique romaine qui se consacre entièrement à l'amélioration du sort des masses ; et l'autre partie, de beaucoup la plus considérable, est employée à la construction de monuments, églises, collèges et chapelles où l'on prie Dieu de donner aux pau-

Georges Darien

vres la force d'endurer leurs souffrances. Dieu prête une oreille favorable aux supplications des bons moines ; il accorde aux pauvres la patience qu'on demande pour eux ; et aussi les douleurs qu'on réclame implicitement. Après quoi, les braves moines continuent à bâtir. Quand le bâtiment va, tout va. Le bâtiment va, dans les congrégations. J'oserais dire qu'il court, qu'il vole, qu'il a des ailes. Les constructions s'élèvent comme par enchantement ; ou plutôt, pour parler un langage moins châtié mais plus canonique, c'en est une bénédiction. Votre calotin connaît la valeur de la pierre, et son pouvoir. Il en connaît la valeur, même, au sens littéral. Vous êtes entré au Sacré-Cœur de Montmartre, par exemple, et vous avez remarqué ces inscriptions qui mettant sur les murs des citations de l'Armorial bourgeois et dn Bottin de l'aristocratie ; vous savez peut-être combien chacun des lauréats de ce palmarès de la superstition a payé la pierre qui porte son nom ; elle a coûté fort cher, cette pierre, et j'ai cru pendant quelque temps que son prix de revient la mettait à l'épreuve du feu. On m'a désabusé — et consolé.

Les riches payent très cher pour avoir leurs noms gravés sur les murs des temples ; les noms des pauvres ne sont pas gravés sur ces murs, et cependant les pauvres payent encore plus cher que les riches. Voilà des siècles qu'ils payent, avec leur sueur, avec leur sang, avec leur âme ; depuis que le premier charlatan chrétien a bâti la première église, depuis que le premier monument de domination et d'orgueil a souillé la face de la terre ; depuis que la croix ferma de ses deux bras désespérants l'horizon du genre humain. C'est avec raison, certes, que la légende chrétienne assure que lorsque son héros rendit le dernier soupir les ténèbres envahirent la terre et les morts sortirent de leurs tombeaux. Les ténèbres ne se sont pas encore dissipées, et ce sont les morts, drapés de linceuls noirs, toutes les superstitions pourries qu'incarne le prêtre, qui régissent l'humanité. Ces morts se sont fait bâtir de grands tombeaux par les vivants, de grands tombeaux dont les cryptes éventraient la terre et lui fouillaient les entrailles comme pour lui arracher sa fécondité, dont les tours et les flèches emportaient vers le ciel l'esprit de l'homme ; et — l'esprit de l'homme se perdant dans l'irréel, se dissolvant dans les brumes du mensonge, — le corps de l'homme était attiré dans les grands tombeaux, y devenait un cadavre doué encore d'une vie factice ; vie misérable qui lui permettait de donner à la terre meurtrie son labeur de serf sans salaire, qui ne lui permettait plus de comprendre qu'il devait en attendre, en retour de son labeur, la liberté et le bonheur. Les récompenses qu'il pouvait espérer ne lui étaient dues que dans un monde meilleur, après le trépas ; et les consolations qu'il lui fallait, c'était dans le grand tombeau, la cathédrale, qu'il devait aller les chercher. Allez donc l'écrire sur les murs des églises, le récit des douleurs qu'ont causées ces monuments funèbres ; allez donc les graver sur leurs pierres, les noms des misérables qu'ont tués ces édifices d'imposture, ces repaires du désespoir ! Vous ne trouverez pas la place nécessaire pour tracer une seule page du long martyrologe des générations humaines, pour y ébaucher l'histoire de leurs navrements lamentables, des dix-huit siècles de douleurs, de rages, de résignations et de révoltes qui vinrent s'enfouir dans l'ombre de la cathédrale ou se briser sur sa pierre.

L'église — la cathédrale qu'élevaient les premiers siècles du christianisme, la chapelle que bâtit ce siècle qui finit — l'église, bloc de pierre, de ciment, de mortier, c'est tout ce qu'il y a de réel dans le christianisme, tout ce qui lui donne une apparence de réalité. L'absurdité des dogmes chrétiens n'est plus à démontrer ; l'inanité des préceptes chrétiens, leur impuissance à servir de guide à la vie de l'homme, se manifeste tous les jours ; le prêtre chrétien, comme prêtre, n'existe pas ; c'est un intrigant ou un imbécile ; en tout les cas un être vil, rognure de l'humanité. Le chrétien lui-même n'existe pas ; que, parmi les sectateurs du Christ se soient trouvés des gens vertueux, de cœur et même d'une certaine intelligence, ne prouve rien en faveur des préceptes qu'ils s'efforcèrent d'appliquer ; cela démontre seulement le caractère vain de la doctrine. Le champ du christianisme était trop infertile pour produire autre chose que de l'ivraie, malgré l'habileté, la conscience et le courage des laboureurs. D'ailleurs, ceux-ci furent en bien petit nombre ; et ne furent même chrétiens que jusqu'à un certain point. Que penser des autres ? Le dogme est un mensonge imbécile. Le précepte est un mensonge estropié. Le prêtre est un mensonge vivant. Le chrétien est le Mensonge. Le catholicisme-romain est l'exagération jusqu'à l'infini de toutes ces horreurs. C'est en rejetant les dogmes les plus absurdes, en écartant les institutions néfastes qui s'étaient greffées sur eux, en s'éloignant de l'esprit de l'évangile pour se rapprocher de celui des grands prophètes hébreux, que les hommes de la Réforme arrachèrent l'humanité aux griffes de la Foi meurtrière et la rapprochèrent de la Raison. Le catholicisme-romain, au contraire, poursuivit sa carrière de tyrannie grossière qui ne permet pas qu'on la discute ; de nouveaux dogmes, plus idiots et plus abjects que les anciens, viennent s'y ajouter tous les jours. Le caractère d'irréalité de cette Église s'accroît donc sans cesse. L'imposture est tellement complète qu'elle éclaterait à tous les yeux si la pierre des temples n'était pas là pour la masquer. La foi, la croyance et même la superstition disparaîtraient si elles ne pouvaient trouver sous les voûtes des églises l'atmosphère empoisonnée nécessaire à leur éclosion. Le prêtre sait que son pouvoir s'écroulerait avec la chute de l'édifice qui l'abrite ; c'est pourquoi tout a été mis en œuvre, à toutes les époques, pour prévenir la destruction de ces monuments qui sont la base et le sens de la religion, qui sont la religion elle-même. Lisez l'histoire et comprenez-la. Si vous voulez en finir avec la religion, avec son hypocrisie blafarde et sa cruauté lâche, ce n'est pas le dogme qu'il faut discuter, ce n'est même pas le prêtre qu'il faut frapper, c'est l'église qu'il faut détruire.

Des sectes qui ont proclamé le libre-examen, dont les doctrines, si étroites qu'elles soient encore, sont faites pour s'épanouir dans la liberté philosophique, peuvent affronter la lumière du jour ; peuvent se contenter, pour leur service simple, d'une salle quelconque dans le premier bâtiment venu.

Mais au catholicisme, il faut des basiliques et des cathédrales pour étaler l'ignominie de ses idiots peinturlurages, de ses idoles de bazar, de toute la sacrée quincaillerie que des imbéciles appellent son art ; il faut la pénombre des nefs pour dissimuler les cochonneries des confessionnaux ; il faut la brume moisie qui envahit la crypte pour que brillent les menteuses étoiles qui tremblotent à la pointe des cierges. Si les nations dont le vampire romain suce le sang veulent vivre, ce sont ces monuments qu'elles doivent détruire. Il y a assez longtemps, après tout que le Sacré-Cœur nous empoisonne ; qu'on lui fasse refiler la comète. C'est bien son tour. Tant que les idoles auront des palais pour les abriter, il y aura des hommes qui n'auront pas de toit et des femmes qui mourront de froid le long des rues, avec leurs nourrissons dans leurs bras ; tant qu'une église souillera la face de la terre, la terre ne sera pas libre ; elle criera pour

Chapitre VI

sa délivrance, mais l'homme ne l'entendra pas ; il n'entendra que les hymnes qui chantent le bonheur céleste, les soupirs de l'orgue qui clament la beauté des Paradis menteurs. Il croupira dans sa misère, qui est grande partout, mais qui devient plus immense encore et plus désespérée dans les pays latins ; et qui semble tellement abjecte, tellement tragique et tellement dérisoire dans une contrée comme la France qui se donna pendant si longtemps comme le centre du monde, qui ose se poser encore en apôtre de la libre-pensée, en champion de la liberté !

*

Quant à nous, nous attendrons la main forte du Seigneur, laquelle sans doute se montrera en sa saison, et apparaîtra tout armée tant pour venger les Pauvres de leur affliction que pour punir les contempteurs qui s'égaient si hardiment à cette heure.

CALVIN.

Les Nationalistes aiment à qualifier la religion catholique romaine de « confession nationale. » Il convient de remarquer l'hypocrisie de l'expression. Elle tend à faire croire, non pas tout à fait que cette confession est la création, le produit direct du génie national, mais qu'elle a été librement choisie par le pays parce qu'elle était en conformité avec ses besoins moraux et ses aspirations. Rien n'est plus faux. Une bonne partie de la France est juive, protestante, déiste ou athée. L'autre partie, la plus considérable, comprend des coquins qui ont accepté librement la religion romaine parce qu'elle leur offre un précieux concours dans l'exploitation de leurs semblables ; elle comprend aussi des masses de pauvres hères aux cerveaux boueux, à l'âme esclave, qui sont des catholiques parce qu'ils sont abrutis et qui sont abrutis parce qu'ils sont catholiques. Si, au seizième siècle, la Réforme eût pu délivrer les multitudes françaises du joug de Rome, la France d'aujourd'hui ne serait pas ce qu'elle est. On sait à quels moyens Rome eut recours afin de s'imposer à la France. Je ne rappellerai ni l'intervention étrangère, provoquée par les nationalistes d'alors, ni l'infamie de la crapule italienne appelant à son secours la canaille espagnole, ni les honteux massacres ni les trahisons grâce auxquels on parvint à conserver à la tyrannie romaine la malheureuse proie qui allait lui échapper. Les cloches de la Saint-Barthélémy sonnèrent le glas de la dignité nationale. Ce fut sur une loque de nation que la prostituée du Tibre vint s'accroupir. La France, qui avait été sur le point de se faire une vie à elle, en conformité avec ses instincts, a vu depuis lors son existence cahotée entre les ambitions aveugles de ses gouvernants et les louches combinaisons ultramontaines. C'est du moment où le méprisable Béarnais acheta Paris par une messe que la France a abandonné, consciemment ou non, sa politique intérieure et extérieure aux mercantis du Vatican ; la période révolutionnaire qui suivit 1789 ne prouve rien, ainsi que nous le verrons tout à l'heure, contre l'exactitude de cette affirmation. On a beaucoup célébré la magnanimité avec laquelle le Vert-Galant promulgua en faveur des réformés le fameux édit de Nantes. On a eu tort. L'édit de Nantes était simplement le parquage du Protestantisme ; en propres termes, sa mise en carte. Le protestantisme, en France, ne pouvait pas vivre dans une situation aussi fausse, qui le laissait exister par tolérance et le condamnait, lui aussi, à une tolérance qui lui est nécessairement fatale. La Réforme n'ayant pu conquérir la France, il valait mieux qu'elle en disparût. Richelieu, en prenant La Rochelle, Louis XIV en révoquant l'édit de Nantes, donnèrent sa solution logique à un état de choses qui ne pouvait subsister. Le protestantisme, en fait, sortit de France. C'est bon. Maintenant, il faut qu'il y rentre.

Vous savez ce que sont devenues, depuis la Réforme, les nations qui ont embrassé le protestantisme ; vous savez aussi ce que sont devenues les nations qui sont restées catholiques ; vous pouvez deviner facilement ce qu'elles deviendront demain. Les Nationalistes assurent que la France ne saurait devenir protestante ; elle est, disent-ils, la première des puissances catholiques ; elle deviendrait la troisième des puissances protestantes. Ce qu'elle aurait à perdre au change, je l'ignore ; une dégoûtante étiquette, assurément ; mais peut-être aurait-elle à y gagner. Pourtant, il faut s'entendre. Un pasteur protestant a déclaré récemment que « la Réforme doit achever au XIXe siècle ce qu'elle n'a pu accomplir au XVIe. » Ce pasteur avait raison ; mais aussi il avait tort. L'esprit protestant au XIXe siècle ne peut pas être ce qu'il était au XVIe. À cette époque, le protestantisme ne pouvait trouver d'autre base qu'une base religieuse. Que ses préoccupations politiques et sociales fussent nombreuses, ne peut être nié ; c'était, d'ailleurs, forcé ; le libre-examen et l'inspiration individuelle conduisaient au sentiment démocratique, à des visées égalitaires, à la défiance et au besoin de contrôle en politique ; l'individualité s'élançait hors de la geôle catholique ; la personnalité de Dieu menait à la personnalité de l'homme. Mais l'idéal politique et l'idéal social étaient encore trop incertains, l'esprit des peuples avait été trop embrumé par les ténèbres du Moyen-Âge pour que la Réforme, dis-je, pût trouver une autre base que la base religieuse. Les moyens d'action d'une idée doivent se mesurer à l'étendue et à la nature de l'obstacle qu'elle a à surmonter. Par exemple, l'esprit latin avait tellement abruti la France qu'au début du XVIe siècle l'hébreu et le grec, considérés comme des nouveautés, furent des instruments de progrès et de liberté. La Réforme se vit donc forcée de se présenter surtout comme une réforme religieuse, de se circonscrire elle-même, et souvent d'opposer dogmes à dogmes. Pourtant, non contente de briser les entraves apportées au développement humain par la dégoûtante perversion romaine, elle eut soin de laisser de côté, au moins virtuellement, les préceptes inapplicables ou néfastes de l'évangile et de se rapprocher du noble et viril enseignement que prodiguaient les pages de l'Ancien Testament. C'est surtout dans la haute et fière humanité des grands prophètes hébreux que la Réforme trouva sa force. À tel point qu'on pourrait dire, je crois, qu'elle fut beaucoup plus une réforme juive qu'une réforme chrétienne. C'est ainsi qu'elle put donner aux peuples et aux individus qui l'acceptèrent, la vigueur, l'opiniâtreté et la clarté de conception qui sont la caractéristique des nations qui vinrent tard au christianisme : la Prusse par exemple.

Il faut ajouter que, en raison des luttes qu'elle eut à soutenir contre le catholicisme qui avait trouvé de nouvelles forces, la Réforme fut obligée de s'enfermer, plus complètement qu'elle ne l'aurait voulu, dans son expression religieuse et ne put accorder aux mouvements sociaux qui se produisirent en même temps qu'elle — tel que le grand mouvement communiste allemand — l'appui qu'elle leur aurait certainement donné si les circonstances eussent été différentes.

Mais cet élément religieux du protestantisme, eu égard aux varia-

Georges Darien

tions qui participent de son essence même, s'affaiblit constamment, et cherche à retrouver de nouvelles forces, soit en essayant de revenir en arrière vers les superstitions reniées autrefois, soit en s'efforçant de se libérer complètement du dogme, et de devenir simplement philosophique. Ces différents symptômes sont remarqués, interprétés gauchement, et des gens vont répétant sottement que le protestantisme se meurt. Des protestants mêmes s'y trompent. M. de Pressensé écrivait, il n'y a pas fort longtemps, que les réformés « doivent s'apercevoir que leur position est intenable et qu'ils doivent se réfugier dans la citadelle. » La citadelle, c'était Rome. M. de Pressensé a eu le temps, certainement, de regretter ce qu'il écrivait.

La position des réformés n'est pas intenable tant qu'elle reste une position protestante, c'est-à-dire tant que la réforme se continue, se transforme en même temps que la vie elle-même et reste en rapport étroit avec le développement humain. L'arrêt seul, la stagnation, accuseraient sa mort. Quel que soit l'aspect religieux que l'époque à laquelle il se produisit obligea le protestantisme à revêtir, ce sont des contingences qui l'ont fait naître ; et il ne peut, sans mentir à son origine et à sa raison d'être, se pétrifier dans le dogme. Déjà, au XVIᵉ siècle, de grands esprits, Giordano Bruno entre autres, ne voyaient dans la Réforme qu'un acheminement vers la pure philosophie. Le protestantisme, comme religion, peut disparaître ; et disparaîtra. Le protestantisme, comme esprit, ne mourra pas, si le protestantisme reste fidèle à lui-même et comprend que sa mission consiste en ce seul mot : Protester.

Je ne recherche pas ici quelle est la nature du ressort intérieur qui fait mouvoir le protestantisme, qui lui donne, indépendamment des influences de race, d'hérédité, etc., etc., un caractère moral et même une physionomie physique spéciale ; un ensemble qui distingue le protestant du commun des hommes dont il ne s'est séparé que par une idée, une conception spéciale du monde, et il y a à peine trois siècles. Sans doute cette force intime porte-t-elle l'empreinte du génie religieux. Peut-être découvrirait-on, au fond du protestant le moins inféodé aux dogmes et de l'esprit le plus ouvert, le plus philosophique, un levain religieux, amer et actif en dépit de la profondeur à laquelle il gît ; peut-être s'apercevrait-on qu'il n'est que le ferment éternel, mais continuellement épuré, de la foi pour ainsi dire matérielle en la personnalité de Dieu ; peut-être s'apercevrait-on aussi que la personnalité de l'Homme ne peut exister, au moins chez les êtres de premier ordre, les individus d'élite que sont presque tous les calvinistes, sans que le sentiment de la personnalité de Dieu existe aussi en eux. Et peut-être découvrirait-on que cette personnalité de Dieu est simplement, surtout pour les êtres supérieurs, la personnalité humaine transfigurée, projetée hors des temps, agrandie, réfléchie dans l'infini — idéal purement humain et individuel, qui désigne plutôt une route qu'un but ; et en même temps représentation parfaite, dans la plénitude de l'effort victorieux, d'un concept que réalise imparfaitement, selon la force de son appétit de progrès et de son intolérance, l'individu terrestre.

Quoi qu'il en soit, et quel que soit le sort que l'avenir réserve aux religions protestantes, l'esprit protestant vivra s'il se souvient de son origine et s'il sait reprendre la force critique et intransigeante qui le possédait autrefois. À la fin de ce XIXᵉ siècle, au commencement du XXᵉ siècle, le protestantisme aura à protester contre toutes les infamies de l'ordre social et politique, ainsi qu'il le fit au XVIᵉ siècle. Il serait absurde de prétendre que de pareilles préoccupations sont en dehors de sa mission. Elles sont sa mission même. Est-ce que les grands réformateurs n'eurent pas un constant souci des pauvres ? Ils firent plus que consoler les affligés ; ils les poussèrent au combat. Ils ne cherchèrent pas à amener sur leurs lèvres le sourire de la résignation béate ; ils leur mirent l'intolérance au cœur et les armes à la main. Ils se tinrent près de l'homme — et tinrent ferme. — Les protestants ont à recommencer les grandes luttes qu'ils engagèrent pour l'humanité et pour leurs patries, qu'ils aiment, puisqu'ils les veulent libres.

Le calvinisme voulait la France libre. Ce cuistre de Renan a écrit que « la France avait toujours été incapable de créer une religion qui lui fût propre. » Ce n'est pas seulement un mensonge ; c'est une imbécillité. Le calvinisme est français. Je n'entends pas par là, simplement, qu'il fut créé en France et par un Français. Je veux dire qu'il était propre à la France ; que jamais nation ne trouva une religion qui fût l'expression plus complète de son caractère vrai et de ses tendances réelles. C'est une chose que je pourrais démontrer aisément, même aujourd'hui que les tendances et le caractère auraient disparu de France, si l'esprit anti-catholique n'avait réussi à

Georges Darien

en préserver quelques restes.

Dans l'esprit anti-catholique le génie calviniste représente l'élément irréconciliable. Sa foi profonde dans la toute-puissance de la fatalité le rend impatient de toute contrainte, lui interdit l'acceptation de tout compromis. L'idée de prédestination met en rapport immédiat l'Individu et le Sort. Et toutes les institutions sont des compromis entre le sort et l'homme. Le Destin, tel que le connut la société antique, a cessé de plus en plus de jouer un rôle dans les sociétés modernes. La lutte contre le destin, ainsi que tout combat contre les forces de la nature, élève et virilise l'intelligence de l'homme et ses forces morales. La victoire, et même la défaite, soulèvent des émotions profondes ; l'agitation de cette lutte est aussi féconde en pensées larges que la contemplation de la nature, de sa majestueuse sérénité. Mais le destin, tel qu'il existe aujourd'hui, est un simple produit de l'usine bureaucratique qui fonctionne pour le compte de l'État et de l'Église. « À présent, c'est la Politique qui est la Fatalité, » disait Napoléon à Gœthe. C'est très vrai ; et ce qui ne l'est pas moins, c'est que la politique ne varie pas : elle consiste simplement dans l'asservissement des pauvres aux riches. Cette fatalité, sinistre parodie du destin, est imposée à l'homme par l'homme, grâce à l'intermédiaire des institutions politiques, sociales, religieuses, commerciales ; elle n'appelle pas au combat pour la vie la réalité intégrale de l'homme, mais développe l'une pu l'autre de ses facultés aux dépens de ses autres possibilités et de tous ses instincts. Elle le condamne à faire passer son âme par une filière de résignations abjectes et d'ignominieuses tolérances ; elle le dégrade, elle l'abrutit. Sous la patte grasse de cette ridicule caricature du Sort, l'Individu disparaît ; c'est un mannequin qui prend sa place, un automate à l'étiquette professionnelle, nationale, ou nationaliste.

C'est surtout dans les pays latins (car il faut laisser à part la barbarie slave), dans les pays latins, où fleurit la centralisation complète dont Rome a besoin pour asseoir sa puissance, que ce travestissement du destin fait sentir son arbitraire. Il se manifeste, en France, par cette dégoûtante politique d'hypocrisies et de compromis qui énerve et avilit la nation, et que ce sera le rôle de l'esprit anti-catholique de répudier avant peu. C'est cette parodie du Sort qui a présidé à la farce du relèvement, depuis 70, qui l'a réglée et mise en

Chapitre VI

scène, masquant le Destin, le vrai Destin, dont le bras, après s'être appesanti sur la France, s'était relevé, mais restait tendu. Si, après la chute de l'Empire, la face du Destin avait pu apparaître, si le honteux simulacre qui avait pris sa place avait été renversé, la France n'aurait connu ni les horreurs imbéciles de la guerre à outrance, ni les convulsions généreuses, mais maladives, de la Commune ; ni les infamies de l'Assemblée « élue dans un jour de malheur » ; ni la crise cléricale qui suivit les immondes représailles de la bourgeoisie ; ni, après une période d'anti-cléricalisme verbeux et infirme, de triomphe incontesté de l'Ultramontanisme. Elle aurait aujourd'hui conscience d'elle-même, n'aurait point derrière elle trente années d'imbécillité bavarde et fanfaronne, et pourrait regarder l'avenir en face. La situation présente de la France est la conséquence directe de la misérable ligne de conduite adoptée, après Sedan, par les gens qui prirent la direction des affaires.

Au 4 septembre, une seule classe d'hommes eût pu sauver la France : les Protestants. À défaut d'une intelligence complète de l'âme du pays, que peut seule donner une connaissance entière du caractère vrai de la Révolution de 1789 — connaissance que personne, excepté moi, ne possède encore — leurs instincts de liberté, d'individualité et d'intolérance eussent pu les mener à la compréhension de l'action nécessaire à l'existence française. Seuls, ils auraient été en état de comprendre, ou plutôt de sentir, que l'éternel ennemi de la France, son seul ennemi, c'est Rome. Mais leurs instincts avaient été ligotés par le dogme ; l'esprit de la Réformation s'était dénaturé dans des préoccupations religieuses ; il avait perdu toute vigueur, et le sens même de sa mission. La figure du protestantisme, c'était la figure de Jules Favre, inondée de larmes ; ce n'était pas la figure, pour employer la magnifique expression de Carlyle évoquant la face de Dante, ce n'était pas la figure « d'Un totalement en protestation. »

Ce que le Protestantisme avait à faire, peut s'exprimer en deux mots : se rapprocher des pauvres, les délivrer de l'épouvantable tyrannie centralisée qui pèse sur eux, leur donner un intérêt direct dans la défense du territoire, s'il y avait eu lieu de continuer la lutte ; et engager une guerre à mort contre le catholicisme. Il aurait dû se souvenir de ses origines, de ses vieilles tendances fédéralistes ; ne pas oublier, non plus, que la Saint-Barthélémy n'a pas en-

Georges Darien

core été vengée. Il eût pu, en un mot, prendre la direction de toutes les volontés libertaires françaises, volontés impuissantes par elles-mêmes, et en former un faisceau que la réaction n'eût pas rompu. Mais les Protestants ne comprirent pas ; ils furent veules ; des âmes mercenaires. Il faut remarquer pourtant ce fait extraordinaire : la force des choses les porta, quand même, au pouvoir. Le Destin semble mettre les hommes sur la voie qui mène à l'action, en les laissant à leurs propres forces ; et lorsqu'il voit qu'ils n'avancent point, comme il faut que l'acte s'accomplisse, il se décide à intervenir lui-même et suscite son instrument, l'homme d'action.

La main forte du Seigneur, comme disait Calvin, apparaîtra en sa saison, et sans doute avant longtemps.

La France est, plus que jamais, la Fille aînée de l'Église. À l'intérieur le fait est évident ; il ne l'est pas moins à l'extérieur. La politique étrangère de la France est foncièrement cléricale ; sa politique d'expansion l'est aussi. Elle a entrepris la conquête de Madagascar, où elle a détruit une civilisation supérieure à celle de plus d'une province française, pour la plus grande gloire de la Compagnie de Jésus. Elle est, dans toute l'acception du mot, l'agent de Rome. Elle est bien, ainsi que s'en targuent les Nationalistes, la première nation catholique. Il est peu probable que cette situation puisse durer. D'abord, une bonne partie de la population française en est lasse. Puis, il serait puéril de le cacher, les nations protestantes sont fatiguées d'être harcelées, insultées et provoquées sans cesse par un adversaire qui n'attaque jamais, mais qui les condamne à une perpétuelle défensive ; cette défensive est onéreuse, désagréable ; le mauvais emploi de leurs forces déplaît aux nations protestantes ; et c'est faire un mauvais usage de son énergie, quoi qu'on en puisse penser en France, que de la tenir en réserve, au cran d'arrêt. Un dénouement ne peut pas être éloigné. Attendre ne pourrait servir qu'à augmenter les dangers du conflit et à perpétuer la misère générale. Les pays protestants souffrent aussi. Et croyez-vous qu'un agitateur anglais, par exemple, ne pourrait pas démontrer aux déshérités d'Angleterre que leurs souffrances sont causées par l'existence de Rome, laquelle ne doit son pouvoir qu'à l'appui que lui prête la France ? Et croyez-vous qu'il exagérerait beaucoup ? Et ne pensez-vous pas qu'il serait logique en assurant que la France aurait intérêt à s'amputer elle-même de son can-

Chapitre VI

cer, et à ne point laisser au sabre de l'étranger le soin de pratiquer l'indispensable opération ?

*

La liberté ne peut naître en ce monde avant que tout ce qui est religieux soit devenu purement et simplement humain, ait passé par le feu de la critique et de la négation.

HERZEN.

J'étais dernièrement dans une ville de France. J'y fus l'involontaire spectateur d'une procession religieuse dans laquelle figurait une société d'anciens militaires ; ces vétérans marchaient, comme on dit, à l'ombre d'un drapeau tricolore ; le blanc de ce drapeau présentait à l'admiration des foules l'image sanguinolente d'un énorme Sacré-Cœur. Je ne sais pas si c'est avec ce drapeau-là que les capitulards de 70, qui commandent encore, les signataires de la paix infâme et leurs petits, qui gouvernent encore, ont l'intention de conduire au feu les citoyens français, lorsqu'il leur sera absolument impossible de faire autrement. Mais si telle est leur intention, j'ai un bon conseil à donner aux citoyens français. Ils ont en dépôt, paraît-il, au Crédit Lyonnais, un milliard de francs ; et quatre milliards aux Caisses d'Épargne. Cela fait cinq milliards, sauf erreur. Qu'ils prennent ces cinq milliards, montant d'une indemnité de guerre ordinaire, et qu'ils les versent après le premier coup de canon, en échange de la paix, entre les mains de l'adversaire. Cela leur reviendra moins cher que la lutte, et ne fera qu'en anticiper le résultat forcé.

Je reconnais qu'il y a, dans cet avis tout gratuit donné aux citoyens français, quelque chose de désobligeant pour les gouvernants civils et militaires de l'heure présente. Mais je ne pense pas qu'ils puissent se formaliser de ce léger manque d'urbanité. Ils emploient, en effet, dans leurs appréciations des hommes et des choses, une rondeur qui n'est pas sans aspérité et qui n'est point faite pour flatter l'amour-propre des intéressés. « La cause de nos désastres en 1870, » disait récemment l'un d'eux, « vous ne la trouverez pas ailleurs que dans l'indiscipline, hélas ! trop fréquente, des troupes,

Georges Darien

dans l'absence d'esprit de corps, dans le manque de confiance de la masse à l'égard des chefs illustres qui la commandaient. » Je ne crois pas qu'il soit possible d'insulter d'une façon plus sanglante, ensemble, les morts d'il y a trente ans et les vivants d'aujourd'hui. Je ne crois pas qu'un gredin de Nationaliste puisse vider plus ignoble injure sur les pauvres qu'il a menés à la tuerie et sur ceux dont il perpétue la servitude.

Les Pauvres, d'ailleurs, méritent l'insulte. Ils méritent toutes les insultes. Leur apathie provoque l'outrage, le nécessite. À des esclaves, qui sont prêts à tout accepter, les tyrans n'épargnent rien. Les tyrans, en France, sont les mêmes depuis plus d'un siècle et ne prennent pas la peine de se déguiser ; c'est tout juste si, de temps en temps, ils dissimulent un pan de leur soutane derrière l'habit chamarré du soudard qui travaille à coups de sabre la matière électorale. Le peuple permet aux ratichons et aux bouchers à leur service de faire ripaille sur sa misère. Il laisse ces êtres abjects diriger sa politique, lui imposer des alliances immondes, lui insuffler l'aversion stupide et fanfaronne des peuples étrangers. Il tolère les manifestations de ce monothéisme imbécile et prétentieux qui prit la place du fécond polythéisme antique et qui se transforma luimême en un polythéisme pour crétins. Il tolère ce catholicismeromain qui détourne la France de sa voie pour la mener à l'abîme ; qui excite son antipathie contre les peuples étrangers avec une rage dont la récente campagne de la presse cléricale et du Vatican contre l'Angleterre peut donner un exemple.

C'est à la France, à la vraie France, à la France philosophique et intellectuelle qu'incombe l'obligation de briser définitivement le pouvoir de Rome. Le fille aînée de l'Église a assez vécu pour le malheur du monde. C'est à la belle France de vivre ; et elle ne peut naître avant que soit mort le prêtre. La suppression de Rome est nécessaire à l'abolition des haines internationales, à l'établissement de la compréhension entre les peuples, à l'avènement de la liberté et de la moralité réelle. Sa suppression n'est peut-être pas une question de justice ; c'est une question de salubrité. Est-ce que l'intolérance ne revivra pas, à la fin des fins ? C'est le fanatisme de la liberté, seul, qui peut avoir raison du fanatisme de la servitude et de la superstition.

L'homme s'efforce de plus en plus de trouver pour sa vie une base

Chapitre VI

rationnelle matérielle. Plus il développe sa conception d'une existence simplement établie sur des réalités, plus les abstractions et les dogmes de la religion perdent de leur consistance factice et s'évanouissent. « Dès que vous abolissez le surnaturel, » dit Guizot, « la religion disparaît ». En fait, la *religion* dépérit de plus en plus dans toutes les religions ; et même dans le « vieux divin calvinisme », comme disait Carlyle. Plus le caractère surnaturel des religions disparaît, plus s'élargit la conception que se fait l'homme d'une assise matérielle pour une existence heureuse et libre ; plus, aussi, cette notion se simplifie. Et en même temps, apparaît constamment davantage le fondement véritable des religions, surtout de la plus puissante, de la plus unifiée et de la mieux organisée d'entre elles : la religion catholique-romaine. Il devient évident que cette base, amenée à sa plus simple expression, est exclusivement matérielle. Et il se trouve que c'est la base même sur laquelle l'homme libéré doit fonder son existence. C'est la propriété de la terre. La base du pouvoir de Rome, c'est d'abord la possession de la terre ; ensuite, l'existence des édifices religieux qui la couvrent ; puis, la cohésion des innombrables associations, ordres monastiques, etc. qui travaillent par tous les moyens à la conquête du sol. Le Prêtre a besoin de la propriété individuelle de la terre, qui lui en garantit la tranquille jouissance et qui lui assure, dans l'égoïsme des privilégiés qui la possèdent en même temps que lui, un solide rempart contre les revendications des déshérités. L'Homme a besoin de supprimer la propriété individuelle du sol, de façon à pouvoir établir immédiatement, sur la terre enfin délivrée, toute la somme de liberté et d'égalité possible. La terre a donc été faite une assise de servitude et d'imposture ; elle doit devenir une assise d'affranchissement et de vérité ! Des mains du prêtre et de ses complices elle doit passer entre les mains de l'homme.

L'Homme et le Prêtre sont face à face à présent : le prêtre, encore soutenu par l'imbécillité des masses énormes, l'homme pas encore complètement dégagé des entraves du surnaturel ; mais assez près l'un de l'autre pour se mesurer du regard et pour se porter des coups mortels. L'ère de la critique et l'ère même de la négation sont passées ; nous sommes entrés dans la phase de destruction. On ne discute plus. Voilà un signe tragique. Les grandes luttes qui vont s'ouvrir, quel que soit le caractère des nations qui y prendront part,

Georges Darien

ne seront point les guerres de religion que prédisent quelques-uns. Les vieilles croyances y apparaîtront en armes encore une fois, mais pour disparaître à jamais dans la fumée de la bataille ou pour sortir, purifiées de tout élément anti-humain, du feu terrible du conflit. La victoire n'appartiendra ni à un système, ni à une doctrine ; elle appartiendra enfin au sens commun ; elle sera à l'Homme, qui aura supprimé le prêtre en conquérant la terre.

Cette prise de possession de la terre doit être complète ; non partielle. Elle ne s'opérera pas sans combat ; et ce sera probablement tant mieux. La lutte ouvrira les yeux des hommes, leur fera comprendre bien des choses, dont ils n'ont pas notion à présent ; leur démontrera l'inanité des réformes morcelées, copiées sur de vieux modèles, et dont la mise en pratique serait aussi néfaste aujourd'hui qu'elle le fut autrefois.

Ainsi. En présence de l'attitude infâme des congrégations qui pullulent sur le territoire français, on parle de confisquer les propriétés de ces associations dont la plupart, n'ayant point d'existence légale, ne possèdent pas effectivement, dit-on. Et on parle de nationaliser les propriétés saisies ; leurs revenus, le produit de leur vente, devant servir à foncier des caisses de retraites ouvrières, etc. etc. Je regrette d'avoir à le dire : cette conception de lasituation est profondément détestable. Ce ne sont pas les biens de main-morte qu'il faut saisir. Ce ne sont même pas les biens des clergés de toutes dénominations — qui, de deux choses l'une : ont une existence légale ou n'en ont pas ; et, n'ayant pas d'existence légale, ne peuvent posséder ; ou ayant une existence légale, peuvent posséder seulement en vertu de l'autorisation d'existence qu'on peut leur retirer sans crier gare. L'argument de Thouret est toujours bon. — C'est la terre tout entière, le sol de la patrie, qu'il faut saisir. Il ne faut pas *nationaliser* la terre : ce serait commettre à nouveau la grossière erreur — fut-ce une erreur ? — que commit la Révolution Française ; ce serait perpétuer le système de propriété individuelle du sol. Il faut *communaliser* la terre. Il faut la communaliser par le moyen de l'impôt unique, de l'impôt sur la terre. Voilà ce qu'il faut faire.

J'ai surtout parlé ici du Prêtre et de la Femme. Je voudrais ajouter quelques mots. L'esclavage de la femme, imposé par l'homme et surtout par l'Église, n'existe en réalité que pour entretenir la

Chapitre VI

misère, c'est-à-dire pour perpétuer la propriété individuelle du sol. Les femmes riches ne doivent pas être libres, parce qu'elles pourraient faire un mauvais usage de leur fortune ; donner aux déshérités, par exemple, un appui effectif ; porter atteinte, ce faisant, au système de propriété privée, qui ne peut exister que par l'équilibre immonde du luxe et de la détresse. Les femmes pauvres ne doivent pas être libres, parce qu'elles pourraient demander le salaire de leur énorme travail ; et réduiraient ainsi la somme d'indigence nécessaire au système de la propriété privée ; le rendrait, par conséquent, impossible. Le Prêtre veille à ce que la femme ne soit pas libre. La suppression de la propriété individuelle du sol fera disparaître l'esclavage de la femme. Ce système de propriété, imbécile et meurtrier, étant aboli, on aura *intérêt* à avoir le moins de misère possible ; par conséquent, le moins de servitude possible. Et si quelque cause de malheur existe encore, c'est la femme qui la découvrira, qui l'exterminera ; c'est elle qui écrasera, définitivement, la tête du serpent.

La solution du problème qui torture l'humanité est ici, et pas ailleurs : conquête de la terre et égalité des deux sexes.

Chapitre VII

Qu'est-ce que c'est que l'honneur ? Une enseigne. Et voilà la fin de mon catéchisme.

Shakespeare.

On a cru et déclaré pendant longtemps, et l'on répète encore, que le meilleur moyen d'apporter un remède aux imperfections de l'état présent, est d'éclairer le peuple.

Le journal et l'école parurent, et paraissent encore à beaucoup, des instruments efficaces de régénération sociale. Que le journal et l'école aient une influence sur l'esprit général, n'est pas niable ; que cette influence soit féconde est matière à discussion. Le journal, par exemple, aide surtout les gens à ne point penser par eux-mêmes, leur mâche des opinions qu'ils avalent sans examen, les emplit de préjugés et les sature d'inconsciente hypocrisie. Je ne

Georges Darien

voudrais pas dire que le journal, en France, est devenu un simple organe de publicité au service de la basse politique, du mercantilisme et du jeu. Ce serait aller trop loin — ou pas assez. — Les journaux qui expriment des idées, qui défendent des idées, sont rares en France. Il y en a un, au moins ; peut-être même deux ou trois ; mais je n'en suis pas sûr. Il en existe quelques autres qui, par probité ou par habitude, persistent à tenter d'exposer des convictions, et parviennent quelquefois à passionner le lieu-commun ; ils exposent, avec une bonne foi poussiéreuse, des truismes à renversement qu'ils prennent pour des idées générales, et qui ne font de mal à personne. Ils vont ainsi leur petit bonhomme de chemin, lâchant de temps en temps, au milieu de l'indifférence désordonnée du public, des escouades de pensées honnêtes, très honnêtes, trop honnêtes, qui n'apprennent rien (mais ne font rien oublier), et qui vont à pied — au pas du style.

Mais ces journaux ne représentent guère la Presse française ; ils en représentent plutôt une exception honorable, bien que souvent attristante. Ce n'est pas chez eux que le gros public va chercher sa pâture, qu'il faut bien, hélas ! appeler sa pâture intellectuelle. Le gros public s'adresse ailleurs pour ça. Il a à son service un nombre considérable de journaux, qui se vantent d'être bien parisiens, et qui, peut-être, sont bien français.

On admet généralement que la Presse anglaise est la première du monde, et cette appréciation ne trouve pas de contradicteurs en France. La Presse française, la presse du gros public, est vraiment trop modeste ; elle devrait revendiquer la première place ; ses lecteurs devraient la lui attribuer sans hésitation. Il est extrêmement remarquable que le gros public français, qui a généralement une si haute idée des libres institutions qui l'enchaînent, ne soit pas plus fier de sa Presse, qui en est comme le résumé.

Le public français, malgré tout, aime ses journaux ; il les aime tellement qu'il paye deux fois pour les avoir ; indirectement et directement. Il paye directement lorsqu'il achète le numéro du journal ; et indirectement lorsqu'il paye ses impôts. Le gouvernement, en effet, prélève sur le produit des impositions les sommes nécessaires à l'entretien d'une bonne partie de la presse. Preuve de la haute valeur de cette presse ; car, s'il en était autrement, le gouvernement, toujours soucieux de la bonne administration des deniers publics, ne la subventionnerait pas.

Les journaux que lit le gros public sont dirigés par des écrivains de premier ordre, qui quelquefois savent signer leur nom ; hommes remarquables autant par la profondeur de leur savoir que par l'intégrité de leur vie publique et privée. J'ai eu l'occasion d'en apercevoir un, autrefois, trônant comme il convient dans son cabinet directorial. La pièce était vaste ; mais telle était l'importance du personnage que, lorsqu'il avait installé sa barbe dans un coin et sa décoration dans l'autre, il restait juste assez de place pour le mandat d'amener.

Ce directeur, avant que sa gloire se fût écoulée par le fond percé d'un bidon, avait joué un rôle proéminent dans la politique représentative de la France. Sa barbe avait été à l'honneur avant d'être à la peine (afflictive et infamante) ; à la droite d'un amiral russe venu à Paris pour préparer l'alliance fumeuse, elle avait symbolisé la France nouvelle, ivre d'espoirs démocratiques ; tandis qu'à la gauche du même marin moscovite, le nez sémitique d'un autre directeur de journal représentait la vieille France catholique, éprise de traditions inoubliables. Ce fut entre cette barbe et ce nez que l'émissaire de l'autocrate entra à l'Opéra où il écouta, debout, une*Marseillaise* à fendre l'âme.

De pareils événements sont rares, même en France ; ils sont célébrés avec l'enthousiasme qu'ils méritent, par la presse du gros public. Les articles qui les narrent ou qui les commentent sont rédigés par des individus dont le fonds d'épithètes laudatives et de périodes sonores est inépuisable, ou peu s'en faut. Ces individus savent, d'ailleurs, changer de ton suivant l'occasion. Il n'y a guère que leur orthographe qu'ils ne changent point. Ils passent, sur commande, du dénigrement à l'admiration, de l'approbation, sans réserve au blâme le plus absolu ; sont aujourd'hui sceptiques et demain pleins de foi ; vibrants, presque toujours ; et surtout savent non seulement parler, mais crier, pour ne rien dire. Ils connaissent l'art difficile de joindre, bruyamment, l'inutile au désagréable. Généralement, ils sont fort satisfaits de leurs œuvres et de leurs personnes ; et la vertu ayant été inventée par des gens mécontents d'eux-mêmes, ils n'en usent point. Ce qui ne les empêche pas de la prêcher ; et aussi le calme, l'apaisement et l'union. On ne se figure pas ce qu'on peut remplir de colonnes avec des tirades sur la réc-

Georges Darien

onciliation nécessaire de tous les Français dans le culte de la patrie. On peut aussi noircir beaucoup de papier en insultant les gens au pouvoir lorsqu'ils ne vous payent pas et en chantant leur gloire, lorsqu'ils vous payent ; voilà ce que n'oublient pas les journalistes ; et ils n'ont pas tort, s'il est vrai que la reconnaissance est un beau sentiment. D'ailleurs, il faut bien vivre ; c'est pourquoi le journaliste aime à se poser en justicier ; beaucoup plus par nécessité que par méchanceté naturelle, il espionne et il épie ; s'embusque, ment, tend des pièges. Et lorsqu'il a découvert un bon scandale, lorsqu'il a mis à jour, comme la hyène déterrant un cadavre, quelqu'une de ces grosses infamies que nécessite le présent ordre social, il faut que les coupables s'exécutent ; ou bien ils sont exécutés. Ils payent ; et lorsqu'ils ont payé, ils doivent payer encore ; ou bien leur nom, et la liste de leurs méfaits sont livrés à la publicité ; on traîne sur la claie leurs personnes, leurs familles, leurs ascendants et leurs descendants ; le tout, pour l'édification des masses et pour la plus grande gloire de la moralité. De sorte, que c'est un grand point de savoir si l'exploitation systématique des scandales ne devient pas plus scandaleuse encore que les scandales eux-mêmes. Je n'oserais, pour mon compte, me prononcer.

Entre temps, les journalistes instruisent leur public, l'éclairent. Ils lui donnent des informations qui sont plutôt des déformations ; mais sans malice, car pour eux ce qui est important, c'est ce qui est sensationnel. Ils lui apprennent, avec des commentaires stupéfiants, ce qui se passe dans le monde entier ; et même dans un monde meilleur, car le rédacteur catholique a fait son apparition, plein d'un zèle peu commun, et écrit ses articles « en trempant dans l'encrier des torches enflammées. » La presse avait déjà, d'ailleurs, quelque chose d'ecclésiastique : son parti-pris de mettre à l'encan ses faveurs et ses services ; l'habitude qu'elle a de pontifier ; sa bonne foi toute spéciale ; sa division en coteries d'aspects différents mais liées entre elles, au fond, par un intérêt commun ; l'exploitation de la simplicité publique. Voilà en quoi, principalement, la Presse est un sacerdoce.

Certains journaux sont plutôt mondains, s'occupent de la haute société, savent tout ce qui se passe dans les cours étrangères. Des hommes du monde, disent-ils, leur apportent des renseignements sûrs. Ces hommes du monde existent. J'en ai vu. Mazas aussi.

Chapitre VII

D'autres gazettes se consacrent plus particulièrement aux lettres ; et offrent à leurs lecteurs des repas intellectuels composés des arlequins les plus disparates et les plus indigestes ; dans ces feuilles, généralement, l'esprit de corps se marie agréablement au patchouli, et le copahu à l'encens ; la combinaison de ces différents parfums forme l'arôme essentiel de la suave existence parisienne qui devient, de plus en plus, celle de la France entière. Certains autres journaux s'adonnent à la haute politique. Ce sont, d'ordinaire, des journaux honnêtes ; dans leurs rédactions le nombre des repris de justice est relativement restreint ; ce sont les mouchards qui dominent. Il faut bien que les mouchards se casent quelque part, eux et leurs casiers (judiciaires) ; ces fonctionnaires — qu'on méprise, je ne sais pourquoi, beaucoup plus que les autres, — ont une façon à eux de présenter les choses ; la lecture d'une gazette barométrique où ils font la pluie et le beau temps, suffit à le démontrer. Cette gazette prouve chaque jour, à cinq heures de relevée, que tout est pour le mieux dans le meilleur des mondes, et même que la troisième république est une république ; elle est fort prisée de la bourgeoisie, dont elle affecte le ton prudhommesque et les manières bénisseuses. On la considère comme un organe de libéralisme. C'est un réceptacle à libéralités.

Quant aux classes supérieures et aux masses, elles n'admettent guère la politique et surtout la politique étrangère que comme accessoire ; les anecdotes, les potins, les scandales, toutes les rengaines pourries qu'on appelle l'actualité, doivent avoir la première place ; et les renseignements sur le jeu, les pronostics, les tuyaux, doivent occuper la seconde. Les rédacteurs des journaux français, cependant, parviennent à donner à leurs fidèles quelque idée de ce qui se passe dans l'univers. Leurs conceptions sont généralement bizarres ; elles se résument, pour abréger, en ceci : que la France est une grande et fière nation, que tous les autres pays l'envient férocement, sont jaloux de l'alliance qu'elle a conclue avec le petit père des Cosaques, et ne se consolent pas de voir son influence s'étendre tous les jours. Ces affirmations sont en contradiction avec les faits, je l'avoue ; mais elles sont présentées de bonne foi, en toute ignorance de cause ; leurs auteurs, il est juste de le reconnaître, ne font même pas preuve de partialité complète envers leur pays. Ils traitent sa langue en ennemie. Ils ont l'air de lui en vouloir ; et la

Georges Darien

dédaignent certainement.

Toute cette presse s'occupe d'affaires, comme on dit, et se montre hospitalière aux gens avisés qui savent reconnaître que sa publicité a son prix. Elle indique au petit capitaliste perplexe et aux personnes économes de bonnes façons de placer leur argent. Il arrive que ces indications sont funestes. Tout arrive. Du reste, tous les journaux français sont d'accord sur ce point : la France doit être fière de souscrire beaucoup d'emprunts. Ils sont aussi d'accord sur cet autre point : qu'il n'y a rien de plus dangereux que d'écrire pour dire quelque chose. Et c'est un péril dont ils se gardent avec le plus grand soin. Néanmoins, ils prétendent avoir une influence toute-puissante sur l'opinion publique ; ils se vantent même de la faire naître, spontanément.

En réalité, il est bien rare qu'une opinion publique soit perceptible en France. Quand elle existe, ce n'est point la Presse française qui la crée. C'est M. de Blowitz.

Une affaire récente a démontré la complète inanité de la Presse française. Il n'y a plus d'illusions à se faire à ce sujet-là. L'action de la Presse française a cessé d'exister, même en France. Dans l'affaire en question, elle ne fit preuve des deux côtés, que d'une platitude sans égale et d'une inintelligence désarmante. Il est probable que les deux partis, livrés à eux-mêmes, ne seraient jamais sortis de la fausse position où les maintenait leur insuffisance. Un résultat ne fut atteint que grâce à l'intervention de la Presse étrangère, surtout de la Presse anglaise. Il est certain que pas un seul argument neuf et sérieux, pour ou contre, ne fut apporté par la Presse française.

Le journal français se transforme ; il baisse son prix, et augmente son format. Jusqu'ici, on l'utilisait surtout pour les paquets ; le voilà qui va remplacer le linge de table. Mais je crois que la transformation, pour être sérieuse et durable, doit s'effectuer dans un autre sens, tendre à la simplification. Il faut prendre en considération, en effet, les habitudes de plus en plus casanières du peuple français : le peu d'intérêt qu'il porte à ce qui se passe au-delà de ses frontières ; et l'ennui, la fatigue terrible que lui cause l'étude même superficielle des questions qui l'intéressent directement. Le journal doit nécessairement tenir compte de cette déperdition, chaque jour

Chapitre VII

plus grande en France, de la faculté d'attention. Et voici, à mon avis, le journal français de demain : Une gazette de deux pages, d'un papier souple et solide ; dont la première, imprimée, porterait au recto les indispensables calomnies quotidiennes et, au verso, quelques démarquages de télégrammes anglais ou américains ; et dont la deuxième, toute blanche, avec initiale au gré de l'acheteur, servirait de mouchoir pour l'adulte ou de lange pour le nouveau-né.

*

Heureusement, ils n'ont pas à leur disposition d'autres instruments de torture que leurs écrits.

H. Heine.

On peut facilement comprendre quelle influence une pareille presse doit avoir sur la nation française ; surtout lorsqu'on considère que cette nation ne prend en réalité d'intérêt à rien ; ne lit pas — car parcourir un journal parisien, ce n'est pas lire ; — ne connaît même pas de nom les écrits nouveaux qui ont quelque valeur, qui contiennent des idées ; et dont on lui cache l'existence, de parti-pris ; ne sait pas d'autre langue que la sienne, qu'elle connaît fort imparfaitement ; n'a point de publication périodique sérieuse ; et consacre le peu d'attention dont elle dispose encore, aux ignominies du théâtre. Il ne faut pas oublier non plus que l'infâme presse cléricale, les *Croix*, les *Pèlerins* et les *Semaines Religieuses*, est répandue partout, hebdomadairement, à des millions d'exemplaires ; et que le parti nationaliste possède à son service, en dehors des feuilles qui professent un chauvinisme honteux, un bon nombre de journaux qui prêchent ouvertement, avec approbation de Sa Sainteté, la bonne parole tricolore.

Les rares journaux qui défendent les idées de liberté, ont peine à vivre, et la presse nationaliste prospère. Sa popularité et son succès sont dus, certainement, pour une part, à l'infamie des gouvernants qu'elle attaque ; mais il est dû aussi à l'apathie du peuple qui, au lieu de chercher dans l'action un remède à une situation mauvaise, essaye de le ramasser dans la prose plate des marchands d'invectives ;

Georges Darien

et qui ne tente d'échapper au tyran d'aujourd'hui que pour se livrer au despote de demain. Le rôle de la Presse nationaliste a été d'ajouter à la sottise et à l'ignorance, qui étaient les caractéristiques du citoyen français fier de ses droits, la férocité et l'hypocrisie. Mon intention n'est point de discuter ici les gentilshommes que la majorité du peuple français a pris pour guides. Quelques-uns affirment que ce sont des coquins ; et il y a du pour ; D'autres assurent que ce sont d'honnêtes gens ; et il y a du contre. Vous voyez que je cherche à être impartial ; et je n'en dirai pas davantage. Ma plume se refuse même à écrire le nom bien français du signor Marinoni. Vous n'y perdez rien.

Je voudrais seulement faire remarquer que la liberté de la presse en France sert simplement d'exutoire aux basses rancunes particulières, aux viles convoitises, aux injures les plus ridicules, aux délations les plus infâmes. Je voudrais particulièrement faire voir que la Presse, comme instrument d'éducation du peuple, est de nulle valeur, et demeurera sans la moindre efficacité tant que la base sur laquelle repose la Société n'aura pas été changée. La raison pour laquelle la Presse ne remplit pas la tâche qu'on lui avait bénévolement assignée, est fort simple.

D'abord, le propriétaire, le directeur de journal se laissera toujours guider par des motifs d'ordre personnel, pécuniaires généralement ; par conséquent s'efforcera de suivre et jamais de diriger. Puis, à part de rares exceptions, l'homme ne peut prendre un intérêt sérieux dans la vie morale et intellectuelle de sa patrie que lorsqu'il a d'abord un intérêt réel dans l'existence matérielle de cette patrie. Le petit nombre de ceux qui possèdent cet intérêt réel est fort occupé à digérer et, entre temps, à empêcher ceux qui jeûnent de troubler sa digestion. À cet effet, il leur fait jeter de temps en temps, par ses valets de plume, les vieux os desséchés des superstitions mortes, retirés des catacombes religieuses ou des charniers internationaux.

Empêcher les Français de porter leur esprit et leurs efforts vers des réalités, les abêtir de dissertations ridicules et de protestations stupides, les énerver par un système d'injures continuelles et de diffamations perpétuelles, les hypnotiser dans leur veulerie par l'exposé meneur de réformes imbéciles, les crisper dans la haine des peuples voisins et de tous ceux qui rejettent le credo des

Inquisiteurs, voilà l'œuvre de la Presse nationaliste. Son rêve, c'est d'arriver à proscrire de la France tout ce qui en constitue la force, l'intelligence et la noblesse ; c'est de la réduire à une une telle condition mentale, qu'elle puisse devenir la proie facile des voleurs en uniforme et en soutane qui la guettent ; c'est d'en faire, une fois de plus, le fief du Catholicisme romain, Il faut le dire : la Presse nationaliste est une des formes agissantes du Catholicisme. C'est pour Rome qu'elle travaille, et à l'instigation de Rome. C'est sur l'ordre de Rome qu'elle s'efforce de faire de la France une seconde Espagne. C'est le mensonge catholique, la stupidité catholique, la férocité catholique, qui suintent de ses pages ; la hideuse hypocrisie catholique aussi.

Hier, la Presse nationaliste attaquait les Juifs ; aujourd'hui, elle attaque les Protestants et les Libres-penseurs ; elle demande qu'on les exile, qu'on les pende, qu'on les brûle, qu'on les décervèle. Elle les attaque traîtreusement, lâchement, en se défendant, la main sur l'hostie mal digérée qui lui sert de conscience, de toute pensée d'agression. Elle faisait aux Juifs une « guerre de race. » Elle combat, le protestantisme comme « hostile à l'esprit national ». Elle dissimule honteusement, bêtement, la férocité de son fanatisme. Elle n'a même pas le courage d'avouer ses haines. C'est aussi sous des prétextes misérables qu'elle mène une campagne acharnée et incessant contre les peuples dont elle redoute l'esprit libre, opposé à l'extension des infamies latines. Elle provoque, harcèle, dénonce, injurie, et calomnie ; derrière le rideau tricolore de son patriotisme imbécile, c'est l'intolérance la plus hideuse qu'elle cache, l'intolérance la plus stérile, l'intolérance catholique ; mais l'état des esprits n'est pas encore tel, en France, qu'elle puisse impunément en faire l'aveu. Elle se défend donc d'attaquer personne ; elle s'en prend à des collectivités mal définies : les Intellectuels, les Cosmopolites, etc. Elle a recours, pour prouver sa bonne foi, aux arguties, aux circonlocutions, aux désaveux, aux faux-fuyants et aux échappatoires. C'est misérable.

Malgré tout, l'intolérance est manifeste. Eh ! bien, il ne faut pas la déplorer, mais s'en féliciter, au contraire. Il faut lui arracher son masque et la forcer à se mettre franchement en face d'une autre intolérance, l'intolérance de la Liberté. Le temps des compromis est passé, et voici l'heure des luttes définitives. Si le nom français

Georges Darien

ne doit pas être à jamais rayé de l'histoire, il faut que la France des Nationalistes, c'est-à-dire la France de Rome, trouve demain devant elle la France des Juifs, des Protestants, des Intellectuels et des Cosmopolites, c'est-à-dire la France de la Révolution — et qu'elle triomphe, si elle peut ; ou qu'on lui foute les tripes au soleil, une fois pour toutes.

*

Ce ne sont pas les tyrans qui font les esclaves ; ce sont les esclaves qui font les tyrans.

Duclos.

Si la Presse, au lieu d'éclairer le peuple, l'abrutit, on peut dire que la diffusion de l'instruction n'a pas donné de résultats plus heureux. La Presse s'adresse, à part quelques rares exceptions, à un peuple d'esclaves, d'esclaves volontaires, fiers d'une liberté imaginaire, et inconscients de leur réelle servitude ; l'instruction, telle qu'elle est comprise et pratiquée en France, produit, manufacture ce peuple d'esclaves. Les ignoramus de la Presse sont la conséquence logique des ignoramus de l'école ; il y a des ignoramus laïques ; il n'y a même, pour ainsi dire, que des ignoramus dans l'enseignement laïque.

La situation actuelle de la France est grotesque et terrible en même temps. Mais cette situation, il faut bien le dire, les gouvernements qui se sont succédé depuis trente ans l'ont créée, perpétuée, aggravée sans cesse. Il était de leur devoir, et encore plus de leur intérêt, puisque c'était la Démocratie seule qui leur donnait une raison d'être, de provoquer, de protéger, et de développer l'existence physique et intellectuelle de la nation. On sait, à tous les points de vue, ce qu'ils ont fait. La dépopulation de la France n'est un mystère pour personne. C'est en vain qu'on essaierait de cacher son abâtardissement. Les tables de statistique prouvent l'un. L'autre est démontré par les progrès incessants du clériconationalisme. Il eût été facile de prévenir ces maux. Il eût suffi de chercher à réduire pour tous, au lieu de les exagérer, les difficultés de l'existence ; et d'essayer de faire de l'éducation du peuple autre

Chapitre VII

chose que la farce piteuse et répulsive qu'elle devient de plus en plus. Il y eut un moment, au moins, où l'entreprise fut possible ; ce fut après l'écroulement du gouvernement de l'Ordre moral, alors que la majorité des Français était lasse et dégoûtée du gouvernement des curés. Si, à cette époque, le parti républicain s'était engagé dans une voie vraiment démocratique, s'il avait brisé les cadres étroits de son système d'enseignement et s'il avait arraché le droit d'instruire la jeunesse à la purulente canaille qui fait vœu de chasteté, il est fort probable qu'il aurait trouvé dans la nation tout l'appui nécessaire ; surtout, s'il avait pris la détermination d'exercer sur l'administration des revenus de l'État un vigilant contrôle, et d'empêcher la crapule capitaliste de spéculer sur le pain des pauvres. Il est vrai que les représentants républicains étaient, pour la plupart, des possédants ; mais je crois que, même au point de vue strictement égoïste, ils n'auraient rien eu à perdre s'ils eussent agi démocratiquement.

Et pourtant, je ne sais pas. Je ne sais pas si j'ai raison de condamner ces hommes. Peut-être savaient-ils qu'ils ne trouveraient pas dans la nation l'aide qu'il leur fallait ; peut-être sentaient-ils, comme le dit l'un d'eux dans un accès de méprisante ironie, que la France est catholique ; qu'elle est catholique parce qu'elle n'a pas le courage d'être autre chose ; et que cette misérable affirmation est faite de négations. L'épouvantable crime commis par les Nationalistes de 1871, le massacre des ouvriers parisiens, a saigné la France du meilleur de ses énergies. On ne sait pas ce qu'a coûté au pays, ce que lui coûte encore, cette tuerie immonde et imbécile. Elle lui a enlevé toute virilité, toute confiance en soi, l'a condamné à l'impuissance honteuse, a fait de ses prétentions démocratiques quelque chose de sinistrement burlesque. Non, une république qui s'était établie sur des piles de cadavres ne pouvait pas être une vraie république ; et tous les efforts tentés afin d'en faire quelque chose de propre, devaient échouer piteusement. Elle ne pouvait être qu'un simulacre, une ridicule image, un attrape-gogos ; et elle ne deviendra une réalité que lorsqu'elle se sera écroulée, avec la calotte crasseuse qui lui sert de bonnet phrygien, dans le sang dont elle est sortie.

C'est ma conviction profonde, à présent, que les 35000 cadavres de la Commune seront vengés, et que c'est à ce prix seulement que la France pourra vivre. C'est ma conviction que les poteaux

Georges Darien

auxquels furent liés, pour mourir, les Rossel, les Bourgeois, et les Ferré d'il y a trente ans, n'ont jamais été abattus ; qu'ils attendent les Rossel, les Bourgeois et les Ferré de demain ; que tout le monde le sait en France ; et que personne ne fait semblant de le savoir. C'est ma conviction, encore une fois, que la France n'a eu que les gouvernements qu'elle mérite, qu'elle désire, en dépit de toutes les dénégations hypocrites ; qu'elle est imprégnée, saturée et pourrie par l'abject esprit réactionnaire qui est l'esprit catholique ; et qu'elle se plaît dans sa décomposition.

Les tarifs d'affameurs qui font la joie et l'orgueil de la France, lui coûtent cher. Je ne parlerai pas des milliers et des milliers d'adultes qu'ils font gentiment, chaque année, passer de vie à trépas ; je laisserai même gambader dans les rêves de leurs parents tous les petits Français dont ils empêchent la naissance. Mais je dois dire que, sans compter les enfants assistés, cent mille nourrissons meurent annuellement en France de faim et de misère. Je ne m'arrêterai pas à faire remarquer, en passant, jusqu'à quel point le protectionnisme a faussé l'esprit français ; en a fait, en collaboration avec l'alliance russe, une sorte de mélancolie solennelle, peureuse, bavarde, que convulsent de temps en temps les hoquets d'une gaieté obscène. Je voudrais seulement pouvoir compter les jeunes esprits qui sont abêtis par une éducation stupide, estropiés mentalement, avec le plus grand soin, pour toute leur vie. Le système d'instruction et d'éducation en vigueur en France est le plus mauvais du monde entier. Il est le plus mauvais parce qu'il est le plus tyrannique. Il n'a d'autre but que d'inculquer le respect de l'autorité ; que d'entretenir les différences de classes, l'esprit de hiérarchie, de discipline, d'obéissance abjecte ; de créer, dans la platitude, l'uniformité des caractères ; de traquer l'originalité et d'écraser l'individualité. Il tend, non pas à former les hommes, mais à remonter des automates.

L'enseignement supérieur est réservé à la bourgeoisie ; c'est un des instruments qui lui servent à maintenir sa suprématie. Les écoles spéciales, aujourd'hui que chacun peut s'instruire librement soi-même et suivant ses propres aptitudes, devraient être supprimées. Elles ne servent qu'à entretenir l'inégalité, à perpétuer la vaniteuse prépondérance de l'argent. Ce sont des pépinières pour les privilégiés ; ils en sortent avec des numéros d'ordre qui leur donnent des droits plus ou moins étendus sur l'existence de leurs semblables ou qui leur confèrent des monopoles insultants ou meurtriers. L'enseignement secondaire est, pour plus de moitié, entre les mains des congrégations ; il le serait entièrement que la démocratie, je crois, n'aurait pas grand'chose à y perdre. Son système, bien que remanié maladroitement plusieurs fois, a conservé son caractère dogmatique, exclusif. C'est un système à formules strictes, pauvre d'idées générales, hostile à l'esprit critique, qui exige qu'on suive un programme immuable, qui ne fait aucune concession à la diversité des intelligences ; qui permet d'apprendre, mais pas de comprendre. Il tue l'indépendance de l'esprit, émousse sa curiosité, l'étreint dans la camisole de force réglementaire. Les diplômes qu'il octroie fournissent des recrues à l'armée des fonctionnaires. C'est là son rôle fondamental. L'enseignement secondaire se complique des beautés de l'internat. Autant ne pas insister. Autant ne parler que pour mémoire de l'instruction dont l'État se charge de tatouer les jeunes filles ; étant donnés les débouchés qu'il leur offre, c'est une farce qui n'est point sans cruauté ; d'ailleurs, je serais obligé de dire quelquesmots des couvents, et il y a des sujets devant lesquels recule mon instinctive pudeur. L'enseignement supérieur et secondaire produisent donc, sauf exceptions, des malheureux, des tyrans, et des garde-chiourmes.

Quant à l'enseignement primaire, il ne produit que des esclaves. J'admets à la rigueur qu'il peut y avoir une différence entre l'influence exercée sur l'esprit de l'enfant par l'école congréganiste et l'influence exercée par l'école laïque. Mais cette différence n'est que de surface. (On voit que je ne fais aucune allusion aux mœurs des Flamidiens). L'école, quelle qu'elle soit, fait contracter l'habitude de la soumission servile, de l'humilité. On peut résumer son rôle d'un mot : elle prépare à l'armée. Il n'est sans doute pas mauvais qu'il en soit ainsi. Comme, en entrant au régiment, le Français doit sacrifier complètement sa personnalité, il est préférable qu'il n'ait point de personnalité et que la douleur du sacrifice, par conséquent, lui soit épargnée. Le grand point, c'est qu'il n'y ait plus d'illettrés en France ; que tous les citoyens puissent lire le texte des lois qui les garrottent ; compter les chaînons de leur chaîne ; écrire, sur les bulletins de vote, qu'ils désirent que la séance continue — avec Jean-qui-Bavarde pour la présider, en attendant Jean-qui-Tue. —

Georges Darien

On prépare l'avénement de Jean-qui-Tue, sans le vouloir il est vrai, en prodiguant au jeune Français des idées bizarres sur l'immense supériorité de sa patrie. (C'est plus facile et moins dangereux, croit-on, que de lui apprendre ce que c'est que sa patrie.) Voici, par exemple comment il se pourrait qu'on lui apprît l'histoire de la campagne de 1812 :

« Sans exagération aucune, on peut affirmer que la campagne de 1812 ne fut qu'une suite naturelle de l'entrevue de Tilsitt. Fut-ce même, à proprement parler, une campagne ? Nous répondrons hardiment : non. Ce fut une visite amicale faite par Napoléon au tzar, visite faite en grande pompe, avec cet appareil militaire dont le fameux conquérant aimait à s'entourer. L'Empereur pensait trouver le tzar à Moscou ; et, malgré un avis contraire que le général Kutusow vint lui porter à Borodino, il persista à se diriger sur cette ville dans laquelle il fit son entrée le 15 septembre. La population, ne s'attendant point à son arrivée, n'avait fait que des préparatifs sommaires et l'accueil, bien que cordial, manqua d'enthousiasme. Cependant, les habitants prirent leur revanche quelques jours plus tard et offrirent à l'armée française des illuminations dont le souvenir n'est pas près de s'éteindre ; la pièce principale du grand feu d'artifice, organisé par le célèbre pyrotechnicien Rostopchin, et qui représentait la défense de Numance, eut un succès prodigieux ; de bons juges la considèrent comme le modèle du genre. Napoléon, pourtant, un peu froissé de voir que le tzar, malgré les avances qu'il lui faisait, tardait à le rejoindre — et se doutant bien qu'un jour ou l'autre il le rencontrerait à Paris — prit le parti de revenir en France. Pendant cette marche en retour (qu'on a improprement nommée une retraite), un grand nombre de Français, charmés de l'accueil qui leur était fait par les Cosaques, et sensibles à l'attrait qui se dégage des neiges éclatantes de ce merveilleux pays, prirent le parti de rester en Russie. L'Empereur, quoique comprenant à merveille le sentiment qui les guidait, ne pouvait les autoriser ouvertement à agir ainsi ; mais, ne voulant nullement s'opposer à ce qu'il considérait au fond comme un acte de haute politique, il prit le parti de quitter l'armée. Auparavant, afin de reconnaître les bons offices des Cosaques, il donna l'ordre de leur abandonner, au pied de la colline de Ponari, les bagages et l'artillerie de l'armée ainsi que les caisses

Chapitre VII

du trésor. Ces dons en espèce et en nature ne constituaient qu'une simple avance sur les emprunts que la France devait souscrire plus tard, mais la délicatesse avec laquelle ils étaient présentés en augmentait le prix. Les Russes le sentirent bien ; et s'arrangèrent de façon à ce que leurs sentiments de reconnaissance ne pussent point être mis en doute. Ils redoublèrent d'attentions, jusqu'à la frontière, dans leur escorte des Français auxquels ils faisaient une conduite courtoise depuis Moscou, et à qui ils indiquaient la route à suivre par des simulacres d'attaques dont le maréchal Ney fut presque le seul à ne pas deviner la véritable signification. Ils leur avaient même, vers le 26 novembre, offert une grande fête d'un caractère tout spécial. Elle eut lieu sur les bords d'une rivière nommée la Bérézina, gelée tout exprès pour la circonstance. C'est là que l'accord fraternel entre les races slave et française fut définitivement conclu. Un rapport du temps, rédigé un peu à la hâte et dans lequel se trouve cette phrase : « La glace est rompue », donna lieu plus tard à des commentaires fantaisistes et contribua même à la création d'une légende absurde qui représentait le passage de la Bérézina comme un désastre terrible essuyé par l'armée française. Cette légende, dont le caractère mensonger dénote l'origine allemande, doit s'évanouir devant le flambeau de la vérité historique. »

Voilà comment on prépare l'avènement de Jean-qui-Tue. Et on le prépare aussi en inculquant au jeune Français la vénération de Jean-qui-Bavarde et des institutions à son service. Les maîtres congréganistes enseignent à leurs élèves, qui ne doivent jamais s'occuper de ce qui se passe derrière eux, un catéchisme approuvé par N. N. S. S. qui affirme l'éternité d'un Dieu qu'il est interdit de mettre en question. Les instituteurs laïques ont été pourvus par le gouvernement d'un catéchisme civique, qui affirme l'éternité de l'État dont la permanence nécessaire ne doit pas être discutée ; ils sont tenus de faire part à leurs élèves des beautés sans mélange qui s'étalent en ce manuel par demande et réponse, et de les forcer à se pénétrer des préceptes qu'il contient. Les malheureux enfants doivent donc, en dépit de leurs résistances désespérées, apprendre des passages comme celui :

Georges Darien

D. Qu'est-ce que c'est que là France ? — R. C'est un pays libre.

D. Pourquoi est-elle libre ? — R. Parce qu'elle est en république ?

D. Comment savez-vous qu'elle est en république ? — R. Parce que c'est écrit sur les feuilles des contributions.

D. Qu'est-ce que c'est que le Parlement ? — R. C'est l'assemblée des élus de la nation. Par conséquent, de l'élite de la nation.

D. Quel est le rôle du Parlement ? — R. Travailler sans relâche au bonheur du peuple.

D. Le Parlement s'acquitte-t-il toujours de sa mission ? — R. Toujours.

D. En quoi consiste le bonheur du peuple ? — R. Il consiste à payer les impôts.

D. Pouvez-vous dire pourquoi ? — R. Certainement. Le produit des impôts entre dans les caisses de l'État ; et comme l'État c'est tout le monde, plus il devient riche, plus tout le monde devient riche.

D. Quels doivent être les sentiments d'un citoyen à l'égard d'un membre du Parlement ? — R. L'admiration et le respect.

D. Cette règle souffre-t-elle des exceptions ? — R. Pas une.

D. Qu'est-ce que c'est que l'État ? — R. C'est la forme agissante de la Patrie.

D. Qu'est-ce que c'est qu'un fonctionnaire ? — R. C'est la forme de cette forme.

D. Quels sont les devoirs d'un citoyen à l'égard d'un fonctionnaire ? — R. L'obéissance et le respect.

D. Cette règle est-elle absolue ? — R. Oui. Si l'on cessait de respecter les fonctionnaires et de leur obéir, ils disparaîtraient.

D. Quelle serait la conséquence de cette disparition ? — R. L'anarchie. La barbarie.

D. Comment pouvons-nous tenir en échec cette barbarie. — R. Par le libre jeu de nos institutions, qui nous mettent au premier rang des peuples civilisés.

D. Qui nous a dotés de ces institutions ? — R. La Loi ; c'est-à-dire, la volonté populaire.

D. Comment s'exprime cette volonté ? — R. Par la voix des man-

Chapitre VII

dataires du peuple.

D. Que représentent donc ces mandataires ? — R. La Patrie.

D. Qu'est-ce que c'est que la Patrie ? — R. La portion du globe où un homme s'est donné la peine de naître, et où il peut continuer à vivre tant que l'argent ne lui manque pas, qu'il paye ses impositions et qu'il ne gêne point le gouvernement.

D. Jusqu'à quel point un citoyen doit-il aimer sa patrie ? — R. Jusqu'à la mort.

D. Comment appelle-t-on un citoyen qui remplit tous ses devoirs ? — R. Un contribuable.

Donc, c'est partout la même chose. L'infamie de l'enseignement congréganiste se retrouve, dépouillée de son appareil surnaturel, dans l'enseignement laïque ; et même, cet appareil surnaturel dont on a détroussé l'idole divine, on le jette sur les épaules du mannequin qui s'appelle l'État. L'âme de l'enfant est encagée dans le système ; le dogme, sous son véritable aspect ou travesti par la défroque des principes, vient l'emmailloter dans les bandelettes de traditions idiotes. Non seulement on prive l'enfant de liberté, mais on l'empêche de concevoir et même de sentir ce que c'est que la liberté. Il doit croire. Il doit avoir foi en l'homme au cœur cerclé d'épines ou en la femme au bonnet phrygien. Il doit vénération et dévouement à l'un ou à l'autre, et n'en peut espérer que silence et mépris. Du renoncement chrétien à la résignation civique il n'y a qu'un pas, — peut-être en arrière. — Du reste, les deux systèmes, le système congréganiste et le système laïque tel qu'il existe aujourd'hui, sont si complètement anti-naturels qu'ils ne peuvent vivre qu'en se prêtant l'un à l'autre le secours de leur abjection particulière. Si l'État n'a pas aboli l'enseignement de l'Église, c'est que l'abolition de l'enseignement ecclésiastique aurait entraîné immédiatement la mort de l'enseignement de l'État. Ces frères ennemis sont des frères siamois. Le lambeau de chair arraché à leurs victimes qui s'est greffé à leurs corps, qui les lie l'un à l'autre et qui les exaspère, est indispensable à leur existence. Cette existence est néfaste, ruineuse pour la nation. Elle la condamne à la pire des lèpres, la lèpre du respect. On force les enfants à apprendre qu'il faut respecter certaines institutions et certains groupes d'hommes, parce

Georges Darien

qu'on craint qu'ils ne viennent à s'apercevoir que ces hommes et ces institutions ne sont pas respectables. On s'évertue à leur fermer les yeux, et l'on espère que l'aveuglement durera. C'est là un crime abominable et imbécile ; étant donné surtout que les enfants dont on obscurcit la vision sont les enfants du peuple, la force vive de la nation, et qu'on les met délibérément hors d'état de défendre les libertés du pays, dont ils devraient être les meilleurs soutiens. Plus tard, s'apercevant que leur jeunesse fut empoisonnée de faussetés, flairant le mensonge partout, ils se laissent aller à une indifférence complète. De fatigue, ils souhaitent le bon tyran. Ils deviennent nationalistes.

Les Nationalistes, c'est la République qui les a créés lorsqu'elle s'est refusée à détruire de fond en comble le système d'enseignement servile que lui avaient légué les régimes déchus ; lorsqu'elle ne s'est pas résolue, à tout prix, à créer des hommes. D'ailleurs il était absurde d'espérer qu'un développement moral et intellectuel pût avoir lieu avant qu'on ne lui eût fourni, tout d'abord, un point de départ dans l'ordre matériel. L'homme ne vit pas seulement de pain ; mais il vit de pain, pour commencer. Voilà ce qu'il n'aurait pas fallu oublier. La vie est trop chère en France pour que l'instruction puisse y donner de bons résultats. Et puis l'école obligatoire, c'est très joli… Pourtant, ce n'est pas l'école qui forme l'esprit, l'intelligence et le cœur. C'est la nature ; c'est le contact avec la vie ; le commerce libre des deux sexes. L'école est un bâtiment. Tous les bâtiments sont des prisons. Ce n'est pas le maître d'école qui doit être le vrai éducateur et le guide du peuple. Le maître d'école est un maître. Tous les maîtres guident l'homme vers une seule direction : la servitude. Les éducateurs et les guides de l'enfance, ce sont tous les hommes qui vivent bien, c'est-à-dire librement ; et tous les morts qui ont bien vécu, c'est-à-dire qui ont librement vécu.

L'instruction donnée par l'école à l'enfant le rend simplement apte à jouer un rôle machinal dans l'atelier de travaux forcés que lui ouvrira la Société ; au point de vue hautement éducationnel, progressif, elle est nulle et non avenue. Elle ne commencera à prendre une valeur que le jour où la faim aura disparu, où l'on aura écrasé la gueule de la misère sous le dernier moellon de la dernière église, où la France sera aux Français. L'homme a besoin d'une patrie pour vivre. L'enfant a besoin d'une patrie pour devenir un homme.

Chapitre VII

Chapitre VIII

Soyez résolus de ne servir plus, et vous voilà libres.
LA BOETIE.

Les unités nationales, disait récemment Vandervelde, sont nécessaires pour arriver à l'unité internationale. Rien n'est plus vrai.
Mais sur quelle base constituer les unités nationales ? Il n'y en a
qu'une seule possible : la terre. C'est une chose, naturellement,
dont les socialistes « scientifiques » ne se doutent pas. Pour eux, ce
qui est indispensable, ce n'est pas la reprise du sol, c'est la conquête
des pouvoirs publics. Je crois inutile d'insister ; et de passer en revue les formules sacrées, rossignols rongés de toutes les rouilles
de la sottise, qui doivent ouvrir à l'humanité les portes du paradis collectiviste. La terrible omnipotence du capital, la guerre au
Système capitaliste, la lutte des classes, l'union nécessaire, etc., sont
des thèmes suffisants aux déclamations des Va-de-la-Langue qui
rêvent de pousser l'humanité, dûment matriculée et embrigadée,
vers le bagne du Bonheur forcé. Les plus forts ténors se permettent
de temps en temps d'entonner le grand air de la Justice, qui attire
les foules et les fait baver d'admiration.

On ne saurait trop répéter que ce qu'on appelle le Système capitaliste n'est pas un *système* ; mais simplement un échafaudage branlant

Les foules ont tort d'admirer la Justice, et d'y croire. La Justice
est vaine. C'est, au mieux, le correctif, le palliatif hypocrite de
l'Inégalité ; par conséquent, elle maintient — et peut-être crée —
l'Inégalité, qui est la source et la somme de toutes les injustices.
Elle donne à l'Inégalité la base la plus terrible et la plus sotte : le
mépris ; cela, en établissant un hideux simulacre d'Égalité sur la
Peine, le Châtiment. Elle n'a jamais poussé l'homme qu'à la servitude ; elle ne peut être qu'un appeau dans les mains des tyrans.
Elle considère, discute, calcule, tient compte, pèse, classifie, hiér-
archise. C'est une ordure. Plus elle s'humanise, devient ouverte, intelligente, plus elle diminue, s'abaisse, s'enlise et disparaît dans une
fondrière d'imbécillité. C'est une ânerie. La Justice, c'est l'ignoble,
pédantesque et cruelle contrefaçon d'une chose très simple et très
haute : l'Hygiène.

On ne saurait trop répéter que ce qu'on appelle le Système capitaliste n'est pas un *système* ; mais simplement un échafaudage branlant

Georges Darien

de matériaux hétéroclites, auquel servent d'assise les gravats des vieux systèmes démolis et qu'étayent les croix du christianisme, ces arcs-boutants de toutes les infamies. Il n'y a pas plus de système capitaliste qu'il n'y a, à proprement parler, de parti socialiste ; un parti ne pouvant exister que pour l'action, et par des actes ; tout groupement, quelle que soit son importance, qui n'agit pas et qui ne prend pas l'offensive, est un troupeau, un ramassis, quelque chose comme ça, mais pas un parti. Le *système* capitaliste *se laisse vivre* ; le *parti* socialiste *se laisse vivre*. Ils se laissent donc vivre réciproquement ; voilà toute la situation. Le conflit entre la bourgeoisie et le socialisme à formules se résume en un semblant de lutte entre des gens qui ont fini de comprendre et d'autres qui ne comprennent pas encore. Du chiqué. Le Socialisme « scientifique » n'a rien fait, ne fait rien, ne fera rien. Il serait temps que les sans-culottes, s'il en reste et s'ils ne se sont pas encore taillé des pantalons dans le linceul des grands principes, jettent pour de bon le caleçon aux amateurs de la bourgeoisie. La lutte entre le Tiers-État et le Quatrième-État n'est pas une lutte à mains plates ; c'est un concours de pieds-plats. « Il n'y a rien dans l'utopie socialiste qui ne se retrouve dans la routine propriétaire, » dit Proudhon. Les chefs du socialisme sont des propriétaires. Ils sont propriétaires de leur doctrine, et vivent dessus comme un bourgeois sur ses rentes et sur ses terres. C'est un capital, leurs théories et leurs formules. Et pour ce capital qui les fait vivre, ils exigent le respect des pauvres. C'est inouï. Autrefois, on donnait au peuple le conseil de se méfier des individus. Aujourd'hui, les individus ont disparu ; et il n'y a plus que des barbes ; et c'est des formules idiotes qui tombent de ces barbes-là, que le peuple doit se méfier. Il faudra tout de même qu'on coupe ça un de ces jours, barbes et formules, et les têtes avec, par la même occase.

Toutes les caractéristiques de petitesse, d'indécision, de cauteleuse prudence et de lâcheté qui distinguent l'esprit des classes dirigeantes, se manifestent, en des proportions qui défient l'exagération, dans l'esprit scrofuleux du Socialisme à formules poilues. Il faut avoir le courage de l'avouer : ce socialisme a été, et est encore, l'un des meilleurs soutiens du régime actuel. C'est, par le fait, une Église qui s'occupe beaucoup, comme l'autre, d'une vie future ; et dont les pontifes, laissant planer un majestueux sourire de dédain sur les misères d'aujourd'hui, désignent, de leur main moite, le mensonge des horizons. « Ce n'est que faute de savoir bien connaître et étudier le présent, dit Pascal, qu'on fait l'entendu pour l'avenir. »

Ce Socialisme pseudo-scientifique, qui n'est qu'une misérable affaire, a su grouper les mécontents, les énerver de promesses vagues et d'espoirs ridicules et leur enlever jusqu'à la volonté d'agir. Il a été, en France, aussi funeste à la Révolution qu'à la France elle-même. Il n'a rien produit jusqu'ici ; il ne produira jamais rien. « Le Socialisme, déclarait dernièrement un journal réactionnaire, c'est la haine. » Il faudrait que cela fût vrai ; cela n'est, pas vrai, malheureusement.

Le Socialisme n'est pas la haine ; c'est la discussion, c'est le bavardage, c'est le compromis, c'est la temporisation ; c'est tout ce qu'on veut ; c'est tout ce que veut la bourgeoisie. C'est la bourgeoisie, oui, qui fait mouvoir l'épouvantail dont on prétendait lui faire peur. Il ne fallait pas chercher à faire peur à la bourgeoisie, ni discuter avec elle. Il fallait la frapper. Il fallait donner aux déshérités le dégoût et la honte de leur misère ; il fallait, pour développer dans l'homme le respect de soi-même, le débarrasser de son respect imbécile pour toutes les institutions ; il fallait, au lieu de prêcher aux masses un nouvel évangile aussi vain et aussi ridicule que ceux qui le précédèrent, leur faire comprendre ce que c'est que la patrie ; il fallait leur démontrer que la patrie, c'est la terre de la patrie ; et que, pour arriver à la posséder, il faut se résoudre à se délivrer à jamais de toute servitude. Il eût fallu, en un mot, faire du Socialisme un Nationalisme réel.

Tout n'est pas mauvais, mes chers frères, dans l'idée nationaliste. (Il y a toujours quelque chose de bon dans une sottise ; sans quoi, on ne pourrait pas l'exprimer.) Seulement, il faut pousser le Nationalisme jusqu'au bout, jusqu'à sa conclusion logique. La France doit appartenir aux Français, non pas nominalement, mais effectivement. C'est le Nationalisme réel, intégral, qui seul peut conduire à l'Internationalisme. Voilà ce que le Socialisme aurait dû comprendre.

*

Georges Darien

La Loi n'a pas encore formé un grand homme, mais la Liberté a engendré des colosses.

SCHILLER.

Le Socialisme scientifique, Marxisme, etc., etc., est profondément anti-français. Il est extraordinaire qu'il ait pu s'implanter en France et s'y développer. Le fait qu'il a réussi à y prendre racine et à y vivre, constitue une preuve, la meilleure peut-être, de la décomposition morale de la France, de son impuissance à faire jaillir d'elle-même l'énergie qui doit la sauver.

Le Socialisme s'est constitué en parti, en religion ; a codifié ses formules, promulgué son évangile. Il a placé sur le lit de Procuste le matelas de théories filandreuses cardé par Marx, et invite l'humanité à s'y étendre. Les Socialistes scientifiques, pleins d'eux-mêmes et le nez collé aux pages moisies du *Capital*, s'étonnent que l'humanité ne réponde point à leur appel et ne se hâte point, au sortir du régiment, de s'engouffrer dans leur caserne. Leur science… cochonne de science ! Autant, n'est-ce pas ? n'en pas parler. Leurs théories ne méritent pas la discussion : Leurs pontifes sont au-dessous de l'insulte. On ne peut cependant s'empêcher de considérer comme monstrueux, dans ce pays de France qui vit éclore, et qui voit éclore tous les jours, tant d'idées hautes et simples, l'accaparement d'une partie de l'intelligence populaire par les doctrines du collectivisme. Ces doctrines ne sont pas seulement imbéciles ; elles sont infâmes. Si elles étaient réalisables, elles mèneraient directement, ainsi que l'a démontré Herbert Spencer, à une nouvelle forme d'esclavage, plus hideuse que toutes celles qui firent jusqu'ici gémir l'humanité. En réalité, elles sont trop ineptes pour mener jamais à rien, sinon à l'abrutissement d'une partie de la population, à la constitution de troupeaux veules et d'esprit obtus, qui n'ont en fait d'idée que la seule croyance irraisonnée dans des réformes dérisoires et dont l'unique souci est le respect maladif de la légalité. L'enrégimentation, disent les papes barbus du socialisme, peut seule conduire le prolétariat à la conquête des pouvoirs publics. Il se trouve des prolétaires français pour croire à cette sottise, pour élire des députés, malheureux fantoches ligotés dans des programmes ridicules et plastronnes de démissions en blanc, qui

Chapitre VIII

doivent procéder à cette conquête ; des comités surveillent jalouse-ment ces députés-conquérants dont les conquêtes ne se font en-core remarquer que par leur absence. Les prolétaires embrigadés, cependant, sont pleins d'espoir ; convaincus que le vrai ressort des gouvernements se trouve dans les assemblées parlantes. Les évi-dences les plus claires ne peuvent les détromper. Ils admettent bien que l'œuvre des parlements, jusqu'à présent, n'est pas considérable ; mais ils pensent que c'est parce qu'ils avaient la guigne ; et que ça va passer, un de ces jours. En attendant, ils obéissent au mot d'ordre des pontifes, qui leur conseillent la discipline ; ils croient au groupement, au syndicat, aux organisations compactes qui seules peuvent lutter, pensent-ils, contre l'organisation capitaliste. Ils ne se doutent même pas que ces groupements ne servent qu'à donner la preuve du manque d'initiative et de l'apathie populaires ; et que la coalition capitaliste n'existe que grâce à la foi des déshérités dans les théories abêtissantes, et à leur lâcheté.

Il y a lâcheté, en effet, à croire à l'efficacité des réformes. Le mal ne pouvant s'isoler, tous les foyers d'infection communiquant dans la pourriture sociale, toute réforme est impossible. La Société ne peut pas être réformée, mais simplement détruite. Voilà un diagnostic que l'autopsie, j'espère, confirmera avant peu.

Les Socialistes, en dépit de tout, croient à la possibilité des ré-formes. Et, pour leur faire plaisir, on peut avouer que les réformes sont possibles. La prostitution, qui met un frein à l'excès des pas-sions sexuelles, est une réforme ; l'arbitrage qui, en fait, oblige le pauvre à vendre son travail à un prix que détermine le riche, est une réforme ; le service militaire obligatoire et la loi relégation, qui débarrassent le marché ouvrier des bras qui l'encombrent, sont des réformes. L'alcoolisme aussi est une réforme, et une belle ; car, ainsi que le disait récemment un ministre, il donne au travailleur l'illusion des forces dont il a besoin. Comme, sur trente-sept mil-lions de Français, il y a au moins quatre millions d'alcooliques, on peut dire que les travailleurs ont beaucoup d'illusions, dans la Belle France.

L'impôt sur le revenu, dont on parle tant, et qui viendra bien un jour ou l'autre, sera aussi une réforme ; les malheureux verront ce qu'elle leur coûtera. Ils se rendront compte, avec un étonnement peut-être mélangé d'amertume, que l'impôt sur le revenu pèse exclusivement sur tous ceux qui n'ont pas de revenus. Ils pourront, il est vrai, trouver une consolation dans la pensée que le gouvernement fait pour le mieux, et qu'il s'inspire des doctrines du socialisme. C'est, d'ailleurs, ce qu'il fait déjà aujourd'hui, avec une intrépidité qu'on ne saurait trop louer. Dernièrement un ministre osait déclarer sans trembler que « le travail doit posséder et le capital travailler. » Et des faits, au moins des promesses, venaient appuyer cette audacieuse affirmation. On s'engageait à permettre aux syndicats d'acquérir et de posséder ; de sorte que, dans un avenir prochain, les syndicats et groupements pourront cesser d'être une menace au patronat et deviendront des tampons entre la richesse et l'immense masse des déshérités. Voilà encore une façon de conquérir les pouvoirs publics, et de comprendre la lutte des classes.

La lutte des classes est un des dogmes fondamentaux du socialisme. Pourquoi les classes doivent être en lutte, c'est ce que personne ne pourrait dire ; mais il ne faut pas discuter les dogmes. On ne pourrait pas dire davantage pourquoi il y aurait un parti socialiste ; pourquoi il y aurait, en face des différents partis des riches, d'autre parti que celui de tous les opprimés ; et pourquoi, même, ces opprimés, jusqu'au moment au moins où ils pourront agir, formeraient un parti. Il est probable qu'un parti exclusif, dogmatique, autoritaire, est nécessaire à la vanité lisible et à l'ambition creuse des ouvriers sans honte et des bourgeois honteux qui se sont donné la mission d'émasculer les pauvres et de museler la misère. Ces méprisables pontifes de la plus méprisable des religions semblent quelquefois las, pourtant, de prêcher le calme, la patience, le respect de la légalité ; ils ont l'air d'être fatigués de la guerre sournoise et sans merci qu'ils font à l'individualité et aux idées libertaires ; ils paraissent avoir honte de leur inaction honteuse. Alors, ils proposent au prolétariat organisé un plan de campagne, dont les résultats, assurent-ils, seront merveilleux ; ils lui parlent d'alliances nécessaires ; d'alliances avec des gens très forts, dont le concours momentané est indispensable, et dont on se débarrassera *per fas et nefas* lorsqu'on se sera servi de leur échine et de leurs épaules pour se hisser au pouvoir. Il faut rendre aux pontifes du collectivisme français la justice d'avouer que, même dans l'exposé de ces regrettables divagations, ils n'inventent rien. Les malheureux sont, hélas ! hors d'état d'inventer. C'est ainsi que Jaurès, dernièrement,

Chapitre VIII

présentait, en la déformant, la thèse soutenue naguère, non sans un talent qui fait défaut au phraseur français, par un Allemand que son séjour en Angleterre, au milieu d'un peuple qu'il ne peut parvenir à comprendre, a perverti intellectuellement.

L'alliance du Socialisme allemand avec les partis libéraux, que préconisait Bernstein pouvait avoir sa raison d'être en Allemagne, c'est-à-dire dans un pays qui est loin d'avoir atteint son développement géographique complet, et où le pouvoir central est très fort. Certainement elle serait légèrement impolitique, ainsi que l'a démontré Kautzky, qui ne se fait sûrement aucune illusion sur la valeur des théories marxistes, mais qui sait qu'elles sont nécessaires, étant donné le caractère allemand, à la cohésion du parti social-démocrate ; cependant, en dépit de tout, et en faisant la part de l'influence mauvaise exercée par l'Angleterre sur l'esprit de Bernstein comme autrefois sur l'esprit de Marx, l'idée d'une pareille alliance pouvait à la rigueur se défendre. Mais, appliquée à la France, elle devient une lamentable absurdité. Jaurès, qui ne s'en aperçoit même pas, parle sans sourciller d'évolution nécessaire du Socialisme ; déclare qu'il ne craint pas pour le parti socialiste des coopérations avec d'*autres partis* de la classe bourgeoise ; émet pompeusement cette lapalissade : que s'abstenir, c'est nécessairement ne pas agir ; affirme que les syndicats ne peuvent se développer sans se mêler au mouvement capitaliste ; prétend que ces coopérations et ces contacts sont déjà une prise de possession ; prêche le calme, l'union et la fraternité.

Ce bourgeois parle à son auditoire, pourri d'idées et de sentiments bourgeois, le langage bourgeois que seul il peut comprendre. C'est imbécile et misérable. Si la rénovation sociale ne doit être qu'une comédie, si elle doit consister dans le remplacement du Tiers-État par le Quatrième-État, si les grandes masses de la population doivent toujours être sacrifiées à l'étroit égoïsme d'une caste, autant que cette rénovation ne s'accomplisse jamais. Autant la dictature de Prudhomme, avec son parapluie ou avec son sabre, que la dictature de Guesde avec sa barbe ou celle de Jaurès avec sa bave.

Il est certain que, parmi les adhérents du parti socialiste, il y a des milliers d'hommes de cœur qui rejetteraient avec indignation l'idée d'une révolution qui ne serait pas accomplie au profit de tous les malheureux, quels qu'ils soient et d'où qu'ils viennent, et que

Georges Darien

n'ont pu arriver à corrompre les prédications contemptibles des théoriciens socialistes. Ceux-là comprennent, ou au moins comprendront, lorsque le moment viendra, que ce n'est pas en haut, chez les figurants du Libéralisme, que le Socialisme doit chercher ses alliés ; mais que c'est en bas, dans les couches profondes du peuple, qu'il doit les trouver. Ils comprendront que tous les groupements, comités et syndicats ne sont que des entreprises de duperie et de captation ; que tous les hommes sont solidaires ; que tous les partis ne peuvent mener qu'à la tyrannie du sabre à travers la tyrannie du larynx ; que toutes les estampilles sont honteuses et néfastes ; et que la révolution, sous peine d'échouer misérablement comme ses devancières, ne peut être exclusive, ne peut rejeter personne. Et rejeter qui ? Quels seraient les aristocrates qui excommunieraient les parias ? Quand un voleur est pris, je crois, on le condamne à devenir un ouvrier. Après la peine de mort, le châtiment le plus terrible s'appelle les travaux forcés. Le travail n'avilit peut-être pas ; maïs il ne confère ni noblesse, ni supériorité.

Les papes du socialisme à système font preuve d'un exclusivisme forcené. Ce sont des honnêtes gens. Ils aspirent à devenir plus honnêtes encore. Avant-hier ils se permettaient d'attaquer la propriété à la sourdine ; hier, ils parlaient d'expropriation avec indemnité ; aujourd'hui, ils jettent l'anathème à ceux qui osent prétendre que le parti socialiste ait jamais songé à porter atteinte à la propriété. Ils ont fondé, sous le nom de Comité Général, une sorte de Saint-Office, dont je préfère ne pas parler ici. Je ne saurais exprimer suffisamment mon dégoût pour les théories du socialisme, ni dire à quel point j'en méprise les pontifes. La Liberté ne les engendra point, certainement ; c'est la Loi qui les a formés. Ils croient à l'existence des lois ; vénèrent les lois ; exaltent la loi ; proclament la loi (d'airain) ; aspirent à faire la loi… Je ne vénère pas la Loi ; je crois qu'il n'y a pas de lois ; je crois qu'il y a des modes. Au fond, les pontifes du socialisme à formules sont trop avancés pour moi. Je suis un retardataire. J'en suis encore à la *Physiocratie* et au *Tribun du Peuple*.

*

Chapitre VIII

Il n'y a pas d'autre richesse que la vie.
RUSKIN.

Je crois que la seule raison d'être de l'État, comme le disait Babeuf, serait de défendre, de maintenir l'égalité. Je crois aussi que l'égalité est nécessaire à la vie d'une nation, à son existence réelle et complète. Je vois que le rôle de l'État, jusqu'à présent, est de maintenir l'inégalité, à tout prix.

Les socialistes « scientifiques » qui discutent, à la suite des économistes et aussi bêtement qu'eux, de la rente, du profit, de la richesse et d'un tas d'autres choses auxquelles ils ne comprendront jamais rien, ne voient dans la condition sociale actuelle qu'une réforme à effectuer : la répartition du capital ; et qu'un moyen d'y parvenir : la prise de possession légale du parlement. Ils refusent de s'apercevoir que le vrai ressort du gouvernement se trouve, non pas dans les assemblées, mais dans le machinisme exécutif (administratif, militaire, etc.) qui constitue le seul pouvoir ; que ce pouvoir se distribue de la même façon dont se distribue la richesse ; et que sa distribution est la cause de la distribution de la richesse. Ils soupçonnent moins encore que cette richesse n'est qu'une richesse factice, artificielle, dont la valeur nominale doit disparaître avec l'ordre social qui l'engendra. La phrase de Ruskin, que je cite plus haut, fera beaucoup rire ces êtres supérieurs. La richesse qui est la Vie leur est parfaitement inconnue ; et pour cause.

Le Socialisme « scientifique » se pique de ne s'occuper que des questions économiques, qu'il suppose résumées, d'après le système de Karl Marx, en l'unique question du Capital. (Le capital étant, bien entendu, tout ce qu'on veut, excepté la terre ; et justement parce qu'il ne peut pas y avoir d'autre capital que la terre.) Le Socialisme « scientifique » décline résolument d'envisager deux côtés du problème social : le côté moral et le côté politique. S'il daignait considérer ces deux questions, il lui faudrait s'inquiéter du rôle de l'État ; et qu'est-ce que c'est que le rôle de l'État à côté du rôle du capital ? Rien du tout. C'est une belle chose que la science. Il est nécessaire d'ajouter ici que les imbéciles à bonnes intentions sont les plus lugubres et les plus misérables des imbéciles.

Si, au lieu de se claquemurer dans les dogmes d'une science de

Georges Darien

pacotille avec le fanatisme de l'ignorance incurable, les Socialistes avaient cherché à savoir ce que c'est en réalité que le capital, ils se seraient rendu compte de la raison d'être actuelle de l'État ; ils auraient été amenés à comprendre qu'il n'y a pas d'autre richesse que la vie ; que, par conséquent, les dogmes et les formules sont de misérables choses, dont l'effet est de diminuer la diversité de cette richesse ; richesse dont la nature place la source dans l'homme et que toute règle est impuissante à produire ; ils auraient compris que, pour la vie de l'individu et celle de la nation, la liberté et l'égalité sont indispensables. Ils auraient compris que toutes les questions économiques se résument dans la question du seul capital, c'est-à-dire, de la terre ; et que, pour tout dire d'un mot, toute la question économique est simplement la question patriotique.

Ils auraient, alors, cessé tout rapport avec les régimes existants ; ils n'auraient pas parlé de conquérir les pouvoirs publics, mais auraient essayé de les détruire, puisque leur seul rôle est d'empêcher l'expansion de la vie, de l'appauvrir, de la supprimer. Ils auraient senti que c'était par là qu'il fallait commencer ; car la vie, la joie pleine de l'existence, ne doit point être un résultat, mais une cause, une base ; point un but à atteindre, mais une nécessité primordiale. Ils auraient compris qu'une politique leur était nécessaire, et ils s'en seraient créé une.

On sait que Guesde et ses complices affirment sans se lasser, du haut de leur compétence hirsute, l'incompatibilité absolue du socialisme et de la politique. Les anarchistes, en recommandant l'abstention, inaugureraient une politique. On n'ignore pas avec quelle férocité fielleuse les crapules du pontificat socialiste les dénoncèrent et les poursuivirent. On n'ignore pas non plus que les propres à rien qui bavardent depuis vingt-cinq ans pour ne rien dire, et surtout pour ne rien faire, sont parfaitement incapables de concevoir une politique qui soit à eux. Ils déclarent, avec des sourires à fendre l'âme, que plus ça va mal, mieux ça va ; qu'ils n'ont rien à attendre des républicains, et pas grand'chose des réactionnaires, mais qu'il convient de les laisser faire les uns et les autres, tout en cherchant à accroître le nombre des élus socialistes qui siègent au Parlement. Et l'on comprend que ces malheureux, pénétrés de leur impuissance, sont obligés de se rendre compte qu'ils ne peuvent rien attendre d'eux-mêmes et confient au hasard la réalisation de

Chapitre VIII

leurs théories chimériques.

Il est évident que les gouvernements, qui savent bien que toute leur puissance réside dans leur machinisme exécutif, devaient être enchantés de voir le socialisme à système ne tenir aucun compte de ce machinisme (dans lequel le trouble peut être apporté si facilement) et employer toutes ses forces à pénétrer au parlement, où sa présence ne pouvait les gêner en aucune façon ; en réalité elle pouvait même leur être utile ; et elle l'a été plusieurs fois, particulièrement en France. C'est pourquoi, en somme, les gouvernements n'ont montré aucune rigueur contre le Socialisme « scientifique » ; ils ne l'ont persécuté que de temps en temps, légèrement, et simplement pour la forme, pour faire croire qu'ils le redoutaient. D'un autre côté, il faut remarquer que le Socialisme « scientifique », afin de revêtir d'un semblant de réalité son existence fantomatique, a absolument besoin de la permanence de l'État ; ce sont seulement ses discussions et ses compromis avec le pouvoir exécutif, discussions vaines et compromis de néant, qui lui ont donné corps jusqu'ici. Il ne pourrait diriger son effort contre le machinisme exécutif, attaquer l'État, sans qu'apparût immédiatement le caractère illusoire de ses doctrines et l'inanité absolue de sa prétendue puissance. Il doit donc se contenter d'un semblant de lutte, d'un perpétuel simulacre d'action. En raison de son manque d'intelligence et de courage, le Socialisme « scientifique » n'exerce qu'une influence misérable sur le sort des déshérités français ; il n'affecte que d'une façon dérisoire la situation générale de la France.

Il est certain que c'est seulement par l'énergique effort des grandes masses du peuple que la France peut sortir de la terrible position dans laquelle elle se trouve. Les masses ne peuvent agir efficacement que si elles savent se forger, de toutes pièces, une politique qui soit comme l'éperon du grand navire qui porte les opprimés d'aujourd'hui sur le séculaire océan de la douleur humaine. On pourra alors tourner vers l'ennemi la proue du vaisseau où flotte le pavillon noir ; et peut-être qu'on lui ouvrira d'un seul coup son ventre cuirassé d'or, à l'ennemi ; et qu'on enverra aux requins, ses frères, tout son équipage de filous. Les masses doivent avoir une politique à elles ; une politique très simple, très logique, et très intolérante. C'est une telle politique, seule, qui fera triompher leurs revendications.

Georges Darien

Le mouvement de 1848 échoua parce qu'il avait subordonné les questions politiques aux questions sociales ; il ne sut pas voir que toute rénovation économique doit avoir pour base la liberté individuelle, qui doit être basée elle-même sur une assise matérielle, tangible ; les souvenirs déformés de la Révolution française, qu'il supposait à tort avoir donné l'essor à la liberté politique, l'égarèrent ; il ne comprit pas que, pour transformer l'ordre social, il faut d'abord mettre la main sur le machinisme de l'État. Karl Marx, véritable enfant de 1848, et mentalement perverti par son séjour dans un pays, l'Angleterre, dont les conditions étaient et sont encore en contradiction avec celles des nations continentales, commit la même erreur. Les Socialistes « scientifiques » érigèrent cette erreur en doctrine, l'aggravèrent de tous les commentaires que put suggérer leur sottise ; la prêchèrent.

Les masses doivent s'affranchir des systèmes, des théories, des doctrines, des formules ; elles doivent refuser de croire aux panacées légales, aux imbécillités scientifiques et aux expédients. Elles doivent avoir une politique, une politique qui soit à elles ; et à elles seules. Une politique qui n'ait rien à voir, absolument rien, avec la politique de quelque parti que ce soit. La politique de tous les partis qui ne sont pas le parti des pauvres, n'a qu'un but : l'exploitation des pauvres. S'allier avec un ou plusieurs de ces partis, équivaut donc pour les déshérités à ceci : aider les exploiteurs dans leur œuvre de spoliation. La politique des pauvres ne doit avoir qu'un but : le refus de se laisser exploiter. On exploite les pauvres de bien des façons ; on les exploite, surtout, par l'impôt ; on pourrait même dire que c'est toujours dans l'impôt que l'exploitation trouve sa formule définitive. Les pauvres ne feraient donc pas mal de s'occuper un peu de l'impôt ; de constater, très sérieusement, que la base sur laquelle il est établi n'est point juste, c'est-à-dire point sensée ; qu'il est urgent de trouver une base raisonnable de taxation. Les impôts sont, ou directs, ou indirects. S'ils sont indirects, c'est le dernier qui paye, c'est-à-dire le plus pauvre, qui paye tout. S'ils sont directs, s'il y en a plusieurs (et même s'il y a seulement deux impôts directs) ils deviennent immédiatement, dans l'application, indirects ; ils pèsent encore, par conséquent, sur les pauvres. Il faut donc, afin que la taxation trouve une base raisonnable, qu'il y ait un impôt direct, et qu'il n'y en ait qu'un seul ; et il est impossible que cet impôt

Chapitre VIII

soit établi sur autre chose que sur la valeur de la terre.

L'idée unique de cet impôt unique, de ce seul impôt raisonnable — équitable, si l'on veut — devrait devenir entre les mains des pauvres l'énorme pic qui battrait en brèche, incessamment, la citadelle des riches. Le prolétariat ne devrait pas perdre son énergie, éparpiller ses forces, à la poursuite de réformes chimériques ; il devrait poursuivre cette transformation complète, simple et logique de l'impôt, avec un entêtement extrême, avec une obstination qui refuse de se laisser détourner de son but. C'est la chose qu'il devrait vouloir, de toutes ses forces, et vouloir seule. En dehors de cette chose, il devrait rester sourd à tous les appels, et indifférent à toutes les provocations. Il devrait faire toute sa politique de cette question — qui contient toutes les questions, — se refuser énergiquement à toute discussion et agir, politiquement, par l'inertie ; se constituer en machine d'obstruction complète. Du jour où les pauvres, exigeant l'égalité effective dans l'impôt, déclineraient de prendre aucune part à la constitution des assemblées parlantes, le rôle réel du pouvoir législatif apparaîtrait ; la comédie jouée parles parlements cesserait d'elle-même ; et le pouvoir exécutif, obligé d'expliquer sa raison d'être, disparaîtrait. Ce n'est, en effet, que grâce aux équivoques et aux hypocrisies derrière lesquelles il se dissimule, que l'État actuel, dont le seul rôle est de maintenir l'inégalité, peut subsister.

L'impôt unique sur la terre mettrait fin à tous les mensonges, à tout l'artificiel de la vie politique présente. Cet impôt, qui frapperait uniquement le sol, fournit le seul moyen de rendre à la terre la liberté qu'elle redonnera a l'homme. La terre donne la vie, qui est la source de toutes les richesses, qui est la seule richesse ; elle s'oppose à ce qu'on gaspille cette richesse, à ce qu'on la déforme, à ce qu'on l'empêche de naître. Quand la terre aura à supporter, sans exceptions, toutes les charges de la nation, la richesse de cette nation, c'est-à-dire la vie même des citoyens, se développera librement et continuellement, sans entraves et sans danger. Or, diminuer les risques de la créature humaine, c'est augmenter les risques de la propriété. L'impôt unique sur la terre conduit immédiatement à la suppression de la propriété individuelle du sol ; si les peuples ont un grain de bon sens, à son remplacement par la propriété communale du sol.

Georges Darien

La politique des pauvres, établie sur une telle base, produirait sûrement d'autres résultats que le piteux rabâchage des divagations socialistes. Il est évident que l'État et la meute de privilégiés qui le représentent, l'Église infâme, feraient tout pour empêcher cette politique de porter ses fruits. Les pauvres auraient à se méfier des voleurs. Ils auraient à surveiller avec soin les complications de la politique étrangère, que provoqueraient les riches.

Étant donnée l'idiote politique de la bourgeoisie, étant donné le personnel imbécile qu'elle a à son service, surtout en France, cette surveillance ne serait pas difficile aux pauvres. N'ont-ils pas de leur côté les plus hautes intelligences, les plus grands penseurs, et les plus puissants écrivains ? Comparés à tant de grands hommes que je pourrais nommer et dont les sympathies révolutionnaires ne sont un mystère pour personne, les hommes d'État et les diplomates de la bourgeoisie n'apparaissent-ils pas comme les plus plats et les plus ignorants des drôles ? Les pauvres auraient tout à gagner à s'occuper un peu plus de ce que pensent les hommes qui travaillent pour eux et un peu moins de ce que vomissent les gloires purulentes de la bourgeoisie. Mais si, en dépit de tout, un conflit éclatait, c'est encore politiquement que devraient agir les pauvres. À la première occasion, c'est-à-dire à la première défaite, ils devraient mettre la main sur la partie la plus vulnérable du machinisme de l'État, c'est-à-dire sur l'armée. C'est seulement l'emploi judicieux de la force, au moment propice, qui peut mettre un terme à la division de l'humanité en riches et en pauvres, en êtres qui ont tout et en êtres qui n'ont rien — et qui peut donner à tous les hommes l'assise nécessaire au bonheur qu'ils auront à développer en beauté et en intelligence : une Patrie.

Ce que je dis ici, beaucoup de gens l'ont pensé, le pensent. On a parlé aux pauvres d'économie sociale, de salaires, d'or, de moyens de production ; je crois qu'il vaut mieux leur parler de la nature, de la terre qui non seulement produit des grains et des fruits, mais des fleurs. On a eu tort de ne pas faire apparaître aux pauvres, au lieu de statistiques ridicules et de chiffres qui ne disent rien, l'âme de la nature ; on a eu tort de ne pas la leur faire sentir, contempler en eux-mêmes. La nature leur aurait donné ce qu'ils ne peuvent acquérir nulle part — et l'idée révolutionnaire ne serait pas écrasée entre les sales pages des bouquins pédantesques. On a parlé

Chapitre VIII

aux pauvres de la Vérité comme d'une force intangible et toute-puissante, existant par elle-même et à jamais. Il n'y a pas de forces, mais seulement des transformations de la matière. Il arrive que ces transformations se condensent en des vérités qui durent un temps, et forment des levains qui font fermenter les esprits ; et ces esprits, qui sont eux-mêmes des transformations de la matière, n'ont besoin, pour travailler et produire, ni de règles ni de formules, et ne réclament que la satisfaction des appétits physiques, que peut seule assurer aux hommes l'égalité dans la possession de la terre.

Je répète ici ce qu'on a dit avant moi ; ce qu'on va dire, répéter et crier après moi. Ce livre est comme une cloche qui commence à tinter, qui sonne, qui sonnera bientôt à toute volée. Que sonne cette cloche ? Elle sonne le glas. Que sonne-t-elle ? Elle sonne le tocsin. Elle sonne le glas et le tocsin. Elle appelle ceux qui veulent vivre. Elle bafoue ceux qui doivent mourir. Au cercueil ! Aux armes ! Deux lumières seulement peuvent percer la nuit compacte qui s'étend sur la France : les lueurs des cierges, épinglant leur clarté pâle au drap des catafalques ; ou la rose aurore des temps nouveaux, avivée du reflet des torches qui précédèrent sa venue, et firent leur œuvre.

Chapitre IX

Mon indignation est mon droit et je refuse de faire la paix.
Herzen.

Il serait puéril de nier l'importance du mouvement nationaliste. Je ne discute ici ni la sincérité du nationalisme, ni sa vigueur, ni son homogénéité, ni les causes qui l'ont fait naître ; je constate seulement son importance, numérique si l'on veut. Je dis que de fait, d'intention, ou par indifférence, plus de la moitié de la population de la France est nationaliste. On est, forcément, nationaliste ou anti-nationaliste. Il serait tout aussi ridicule de chercher à contester la signification dominante du mouvement nationaliste ; cette signification, la voici : « La situation actuelle de la France ne peut pas durer. » Quels que soient les motifs qu'on allègue et les raisons qu'on fasse valoir, cette signification demeure.

Les républicains — j'entends par là les gens au pouvoir à présent — et les socialistes qui leur prêtent le concours de leur naïveté, se rendent compte du danger dont les menacent les Nationalistes, et font tout ce qu'ils peuvent pour échapper au péril. À grand renfort de promesses de réformes, de modifications d'allures démocratiques, ils essayent de tourner la position de leurs adversaires et de leur enlever des adhérents. Que signifient toutes ces promesses de réformes, de changements, d'améliorations, sinon ceci : « La situation actuelle de la France ne peut pas durer » ?

L'immense masse des Nationalistes n'a point d'autre politique que celle-ci : « N'importe quoi, n'importe comment, mais pas ce qui existe. » Beaucoup de gens, même de tendances libérales, sont nationalistes parce qu'ils sont convaincus que les républicains ne feront rien pour porter remède à la situation mauvaise du pays.

Les chefs du Nationalisme, les gens qui dirigent tant bien que mal le mouvement, cherchent à orienter la France vers le passé, en désespoir de cause et sans trop savoir comment s'y prendre. Les efforts de ces coquins, incapables de former le moindre projet, sont absolument piteux ; ils sont caractérisés par cette sournoiserie asthmatique qui est la marque des vaincus ; ils tendent surtout à empêcher l'idée nationaliste de se dégager de la défroque chauvine et anti-parlementaire dans laquelle on l'a emmaillottée, et dans laquelle elle se débat en braillant ; leur unique résultat est de pousser, plus ou moins consciemment, le parti nationaliste dans la direction du cléricalisme et de l'établir, de guingois ou les pattes en l'air, sur le fumier de la légende latine, sur la pourriture romaine. Ces efforts dénotent l'impuissance la plus complète.

Beaucoup de gens, parmi les anti-nationalistes, ne sont hostiles au nationalisme que parce qu'ils sont persuadés que ce mouvement, s'il aboutissait jamais, ne produirait autre chose que la conservation de l'état présent, ou même son aggravation. L'immense masse des Anti-nationalistes n'a point d'autre politique que celle-ci : « N'importe quoi, n'importe comment, mais pas ce qui existe ni ce qui tendrait à augmenter l'horreur et la sottise de ce qui existe. »

Les chefs de l'Anti-nationalisme, les gens qui dirigent tant bien que mal le mouvement, cherchent à orienter la France vers le futur, en désespoir de cause et sans trop savoir comment s'y prendre. Les efforts de ces pauvres hères, incapables de former le moindre projet, sont absolument piteux ; ils sont caractérisés par cette sournoiserie asthmatique qui est la marque des vaincus ; ils tendent surtout à empêcher l'idée républicaine de se dégager de la défroque avocassière et libérâtre dans laquelle on l'a emmaillotée, et dans laquelle elle se débat en larmoyant ; leur unique résultat est de pousser, plus ou moins consciemment, le parti républicain dans la direction du collectivisme esclavagiste et dogmatique et de l'établir, de guingois ou les pattes en l'air, sur le fumier de la légende révolutionnaire, sur la pourriture des grands principes. Ces efforts dénotent l'impuissance la plus complète.

Ainsi, les uns, avec le spectre ridicule de leur Passé, aux sons discordants de leurs clairons fêlés et de leur grosse caisse que creva la botte prussienne, feraient passer la France sous le joug de Rome et la prépareraient, par quelques misérables culbutes militaires, au saut définitif dans l'inconnu. Les autres, avec le spectre plus ridicule encore de leur Futur, au bruit des couteaux à papier sur les pupitres des assemblées baveuses, condamneraient la France à la vie au jour le jour dans la vase d'une routine dégradante, au trantran abrutissant et jacassier qui livre les nations sans défense, les moelles sèches, à toutes les surprises du hasard. Des deux côtés, donc, c'est l'aveu que la situation présente ne peut point s'éterniser ; c'est la constatation que des transformations profondes — mais lesquelles ? — sont complètement indispensables ; c'est la répudiation, explicite ou implicite, mais toujours formelle, de ce qui existe aujourd'hui. Et des deux côtés, encore, c'est l'absence entière de compréhension, de dessein clairvoyant, de résolution virile ; c'est la manifestation totale, par les faits, d'une impuissance absolue.

L'un et l'autre parti savent que rien de ce qui existe ne peut continuer à exister. Ils savent qu'ils sont hors d'état d'entreprendre, de mener à bien, aucune rénovation ; et qu'ils ne peuvent même, à moins de se frapper eux-mêmes du coup mortel, en oser la conception. Ils savent que tout ce qu'ils pourront tenter est, d'avance, nul et non avenu. Cependant, ils essayent de se décevoir eux-mêmes ; de s'étourdir du bruit de leurs paroles, de leursserments, de leurs promesses, de leurs imprécations, du tintamarre que font tous les préjugés rouillés et tous les truismes au vert-de-gris qu'ils traînent derrière eux, tels des chiens ahuris escortés de marmites hors d'usage dont on prolongea leurs queues ; voici la poêle à faire revenir la foi et le besoin de croire, voici le bocal aux traditions, voilà la casserole à faire sauter les grands principes. Cochonnerie d'ustensiles, qui ont fait une sale cuisine, dont on ne veut plus. Vous n'en voulez plus, mais ça ne fait rien : vous en aurez encore, car c'est tout ce que les deux partis ont à vous offrir. Vous serez non seulement leurs dupes, mais leurs dupes volontaires, et vous avalerez leur ratatouille en vous léchant les babines ; vous direz, et même vous penserez, que leur ratatouille est excellente. Vous serez parvenus, vous et les deux partis qui divisent votre pays, à vous tromper vous-mêmes, complètement, et avec la plus mauvaise bonne foi. « L'hypocrisie de l'illusion qu'on se fait à soi-même, dit Feuerbach, est le vice capital de notre temps. » C'est le vice général de la France, à l'heure qu'il est. Il s'agit de ne pas agir, vous comprenez. Voilà une grande misère.

Il faudrait pourtant se décider à voir les choses telles qu'elles sont. Ce n'est pas parce qu'on s'assoit dans une sébile, et qu'on joue au cul-de-jatte, qu'on empêche les événements de marcher. Il faudrait se rendre compte de ceci : que la France a passé par toutes les périodes de préparation, par toutes les phases de développement qui précèdent, si je puis m'exprimer ainsi, l'épanouissement complet d'une nation ; je veux dire : l'épanouissement d'une nation en nation, ou sa mort.

Ces périodes de développement ne sont pas les mêmes pour tous les pays ; elles ne se correspondent, d'une contrée à l'autre, qu'à de longs intervalles et n'arrivent à s'équivaloir que lorsque l'œuvre de préparation, dont elles ont marqué les étapes, est terminée. Elles sont plus ou moins prestigieuses, plus ou moins espacées, plus ou moins facilement compréhensibles ou dénaturées par la légende. Mais ceci est à remarquer : plus leur origine est naturelle, plus le caractère qui les marque est simple et direct (c'est-à-dire déterminé par des nécessités intérieures, matérielles), et plus le peuple qui les parcourut a conservé de cohésion et de virilité ; exemple : l'Angleterre, dont tous les mouvements — soubresauts ou convulsions — ont été provoqués, ainsi que le démontre Hallam, par des questions de taxation, c'est-à-dire par des questions qui trouvaient leur origine, toujours, dans des formes de propriété territoriale.

Chapitre IX

Plus leur origine est anti-naturelle, plus leur caractère participe de l'artificialité et de la complication, (c'est-à-dire plus il est empreint du stigmate de l'abstraction, tatoué du peinturlurage de l'idéologie), et plus le peuple qui les a subies présente de symptômes de veulerie et de désagrégation ; exemple : la France, dont tous les mouvements — soubresauts ou convulsions — depuis le XVIᵉ siècle, ont été provoqués par des causes en dehors d'elle, par des questions qui n'avaient nul rapport avec sa situation réelle, je veux dire avec sa situation telle que la lui faisaient ses besoins. Cela en dépit de toutes les apparences, ainsi que je le démontrerai ci-après.

Ces périodes composent l'évolution historique des nations ; ou, du moins, ce que nous entendons comme tel. À vrai dire, elles sont simplement les phases du conflit continuel et général (inconscient souvent d'un côté, et souvent aussi des deux côtés) entre les partisans de la propriété individuelle du sol et ses adversaires. Leur action est directe et indirecte. Directe en ce sens qu'elles maintiennent, affaiblissent ou renforcent le système de propriété particulière de la terre ; indirecte en ce sens que leur résultat est, à travers tous les obstacles, une œuvre d'élimination, d'agglomération, de synthèse, qu'on peut comparer à un travail de gestation — beaucoup plus pénible qu'il ne devrait l'être normalement. — Leur effet est de mettre au monde, avec des aptitudes plus ou moins déterminées, des tendances plus ou moins spéciales, ces groupements compacts d'êtres humains que nous appelons des nations. De les mettre au monde ; de les mettre en état de vivre comme nations.

Car ces groupements ne sont des nations que de nom ; potentiellement, et pas davantage. Ils ne peuvent devenir effectivement des nations que le jour où chacune des individualités qui les composent est douée d'une complète liberté d'action, où cette liberté complète de l'individu est assise sur sa seule base possible : la liberté de la terre. Jusque-là, et c'est ce qui existe aujourd'hui, les nations n'ont qu'une vie idéale, fantomatique ; ou plutôt, embryonnaire. Je pourrais dire que l'internationalisme est partout, l'internationalisme très ancien des possesseurs du sol, des riches, et que le patriotisme idéologique qu'on prêche aux masses, d'un côté, ne peut avoir d'autre effet que d'étayer cet internationalisme de la fraude et du vol ; et que l'internationalisme idéologique qu'on leur prêche aussi, d'un autre côté, ne peut avoir qu'un résultat identique. Ce sont là

Georges Darien

deux moqueries. Il n'y a qu'une chose qui ne soit pas une moquerie, pour les déshérités, qui puisse les mener à la possession effective d'une patrie et, comme conséquence, à l'internationalisme
réel : c'est la conquête de la terre.

Le conflit entre les partisans de la propriété individuelle du sol et
ses adversaires — réalité insoupçonnée ou inavouée, mais unique,
derrière tout le décevant appareil de l'histoire moderne et contem-
poraine — s'est manifesté sous bien des aspects différents, suivant les conditions dans lesquelles il se produisait. Il a eu pour effet, toujours, d'égarer ou d'étouffer les revendications des Pauvres
et de créer un milieu extrêmement défavorable à l'individualité ;
l'influence de ce milieu déprimant sur un peuple a été d'autant plus
forte que l'histoire de ce peuple, au lieu d'être son histoire matérielle, a été l'histoire des rêves qui lui procurèrent les haschishs de
la tyrannie. C'est ainsi que l'action du milieu religioso-propriétaire
est toute-puissante sur le Français ; et que le Français, stupéfié par
les fumées des légendes militaires, ne peut réagir contre ce milieu,
dont il se refuse même à admettre l'omnipotence. L'Anglais aussi
sent peser sur lui l'influence du milieu dans lequel il vit ; mais il
peut s'y soustraire, réagir, être lui-même ; et au grand profit de son
pays. « La valeur d'un État, dit John Stuart Mill, se résume toujours
en la valeur des individus qui le composent. » Le principal produit
de l'Angleterre, c'est l'Anglais. Le principal produit de la France,
c'est la France.

Un nom, et même un grand nom, ne suffit point à faire une nation. C'est seulement la vie libre, totale, de tous les êtres qui vivent
sur son territoire qui constitue une nation ; c'est l'harmonie de ces
êtres, toute en assonances et en dissonances, qui donne, pour ainsi
dire, le ton du caractère national dont le sens est fourni par le sol
libre qu'ils occupent. Jusqu'au moment où une nation est ainsi for-
mée effectivement, elle n'existe qu'à l'état embryonnaire. Toute son
histoire se réduit à l'histoire — importante, certes, mais dépen-
dante, et seulement tendancielle — d'un individu pendant les
premiers mois de son existence dans le sein maternel. Les phases
de développement d'un peuple, avant qu'il puisse jouir d'une indépendance complète sur une terre affranchie, correspondent aux
phases de développement de l'être durant la période qui précède la
naissance. Nous avons l'habitude de parler du caractère national

de tel ou tel peuple absolument comme si nous le connaissions ;
en réalité, aucun peuple n'étant libre et ne vivant sur une terre libre, nous ne connaissons le caractère d'aucun peuple. Nos certitudes sont simplement des hypothèses. Ces hypothèses peuvent
être plus ou moins justes, suivant que le peuple dont nous nous
occupons a conservé une somme de liberté plus ou moins grande
à l'individu, et possède un système de propriété territoriale plus ou
moins voisin de l'état naturel ou plus ou moins propice à la reprise
nécessaire du sol. Ainsi, nous pouvons nous faire une idée à peu
près exacte du caractère général de la race anglo-saxonne ; tandis
que la conception courante du caractère général des Français est
sans doute fausse, et apparaîtra probablement avant peu comme
profondément ridicule.

Il serait absurde de prétendre que les évolutions historiques des
peuples, dans les conditions où elles se sont produites, étaient
nécessaires. Elles n'ont été rendues inévitables que par la noncha-
lance d'esprit et la vaniteuse stupidité des foules. Il y a des siècles
que l'humanité aurait pu échapper au vampire qui boit son sang,
à la griffe de tous les vieux crimes sociaux que vint rajeunir et di-
viniser le christianisme. Si, au lieu de dénigrer ou de martyriser les
grands hommes qui lui prêchèrent la révolte, elle avait prêté l'oreille
à leur voix ; si elle avait refusé d'écouter les charlatans féroces qui
lui donnaient le choix entre la nuit des cryptes et le rougeoiement
des champs de bataille, elle serait depuis bien longtemps en possession des outils d'affranchissement qu'elle possède aujourd'hui,
et elle en aurait fait un usage logique. Son évolution embryonnaire
eût été normale et courte. Mais, dans les tentatives qu'elle fit pour
échapper aux souffrances qu'elle s'était elle-même infligées, elle ne
sut que passer des mains du bourreau qui la suppliciait aux mains
d'un nouveau tortionnaire. Tout ce que surent faire les peuples les
plus épris de l'indépendance réelle, fut de s'opposer (et plutôt instinctivement que de propos délibéré) à ce que la propriété individuelle du sol se transformât dans un sens qui la rendait plus invul-
nérable ; et par conséquent, de préserver dans une certaine mesure
leur individualité. Les autres peuples, se débattant dans leur misère
comme des damnés sur leurs grils, ayant perdu même l'instinct
qui les avertissait confusément des causes de leurs souffrances, et
cherchant à remplacer cet instinct par l'impotence vaniteuse d'une

Georges Darien

raison décevante, se roulèrent convulsivement d'un régime politique à un autre, tandis que la main crochue des détenteurs du sol s'appesantissait de plus en plus sur la terre. De cela, la France a fait la triste expérience dans ses longs efforts à la recherche du meilleur des despotismes. Despotismes ; car, ainsi que le dit J. S. Mill. « tout ce qui écrase l'individualité est despotisme, quel que soit le nom qu'on lui donne. »

Mais les formes que peut revêtir le despotisme ne sont pas en nombre illimité. Il vient un moment où elles s'épuisent, et où la tyrannie apparaît sous son véritable aspect. C'est alors que prennent fin les périodes de développement embryonnaire qu'ont traversées les peuples, c'est alors que commence leur véritable histoire ; ou bien c'est alors que prend fin leur existence qui s'ébauchait ; c'est alors que se termine, sans espoir de lendemain vraiment glorieux, ce qu'on appelle leur histoire : les honteuses annales de tueries stériles, les légendes fanfaronnes et naïvement absurdes qui cherchent à peinturlurer de rouge la blafarde imbécillité des masses.

Il arrive donc que les groupements d'êtres que nous appelons improprement des nations, jusque-là contenus, comprimés, comme dans une camisole de force, dans des systèmes tyranniques dont les différents aspects autoritaires dissimulent mal l'éternel objet — l'extorsion du sol — se trouvent, par l'épuisement même des formes despotiques qui les avaient asservis, libérés en fait de toute contrainte et livrés à eux-mêmes. Ces groupements sentent que la vie, enfin, leur est ouverte : ils n'ont pas une connaissance complète de cette vie, mais en possèdent la conscience vague et ont des aspirations vers elle. Les tendances qu'ils ont apportées, aptitudes diverses dont la source est le besoin naturel, physique, de liberté, doivent alors se manifester en actes ; et c'est de la façon dont elles se manifestent en actes que dépend alors la vie ou la mort de ces groupements d'êtres ; que dépend leur dissolution ou leur affirmation définitive comme nations. Il y a là, pour les peuples, une période d'étonnement, de malaise, d'inquiétude nerveuse et turbulente. Ils semblent flairer, en même temps, la nécessité absolue de l'action et le danger de l'action. La stagnation leur est funeste ; elle signifie l'émiettement de leurs forces ; l'effritement, avant qu'on en ait pu faire usage, des matériaux nécessaires à l'édifice national ; elle semble inviter les peuples voisins, qui ne sont pas arrivés à un pareil point de maturité, à hâter l'anéantissement de la nation qui vient de naître en réalité mais qui hésite devant la vie. L'action aussi est dangereuse ; elle signifie, à l'intérieur, desbouleversements complets et impitoyables ; à l'extérieur, sans aucun doute, l'intervention des peuples voisins courbés encore sous les vieux jougs et dont les tyrans ne peuvent admettre, sous peine de mort, l'avènement d'une vraie nation. Donc, des deux côtés, danger ; fatalité du conflit.

Cependant, il faut prendre une décision ; il n'y a plus à chercher refuge dans les ruines du passé ni dans les brumes de l'avenir ; c'est le présent qui vous confronte. Et le présent, c'est la bataille. Il faut vouloir vivre ou il faut se résigner à crever. Voilà ce que la France devrait comprendre, doit comprendre. La France a fait l'épreuve de toutes les formes de gouvernement, c'est-à-dire de servitude, qui émanent de la propriété individuelle du sol. On dirait qu'elle a voulu donner, par l'absurde, la démonstration de leur impuissante infamie. Ces formes de gouvernements sont aujourd'hui usées, râpées, vermoulues, hors d'usage ; et les éléments moyens, médiocres, qui ont toujours consacré à leur maintien leurs énergies d'eunuques, sont usés aussi au delà de toute expression. Ils ont été vaincus, toujours et partout ; ils sont vaincus. Il n'y a, à gauche et à droite, parmi ce qu'on appelle les partis de gouvernement, que des vaincus en France. Il n'y a jamais eu qu'un vainqueur, en France : le Prêtre. Ce sont les éléments qui n'ont jamais eu de part dans l'action française, les Intellectuels d'un côté et les Pauvres de l'autre, qui doivent maintenant prendre la direction des destinées de la France. C'est à eux de constater froidement la situation, et d'agir au mieux des intérêts de la France, c'est-à-dire au mieux de leurs propres intérêts ; ou, au moins, de se tenir prêts à agir.

Il n'y a qu'une route qui soit ouverte à la France : la route de la Liberté et du Bonheur. Si elle ne s'y engage pas résolument, elle est destinée à mourir sur place. Les illusions sont néfastes ; il faut balayer ça. La France, comme pays soumis à un gouvernement bourgeois, au « libre jeu des institutions », etc. etc., — c'est-à-dire comme pays asservi à un despotisme issu de la propriété individuelle de la terre — n'a plus aucune espèce de raison d'être. Son action, à part quelques différences d'expression dans des phrases vides, ne pourrait être que celle des pays qui l'entourent ; cette

Georges Darien

action devient donc inutile, ou du moins n'a nul besoin de conserver un caractère nominalement particulier ; et les pays voisins
ont intérêt, ou à la supprimer, ou à la prendre à leur compte. En
dehors d'une œuvre révolutionnaire, il est ridicule de rêver pour
la France d'une action qui lui soit propre. Le temps des luttes pour
le prestige, pour la gloire militaire, est passé et ne reviendra point.
Les conquêtes territoriales sont hors de question. Matériellement,
la France est circonscrite par des limites qu'elle ne dépassera
pas. Tant qu'elle ne s'est point transformée radicalement, pour
quelle idée peut-elle lutter ? Pour aucune. Elle ne peut que donner le spectacle de sa verbeuse impotence. « Il faut vous en aller,
vient dire l'Anglais, dès qu'il apprend que le Français s'est installé
à Fashoda. Quand vous en allez-vous ? — Je suis en train, dit le
Français, de préparer mon Exposition, et les nécessités de la danse
du ventre... — Quand vous en allez-vous ? demande l'Anglais. —
Vous n'ignorez pas, dit le Français, que j'ai un associé qui est un
homme redoutable ; j'ai même récemment doré les lanières de son
grand knout... — Quand vous en allez-vous ? demande l'Anglais.
— Vous apprendrez, dit le Français, qu'il existe une justice imma-
nente... — Quand vous en allez-vous ? demande l'Anglais. — Il y
a des heures dans la vie des peuples, dit le Français, qui sont... —
Quand vous en allez-vous ? » demande l'Anglais. Le Français s'en
va.

Sans aucun profit possible pour elle-même, la France est devenue
une cause de gêne et d'ennui pour les peuples voisins. Elle semble
avoir perdu toute conscience de sa raison d'être ; elle n'a même pas
le courage de revendiquer, comme c'est son droit, l'honneur d'un
sang germanique. Elle s'avoue latine ; se proclame latine ; se traîne,
dans l'ordure de ce mensonge, aux pieds d'un vieux comédien coif-
fé d'une tiare, qui la prostitue à un cosaque.

Prise entre l'enclume allemande et le marteau britannique, comment la France peut-elle espérer, sous sa forme bourgeoise et cléricale, jouer un autre rôle que le plus humiliant de tous ? Il est bien
certain qu'elle est hors d'état d'entraver, le voudrait-elle, la marche
de la race anglo-saxonne ou celle de la race germanique ; l'une,
par des moyens que je ne peux apprécier ici, prépare la fédération
de contrées, jeunes ou vieilles, qui forment une bonne partie du
globe. L'autre poursuit son unification et s'efforce d'établir lente-

ment sur des faits la liberté philosophique dont elle fut l'apôtre ; elle va continuer demain son travail de développement normal, son extension rationnelle jusqu'à l'Adriatique ; barrant l'Europe, arrêtant d'un côté la coulée puante du cléricalisme latin et, de l'autre, l'extension misérable de la barbarie moscovite ; préparant ainsi la grande œuvre de libération universelle de laquelle rêvait Carlyle lorsqu'il écrivait que l'avenir de l'Allemagne était l'avenir du monde. Ces deux puissantes races, qui comprennent de jour en jour davantage la communauté de leurs intérêts, marchent par des voies différentes, plus ou moins pénibles et plus ou moins longues, vers la liberté et l'égalité. Que pourrait contre elles la France cléricale et réactionnaire — la France de Rome ? — En vérité, lorsqu'on pense que le triomphe des gredins du nationalisme est possible, lorsqu'on songe à l'énorme pouvoir qu'ont déjà pris la sacristie et la caserne, on arrive à avoir plus de foi dans le futur de la Belgique ou de l'Espagne — qui, au moins, sut porter au loin sa langue et son sang — que dans l'avenir de la France.

Mais la victoire ne sera peut-être pas aux laquais des tyrans et aux marguilliers, mais aux hommes qui veulent être libres. Ces hommes comprendront que la France, pour vivre, doit se constituer réellement en nation ; les circonstances, certainement, — peut-être les désastres provoqués par l'arrogante sottise des Nationalistes — les obligeront à comprendre qu'il faut que la France soit, effectivement, la patrie de tous les Français : que toutes les forces du pays sont nécessaires à son existence ; que c'est un crime énorme de les annihiler ou de les réduire dans l'intérêt de la propriété particulière ; et que c'est de l'individualité complètement libre, établie sur l'égalité dans la possession du sol, que doit sortir le vrai caractère national, la vraie, l'invincible puissance nationale.

C'est du choix que la France, saura faire entre les hommes qui veulent la liberté dans l'égalité et les castrats qui veulent la servitude dans le privilège, que dépend son existence. Ce choix, il faudra qu'elle le fasse avant peu. La situation générale de l'Europe, grâce surtout à la position équivoque de la France, est une situation d'attente anxieuse, d'angoisse poignante, qui réclame impérieusement un dénouement. L'air est lourd, étouffant, comme chargé de clameurs qui crient l'immense fatigue des efforts perdus, et les ténèbres commencent à descendre, précédant la tempête. Les

Georges Darien

cent ans qui viennent de s'écouler ont poussé à des conclusions qui terrorisent ; semblent avoir creusé, au seuil du nouveau siècle, un abîme devant lequel l'humanité s'arrête, prise de vertige. La France donnera-t-elle, encore une fois, le signal des bouleversements ? Ou préfèrera-t-elle mourir, munie des sacrements de l'Église ?

La situation actuelle ne peut durer. La France le sait, le crie, le hurle, et sa voix couvre le fracas des orchestres qui rythment le déhanchement des danses du ventre. Chose curieuse, chacun des deux partis qui se disputent le gouvernement donne inconsciemment une moitié de la solution qui s'impose. Les gens qui sont au pouvoir préconisent des améliorations sociales, et ont raison (bien que leurs paroles n'aient aucune valeur) ; et ils se déclarent partisans d'une législation internationale du travail — que favorise aussi l'Église infâme, et qui ne pourrait être que le plus piteux des leurres ; — en quoi ils agissent le plus sottement du monde. Les nationalistes, de leur côté, prétendent qu'un grand mouvement patriotique est nécessaire, et ont raison (bien que leur façon de concevoir le patriotisme soit l'abjection même) : et ils ne tiennent nul compte des questions sociales ; en quoi ils agissent comme les vermineux cafards qu'ils sont. La vérité, c'est que la question sociale et la question patriotique sont arrivées à se pénétrer à tel point, en France, par suite de l'épuisement de toutes les formes de la tyrannie, qu'elles ne peuvent parvenir à trouver leur solution qu'en même temps, et l'une par l'autre. Les Français auront, à tout prix, une patrie réelle, et se constitueront enfin en nation ; ou la France mourra sous l'ombre de la main noire qui fait peser sur sa vie la malédiction catholique — la main criminelle qui doit tomber, et qui tombera, sous la hache de la Révolution ou sous le sabre de l'étranger.

*

Que tout rentre au chaos, et que de ce chaos sorte un monde régénéré.

BABEUF.

Un écrivain allemand établissait récemment un parallèle entre

Chapitre IX

l'Exposition de 1889 et celle d'aujourd'hui. Il comparait l'aspect général et le caractère propre des deux Expositions. Celle de 1889 avait donné, par sa structure d'ensemble, l'impression de quelque chose de nouveau ; d'une manifestation spontanée, par l'architecture, d'un état d'esprit audacieux et ferme, dédaigneux des vieilles formules et fatigué de toutes routines, de toutes entraves. Son style neuf, élégant et hardi, paraissait produit par l'effort soudain des tendances comprimées jusque-là et qui se faisaient jour tout d'un coup. Il était, par l'orgueil de ses piliers de fer et la grâce de ses charpentes métalliques s'élançant vers le ciel et s'y courbant en légères voûtes d'acier, comme l'ébauche d'un geste large et beau qu'aurait tenté une humanité nouvelle. Et, autour des robustes colonnes et sous les coupoles aériennes — au milieu de tout ce métal que la science et l'art semblaient avoir arraché moins aux entrailles de la terre qu'aux griffes du Passé, au milieu de tout ce fer, vieilles chaînes, antiques carcans de toutes les servitudes, qu'avait fondu et forgé à nouveau le Présent conscient de lui-même — c'était le déroulement des saturnales abjectes, les spectacles ridicules et dégradants, les mille manifestations de la gaîté bête et servile, et bête, bête, et vieille, vieille. La danse du ventre, et rien d'autre.

L'impression que donne l'Exposition de 1900 est tout à fait différente. L'architecture qui avait tenté d'indiquer, avec du métal, les profondes préoccupations du monde, qui avait créé la solide et légère armature d'une existence non pas rajeunie, mais jeune, a complètement disparu. Elle a été remplacée par l'architecture du plâtras, de la fange crépie, de l'ordure peinte ; par l'architecture de la foire d'empoigne et du tohu-bohu. Toutes les antiques saletés empilées les unes sur les autres, se coudoyant, se bousculant, s'éborgnant, les arceaux, les clochetons, les gargouilles, les tours, les tourelles, les poutres, les poutrelles, les balcons, les clochers, les minarets, les dômes, les créneaux et les mâchicoulis, les reconstitutions, les reproductions, les abominations, les copies, la gélatine, le nougat et le fromage mou, les palais, les lupanars, les églises, les tavernes et les geôles présentent, sous l'uniformité d'un inhumain badigeon, toute l'horreur de leur écœurante et niaise banalité. C'est une parade ; c'est une mascarade ; c'est une foirade. C'est l'architecture de la chlorose. C'est le style de la danse du ventre.

Les palais, bâtis avec des gravats, du plâtre, de la crotte, du fil de

Georges Darien

fer, du zinc et de la colle de poisson, affichent des arrogances inquiètes de parvenus, un manque de goût et même un manque de tact qui déconcertent. On dirait que le goût français, qui agonise, — qui crève d'avoir essayé de vivre, le malheureux, aux crochets de cette vieille gaupe, la bourgeoisie, — a voulu se moquer de lui-même, avant de mourir, et vomir dans un dernier hoquet tout le blanc qu'on lui a fait bouffer. C'est le style de la Danse du Ventre. Mais, derrière ces façades peintes, fardées, maquillées, truquées ainsi que des figures de vieilles gueuses, il n'y a point de danse du ventre. Ce n'est plus comme en 1889. C'est sérieux. C'est la synthèse d'un effort énorme et fou, d'une spéculation gigantesque et vaine, d'une somme de talent, de savoir, de génie et d'intuition tellement immense, que l'esprit, à la contemplation des merveilles accumulées, s'élance d'un bond vers le Futur — ce futur qui pourrait être Aujourd'hui, si l'on voulait, — jaillit involontairement hors des turpitudes présentes, échappant dans son essor aux grilles du cauchemar obscène et meurtrier que sont les réalités actuelles. Voilà le parallèle qu'établissait l'écrivain allemand.

Si les constructions de 1889 annonçaient la venue de quelque chose de nouveau, semblaient réaliser, en avance des temps, les espoirs d'une vie jeune affranchie du passé, on peut dire que les bâtisses de 1900 proclament l'artificialité, l'infirmité, la décomposition de l'existence présente.

Les constructions de 1889 criaient la volonté de vivre : mais à leur pied, à leur ombre, grouillaient dans un décor de gaîté lamentable toutes les vieilles superstitions, toutes les vieilles sottises, toutes les vieilles saletés qu'engendrent les antiques institutions autoritaires. La signification des monuments, donc, disparut. Les peuples n'eurent d'yeux que pour les tournoiements de croupes et d'abdomens gonflant des gazes transparentes ; ils n'eurent d'oreilles que pour le charivari des tam-tams, des castagnettes et des tambourins. Le Mauvais lieu qui, comme d'ordinaire, avait travaillé pour le Saint-lieu ; le bordel qui, selon sa coutume, avait soutenu Dieu et l'État, venaient de triompher une fois de plus. L'effort de la vie nouvelle avait été tenté trop tôt ; il ne pouvait aboutir, il ne peut aboutir, tant que les vieilles institutions existent. Ce sont ces institutions, qui l'avaient emporté en 1889 grâce au joli travail des chahuteuses à panses élastiques et des pétomanes moralisateurs, ce

222

sont ces institutions qui se montrent de nouveau, cette année, en pleine lumière cette fois. Grâce à la victoire que leur valut la peau des tambourins, la peau des ventres, la peau des culs, et toutes les peaux, elles n'ont plus besoin de se dissimuler sous les estrades où se décarcassent les grenouilles ni sous les sofas des lupanars, derrière les édifices dont la poussée hautaine dénonçait l'infamie des puantes décrépitudes. Elles présentent aujourd'hui, une fois de plus, leur dégoûtante architecture, l'architecture du trompe-l'œil, du mensonge au lait de chaux sophistiqué, de la parodie maladroite de la vantardise en carton-pâte — leur architecture qui est comme le geste exsangue de l'Irréel. — Elles alignent des avenues de palais ; et ces palais, ce sont elles-mêmes ; et ces palais, ce sont des façades de palais ; des façades souriant d'un sourire qui grimace, vernies de splendeur fausse, peinturlurées de malsaine grâce, blanches comme des abcès mûrs, fraîches comme des roséoles. Et immédiatement derrière ces façades dont la décrépitude innée, requinquée sans cesse, aguiche le passant et le racole, ce sont des murs de prison qui s'élèvent, des murs de bagne qu'on ne voit point mais qu'on devine, rongés de la lèpre de toutes les misères, de la gale de toutes les abjections ; des murs vieux, très vieux, dont la pierre qui s'effrite est étayée d'arcs-boutants en forme de croix, et qui ne sont pas plus solides, et peut-être moins, que les façades qui les dissimulent. Murs de bagnes qu'on a cachés, façades de gais palais qu'on exhibe, tout ça c'est le rempart contre l'invasion possible de la vie libre, de la Liberté et de l'Égalité — tout ça, c'est les institutions actuelles. — Et peut-être qu'elles ont bien fait, après tout, de mettre un masque sur leur sale gueule. Elles sont peut-être moins ridicules, ces institutions, lorsqu'elles se présentent ainsi, émaillées, maquillées, souriant de toutes leurs fausses dents afin de vous faire faire risette, offrant à vos méditations les fronces de leurs ventres en accordéons, que lorsqu'elles prennent des visages sévères, rébarbatifs, se drapent dans leur dignité poisseuse de maquerelles difformes et ont la prétention de vous faire peur. Autant, s'il faut choisir, une putain hors d'âge exhibant son nombril que la fée Carabosse trémoussant sa verrue. Et puis, pour ce que ça doit durer, tout ça…

Ce que ça dit, ce que ça hurle, toute cette architecture, c'est la banqueroute, c'est la fin, la mort, la destruction. Ça sent la ruine, ça pue

Georges Darien

la crevaison. Ce n'est pas vrai, tout ça, les façades de carton-pâte et les murs de prison qu'elles cachent ; ça fait semblant d'exister, mais ça n'existe pas ; c'est sale et ça tient de la place, voilà tout. Ça symbolise, oui, toutes les choses moribondes, mortes, ridiculeusement crevées, qu'on impose à l'adoration des peuples, toute la pourriture sacro-sainte sous laquelle on a cherché à étouffer, durant tout le siècle, les germes de vie libre et féconde qui se développaient partout.

Et ces germes de vie libre et féconde, on ne les a pas tués, pourtant. Ils ont grandi à l'écart, dans la peine, dans le trouble, dans toutes les souffrances, au milieu de toutes les persécutions. Ils sont là — inventions, découvertes, idées, chefs-d'œuvre — emprisonnés derrière les murailles croulantes plaquées de façades neuves par les architectes de la danse du ventre. C'est toute l'Existence du Jour qui vient, cela. Ce sont toutes les possibilités d'aujourd'hui, dont on ne veut pas, qu'on aimerait tant supprimer, dont on refuse de faire usage, mais qui continuent à exister et qui se développeront demain dans leur puissance énorme. Il y a là, potentiellement, toute une vie nouvelle, libre et magnifique. Cette Vie est condamnée à ne point se manifester. Condamnée par qui ? Par la Mort ; par les croque-morts — par les saltimbanques funèbres qui s'appellent les pasteurs des peuples et qui sortent de cette caverne : l'État, ou de ce sépulcre : l'Église. La Puissance de la Vie, donc, a obéi cette fois encore au décret qui l'enchaîne, décret rendu par la Puissance de la Mort. Elle attend. Elle n'a point élevé de monuments ; elle n'a pas cherché à s'affirmer, à rien bâtir ; ses forces sont là, en réserve. Elle attend. Pour qu'elle apparaisse, il faut que les misérables murailles qui l'entourent s'écroulent, il faut que le terrain soit libéré de toutes les ordures qui l'obstruent. Le sol doit être balayé comme une aire, afin que puisse s'élever la nouvelle tour de Babel qu'il faut construire, celle dont nulle intervention divine ou humaine ne divisera les artisans, le grand monument de la Fraternité. Ça ira.

Ça ira. Quand on pense à ça, quand on sait ça, quand on voit ça, les palais de la Danse du Ventre et les murailles qui sont derrière n'inspirent ni colère ni dégoût. Si je puis me permettre cette expression hautement métaphorique, il suffirait de faire sauter ces pierres crevassées et ces plâtras pour que le chaos indispensable fût produit et qu'un monde régénéré prît la place du monde putréfié où nous avons l'infortune de vivre. Ça ira.

Ça ira en France, d'abord ; à moins que la France ne préfère rendre à Dieu la belle âme que lui ont confectionnée l'Église et l'État. C'est en France surtout que la nouvelle vie, en dépit des apparences, est prête à éclore : c'est en France que la vie misérable, cadavérique, que le despotisme fait aux peuples, est surtout près de s'éteindre, de sombrer dans une imbécillité paralytique à laquelle deux remèdes, seulement, peuvent s'offrir : la Conquête ou la Révolution. L'antagonisme entre les partisans de la vie libre et les partisans de la vie servile est plus profond en France qu'ailleurs ; il est souvent latent, mais il est irréconciliable ; aucune entente entre les uns et les autres n'est possible. À la première occasion, un conflit éclatera, qui sera décisif. Le chaos sera produit.

Aujourd'hui, ce n'est point le chaos qui règne en France : c'est l'incohérence. Les hommes qui se succèdent au pouvoir cherchent en vain à donner au monde et au pays lui-même l'illusion d'un état social et politique normal. Personne ne peut s'y tromper. Il est certain que l'ordre est partout fictif : souvent même sa simple apparence n'existe pas, ou n'existe que d'une façon ridicule. Les fantoches qui s'appellent des républicains, adorateurs fétichistes de principes qui ont perdu toute signification, sont affectés d'une danse de Saint-Guy qui laisse peu d'espoir, et qui donne l'idée d'une danse macabre. Les nationalistes, à plat ventre sur les dalles qui recouvrent la pourriture des traditions criminelles, se livrent à tous les soubresauts épileptiques qu'on peut attendre des convulsionnaires de la sottise à dents longues. C'est l'incohérence, à tous les points de vue, qui caractérise les partis de gouvernement, ceux qui sont au pouvoir et ceux qui aspirent à les remplacer, leurs agissements misérables et leurs idées plus misérables encore. Quant aux gouvernés, quelques-uns emplissent leurs poches, quelquefois honnêtement, dit-on, et sont satisfaits ; et le plus grand nombre n'emplit pas ses poches, dont les doublures se touchent de plus en plus. De ceux-là, la plupart prennent leur mal en patience, mal dégradant et patience honteuse ; d'autres cherchent dans des théories dérisoires, dans l'agitation vaine de formules creuses, des remèdes à un état de choses qui n'en a qu'un : l'annihilation ; et un petit nombre, comprenant que toute discussion est inutile, et que l'ombre des événements, dont parlait Shakespeare, plane déjà sur la

Georges Darien

France, regarde et reste muet, attendant l'heure.

Il faut dire que les Français, tout en reconnaissant que l'incohérence sous toutes ses formes préside aux destinées de leur pays, se refusent généralement à admettre la nécessité de bouleversements profonds. Le chaos, à leur avis, n'est nullement indispensable. Quel que soit le parti auquel ils appartiennent, ils sont convaincus que des transformations suffisent ; et ils croient fermement, aussi, que ces modifications doivent trouver leur inspiration dans les idées et les principes de la Révolution de 1789 ; idées fécondes, admirables principes qu'on a grand tort de négliger et dont on ne saurait s'écarter sans avoir à le regretter amèrement. En parlant ainsi, du reste, ils ne tiennent point langage de sectaires. La Révolution de 1789 n'est pas l'apanage d'un groupe ou d'une coterie ; elle appartient à tous ; son héritage est le patrimoine de chaque citoyen. Tous les partis s'en réclament, même les partis réactionnaires, et même les prétendants. Ces oints du Seigneur en expectative s'affirment, en leurs programmes, enfants de la Révolution Française ; et se déclarent fiers de cette descendance. Cette fierté se conçoit. La Révolution Française, qui donna la liberté au monde, a projeté sa bienfaisante lumière sur le développement du siècle ; c'est le phare qui doit guider l'humanité, à jamais,dans sa recherche du bonheur et à la poursuite du progrès. Ainsi pensent les Français. Ce que fut au juste la Révolution de 1789, les Français l'ignorent. Je le sais, et je vais le dire. Mais, auparavant, deux mots.

*

Pendant des années, des siècles, les momies peuvent se moquer de la vie ardente dent elles ont la menteuse apparence ; jusqu'à ce que la Nature se réveille une fois de plus de son sommeil et rende à la poussière le simulacre vain.

SCHILLER.

Vingt ans ne s'écouleront pas, dix ans même, et peut-être moins, avant que l'histoire de la Révolution Française, telle qu'on l'écrit et qu'on l'enseigne aujourd'hui, soit considérée dans le monde entier comme la plus répugnante des fables. Les Français qui se flattent

Chapitre IX

d'avoir, par le mouvement de 1789, donné la liberté à l'univers, seront cruellement détrompés et seront obligés de se convaincre qu'ils n'ont été que les risibles dupes d'une mystification énorme ; qu'ils ont été, simplement, les aveugles instruments du grand complot machiné par les éternels bourreaux de l'humanité, qui voulaient forger pour leurs victimes le carcan d'une nouvelle servitude. Les mythes révolutionnaires s'évanouiront, et s'effondreront les systèmes plus ou moins ingénieux imaginés pour leur donner l'apparence de la vérité. Devant les faits et devant les preuves — devant les aveux, peut-être — il n'y aura plus de place pour la fiction, d'où qu'elle vienne.

Que la vanité française soit rudement froissée, tant pis ; que l'imbécillité cruelle de la hideuse bourgeoisie, que la meurtrière habileté du cléricalisme soient mises en évidence une fois de plus, tant mieux. Les Français aiment à se figurer, si faible qu'ait été la part qu'ils ont prise à un événement, que le rôle qu'ils ont joué fut considérable. Les Orientaux, lorsqu'une éclipse se produit, font un épouvantable charivari pour chasser le mauvais esprit qui a saisi la lune ou le soleil ; et, lorsque l'astre reparaît, ils sont persuadés que c'est leur tintamarre qui l'a délivré. Les Français n'ont point toujours été, tant s'en faut, les artisans de l'affranchissement universel qu'ils s'imaginent avoir été ; mais, pendant la période révolutionnaire de la fin du siècle dernier, ils ont travaillé de toutes leurs forces, certainement, à l'établissement général d'une nouvelle forme d'esclavage. Ils s'en doutent si peu qu'ils ont l'habitude, pour combattre les conceptions nouvelles qui cherchent à s'affirmer, ou, plus simplement, afin de s'opposer à l'expression en faits des idées de Liberté et d'Égalité qu'ils n'admettent que comme abstractions, d'invoquer le Droit moderne et les principes de la grande Révolution.

Quand on saura ce que fut, réellement, cette Révolution, il est à croire qu'on prendra le parti raisonnable de laisser le Droit moderne à sa place, dans les sacristies que purifiera le feu terrestre, à défaut du feu du ciel ; et qu'on nous fichera la paix, une fois pour toutes, avec ces grands principes qui nous font tant oublier que nous avons de grands besoins. Il est à espérer aussi que messieurs les Français et mesdames les Françaises voudront bien s'apercevoir, enfin, que la source vive à laquelle ils étanchent leur soif de progrès

Georges Darien

n'est qu'une mare stagnante, énorme fonds de bénitier, dont l'eau croupie les empoisonne.

Et il est à espérer surtout que l'Humanité ne donnera jamais, par sa crédulité aveugle et sa niaise confiance dans les marchands de phrases, un pendant à cette fausse Histoire que le Mensonge, accroupi depuis cent ans dans la caverne de la Légende, hurle à tous les échos du monde.

Chapitre X

Jamais une Révolution ne s'élève au-dessus du niveau intellectuel de ceux qui la font : et le gain est faible quand une fausse notion en remplace une autre.

CARLYLE.

Il y a en France un homme qui est le plus misérable des Français ; le plus misérable des hommes. Moi qui ne connais guère la pitié, je me vois contraint de l'avouer : je le plains. Il a une tête à caler les roues des corbillards ; et il les cale ; il empêche de rétrograder, dans la montée des rues qui mènent au Père-Lachaise, le char funèbre qui secoue les ossements des régimes déchus, le fourgon qui transporte la carcasse récalcitrante du libéralisme bourgeois, le ciel-rond qui trimballe la décomposition tricolore du patriotisme phraseur. Dès qu'un de ces véhicules attristants fait mine de s'arrêter, dès que ses roues glissent sur le pavé gras, reculent, semblent hésiter sur le chemin de la fosse commune et paraît vouloir rapporter aux vivants la pestilentielle charogne — l'homme misérable se précipite, s'allonge au ras du ruisseau, cale les roues. — Je ne dis pas qu'il le fait exprès. Je crois même qu'il désirerait faire le contraire ; mais c'est cela qu'il fait. Et sa tête est faite exprès pour ça. On s'en convaincra avant peu quand on l'examinera (dans le son). Pour le moment, voici l'apparence de l'objet.

Une face glabre, terreuse, visqueuse, avec des bajoues fatiguées qui dégoulinent, couleur de bouse ; il y a des rides, le long de tout ça, que je dirai tracées par une main d'oiseau de proie, étroites et profondes, qui sont comme des rainures pour la bave, des rigoles pour le venin. Des yeux qui semblent faits d'un peu de punaise écrasée, d'un peu de purin, d'un peu de pus — des yeux qui puent. — Un nez en éteignoir, dont les narines s'écartent l'une de l'autre, avec dégoût. Un front qui donne l'idée d'un mur de geôle, un mur de geôle crevassé, bossué, qu'on aurait beaucoup mouillé. Une bouche qui fut ouverte, par le tranchet narquois d'un précurseur du Père Peinard, dans le cuir factice des lèvres ; des dents qui sont fabriquées avec des bouts de vieux pianos — tous les pianos du truisme où l'on joue, à cinq doigts contre un, les requiem de l'intelligence. Et ces dents, qui voudraient mordre, furent ébréchées par les nerfs très durs des crapauds qu'avala la gueule. Et cette gueule, on a envie de cracher dessus, de s'accroupir dessus, de pleurer dessus. On ne sait pas ce qu'on a envie de faire dessus. On a envie d'y faire une fin. Car lorsqu'on a vu cette gueule-là, lorsqu'on pense que la nature a permis son apparition, on arrive à penser, malgré soi, que tout n'est réellement pas pour le mieux dans le meilleur des mondes et qu'il y a bien peu d'espoir pour la régénération de l'humanité. Ce qui vous console, c'est que l'homme misérable, de temps en temps, donne l'impression fugitive d'une créature douloureuse, persécutée par les roquets du Destin, et toujours en peine et toujours en panne. Alors, il vous prend l'air d'un vieux forçat libéré, mais en surveillance, désabusé et méditatif, qui polit philosophiquement sa canne.

Et la canne qu'il a polie, c'est la matraque au bout de laquelle brille la main de justice, la main qui a pris la couleur de l'or, à force. L'homme misérable fut un magistrat. Il fut la Magistrature (jusqu'à un certain point, seulement ; il ne faut rien exagérer). Je ne peux pas dire l'histoire de l'homme misérable. On la sait. C'est, hélas ! l'histoire même de la turpitude sociale en France. Fanatisme implacable, rancunes basses, ambition hystérique et creuse, prurit d'autorité féroce et aveugle, respect prudhommesque et terrifiant de la loi écrite, rage de délation et de calomnie, soif de principes régulateurs, besoin maladif de hiérarchie et de servitude, démangeaison d'honneur et fureur de dégradation — ce maniaque a donné la somme de tous les sentiments vils qui agitent l'âme moyenne de ses compatriotes, a poussé jusqu'à son paroxysme l'état d'esprit particulier à cette partie de la population française qui s'affirme nationaliste. Cet état d'esprit, c'est un mélange pitoyable d'éléments

Georges Darien

incomplets, avortés ou mutilés ; d'éléments dont la nature particulière n'est pas toujours mauvaise, mais dont la somme est infecte ; dont la combinaison, cependant, par l'exagération même de son absurdité dégradante, pousse, sans le vouloir, au renversement de l'ordre de choses présent ; s'oppose à la permanence de la situation actuelle. Et l'homme misérable dont je parle, ce lunatique agité comme par une idée fixe qui ne se présente à lui qu'à travers de sales brumes — cet être dans lequel la Raison, tout de même, semble avoir perdu quelque chose — cet homme est un symbole. Il se dresse, ainsi qu'une purulente allégorie, au-dessus des piteux gredins qui l'entourent, pauvres hères qui rêvent de mettre la France à l'encan et qui ne sont, à côté de lui, que les nabots du déshonneur, les foutriquets de l'infamie. Il symbolise, lui, descendant d'un homme illustre dont il a renié le nom, l'inquiète dégradation, la maladive et nerveuse impotence dans laquelle la France se roule depuis plus d'un siècle — depuis qu'elle a écouté les phrases des maquignons de la Liberté au lieu de prêter l'oreille aux paroles du grand Quesnay — depuis qu'elle a cessé de comprendre. Si les idées de Quesnay avaient été suivies, appliquées, la France ne serait pas ce qu'elle est aujourd'hui ; et l'existence d'un homme tel que le descendant du physiocrate, l'existence d'un état d'esprit tel que celui que représente ce misérable, ne seraient pas possibles, non plus. La France n'aurait sans doute point été la France de la Révolution. Mais elle serait la Belle France.

« Une des choses qu'il y a surtout lieu de regretter au sujet de la Révolution Française, écrivait Henry George, est le fait que cette révolution vint anéantir les idées des Économistes (Quesnay surtout — un impôt unique sur la valeur de la terre) — juste au moment où ces idées gagnaient chaque jour du terrain parmi les classes intelligentes et étaient apparemment sur le point d'influencer la taxation. »

Le grand Américain avait raison. Il aurait eu raison encore, et beaucoup plus, s'il avait ajouté que la Révolution Française avait été faite, et faite exclusivement — faite, préparée de longue main, machinée, truquée, exécutée et conduite à son but précis — uniquement afin d'anéantir les idées de Quesnay ; afin de les abolir dans l'ordre des faits où elles commençaient à pénétrer, et même dans la mémoire des hommes ; afin de les étouffer, de les supprimer à jamais. Voilà ce que Henry George n'a pas vu et ne pouvait pas voir ; mais c'est une grande chose tout de même, une très grande chose, que d'avoir écrit la phrase que je traduis plus haut.

Pour ces quelques lignes je donnerais, tous les livres, tous, dans quelque langue qu'on les ait imprimés, qui prétendent nous retracer l'histoire de la Révolution Française. Il serait à souhaiter que toutes ces Histoires disparussent et que la phrase écrite par l'homme d'action qui mourut récemment à New-York, donnant sa vie pour ses convictions, demeurât.

Les idées de Henry George, qui se résument dans cette formule : *A single tax upon the value of Land*, sont tout simplement les idées de Quesnay. Ce sont les doctrines du grand Français du XVIIIe siècle qu'a prêchées le grand Américain du XIXe siècle ; ce sont ces doctrines, qui se répandent, populaires, et davantage et davantage chaque jour, aux États-Unis, en Écosse, en Angleterre, en Australie, dans tous les pays où l'on parle l'idiome de la liberté, l'anglais — ce sont ces doctrines qui avaient été exprimées d'abord, en français, à une époque où l'on ne cherchait pas encore à faire du français la langue de la sottise et de la servitude.

Quesnay, fils de paysan, homme de courage et de génie, s'aidant de matériaux amassés déjà par l'Angleterre et par la France, avait édifié, sous Louis XV, l'indestructible assise sur laquelle seule peuvent s'établir la liberté et le bonheur de l'humanité. La tourmente révolutionnaire, sous la poussière qu'elle a soulevée, a enseveli le monument ; mais l'esprit qui avait inspiré sa structure, les idées qui avaient ordonné sa construction, se sont envolées là-bas, chez le grand peuple dont Versailles, avant de mourir, sut aider l'affranchissement. Et telles sont les vicissitudes de la pensée. Méprisées, oubliées en France, ces idées, il leur a fallu passer la grande mer pour vivre ; il leur a fallu émigrer sous la bannière semée d'étoiles ; et plus d'un siècle a dû s'écouler avant qu'elles revinssent, portées sur les vagues de l'Atlantique, avant qu'elles revinssent au pays où elles naquirent et où elles vont se déployer, tout à l'heure, dans leur majesté féconde.

Je viens de dire que la Révolution Française avait été faite, exclusivement, afin d'anéantir les idées de Quesnay. On me demande qui a fait la Révolution Française. Je réponds : Rome.

Georges Darien

La Révolution Française est, d'un bout à l'autre, un mouvement catholique-romain.

Je ne suis pas en humeur de paradoxe. J'ai plutôt la tristesse d'un homme auquel les circonstances interdisent la possibilité de mettre au jour une œuvre qu'il porte en lui ; pour laquelle, durant des années, il accumula des matériaux. J'écris non sans colère, et avec beaucoup d'amertume. La façon, dont on accueillera ce que je vais dire, donc, m'importe peu. Je suis indifférent au sarcasme et sourd aux contradictions ; il me suffit de savoir que je ne me trompe pas.

Je n'ai pas l'intention, bien entendu, de faire ici un résumé, même succinct, de l'Histoire delà Révolution Française que je publierai dès que cela me sera matériellement possible. Je veux simplement en présenter une idée générale, très brève ; et uniquement parce que cet exposé est complètement nécessaire à ce livre. Si réduite que soit l'entreprise je ne me dissimule pas ses périls. S'attaquer à une religion établie ; vilipender un dieu patenté et le traîner sur la claie ; rouler dans la boue du blasphème son escorte de saints et son cortège de vierges — tout cela n'est rien, en vérité. Mais toucher à l'idole des Iconoclastes, à la divinité des Incrédules, c'est une affaire grave ; c'est une chose terrible. C'est une chose dont je me moque. Je prends l'idole, et je la casse en mille morceaux. J'ouvre le ventre de la divinité, et je montre ce qu'il y a dedans : des scapulaires et des chapelets.

La Révolution Française a été, d'un bout à l'autre, un mouvement catholique-romain. Mouvement voulu, prémédité, préparé avec le plus grand soin ; dont l'impulsion fut savamment réglée ; auquel la direction ou la rapidité nécessaires furent imprimées, constamment, avec une habileté sans égale ; dont toutes les péripéties — en faisant la part de la quantité d'imprévu qui trouble toujours les calculs les plus parfaits, calculs qu'on peut rectifier — ne durent rien au hasard et fort peu aux circonstances. Que toutes les puissances qui constituent le pouvoir catholique-romain se soient conjurées en vue de l'opération à accomplir ; ou bien que cette opération soit l'œuvre particulière d'une de ces puissances ; ou bien qu'elle soit seulement d'une façon plus spéciale l'œuvre d'une de ces puissances — c'est un problème que je puis avoir déjà résolu mais que, certainement, je ne peux me poser ici. Le pouvoir catholique-romain est multiforme. C'est une hydre dont les têtes sont, ou en-

Chapitre X

semble ou à tour de rôle, dirigées vers l'action ; l'une agit, ou les unes agissent, et les autres dorment ou font semblant de dormir ; l'un des cerveaux a conçu le plan et le connaît seul ; ou bien tous les cerveaux sont au courant du projet et doivent contribuer à sa réussite ; ou bien quelques-uns seulement. Quelle part revient à telle ou telle fraction du pouvoir catholique-romain dans la conception, l'élaboration et l'exécution de l'entreprise qui aboutit, pour employer l'expression d'un historien qui vit clair trop tard, à la catastrophe révolutionnaire ? Quel fut l'auteur de la combinaison ? Et quel en fut l'agent ? C'est une question à laquelle je répondrai, sûrement. Peut-être, démontrant que la situation et l'action de la Compagnie de Jésus, à l'époque de la Révolution et à l'époque qui la précéda, n'ont point été étudiées suffisamment, n'ont point été étudiées du tout, et qu'elles auraient dû l'être — peut-être ferai-je apparaître Rodin. Peu importe ici. Je n'attribue à aucun groupe particulier du catholicisme l'idée de la Révolution telle qu'elle se manifesta ; je n'en rends aucun spécialement responsable de sa réalisation. Je dis simplement : l'auteur de la Révolution Française, c'est Rome.

En Alsace, durant la période révolutionnaire, un moine nommé Euloge Schneider, qui avait placé un bonnet rouge sur sa tonsure et qui s'était livré, naturellement, aux excès les plus atroces, fut arrêté. Il fut exposé sur l'échafaud, à Strasbourg, et au-dessus de sa tête fut placé un écriteau marquant qu'il avait déshonoré la Révolution. Rome n'a point déshonoré la Révolution. C'est bien pis. Elle l'a faite.

Le dessein de Rome était celui-ci :

D'abord, prévenir, ou au moins retarder le plus possible, la constitution en réalité des nations modernes ; porter son effort sur celui des peuples qui, par suite de son évolution historique, se trouvait le plus préparé à se créer une nationalité effective ; s'attaquer, donc, à la France ; y paralyser l'action des hommes qui cherchaient à former en fait la patrie française ; empêcher, à tout prix, l'établissement de l'impôt unique sur la valeur de la terre, dont l'application allait infailliblement être faite ; tuer, dans l'ordre des faits, et aussi dans les préoccupations des esprits, les idées que synthétisait et auxquelles donnait naissance cette nouvelle forme de taxation ; tuer aussi les sentiments, les notions et les concepts sur lesquels s'appuyait ce nouveau système d'impôt ; tuer, encore, le régime gouvernemental qui en rendait possible la réalisation.

Georges Darien

Ensuite, établir sur les ruines créées de parti-pris, faire sortir du chaos intentionnellement produit, un ordre de choses favorable aux intérêts spirituels et matériels, au bien général de l'Église.

Voilà quel était le but que Rome cherchait à atteindre. Nous avons donc, d'une part : La France, prête à se constituer en nation suivant les données simples, et logiques fournies par les Physiocrates ; d'autre part : Rome, décidée à s'opposer à la formation réelle des nations. Voici, maintenant, quelle était la situation : D'un côté, la France avait achevé, autant que le permettaient les possibilités offertes par l'époque, son unification morale ; la perte de ses possessions d'outre-mer, mettant malheureusement (ou heureusement) un terme à ses rêves d'empire colonial, l'obligeait à se borner à « l'allure continentale ; » et l'effacement de puissances comme l'Espagne et la Hollande, la création de grands pouvoirs au Nord, la contraignaient à se concentrer et à ne pas courir, au delà de ses frontières solides, les risques d'une expansion hasardeuse. Le pouvoir exécutif était unique et fort ; et pouvait trouver les éléments d'une puissance plus grande encore dans les nombreuses institutions provinciales, communales et corporatives dont la vigueur avait été atténuée sans doute, mais dont le ressort n'était point brisé ; les fonctionnaires de l'État étaient pour la plupart des hommes éclairés, souvent remarquables, d'esprit ouvert, auprès desquels les fonctionnaires de nos jours feraient bien triste figure ; l'aristocratie, sur laquelle l'influence de l'Encyclopédie avait été énorme, était généralement fort loin de ressembler au portrait qu'on s'est plu à en tracer ; Burke, qui, en bon jésuite, dit une moitié de la vérité quand il fut temps de la dire, peut en être cru sur parole ; la plus grande partie de la noblesse française, si elle manquait de savoir et de l'esprit politique qu'elle aurait dû posséder, avait à cœur l'amélioration du sort du peuple et le bien général ; sous une impulsion habile, elle aurait très probablement consenti aux plus grands sacrifices. L'existence du clergé séculier était, pour ainsi dire, nominale ; son inspiration était rarement ultramontaine et son influence, fort réduite, pouvait être facilement tenue en échec ; les ordres monastiques, d'ordinaire méprisés et dont l'existence était le plus souvent très précaire, ne connaissaient point, tant s'en faut, l'ère de prospérité qu'ouvrit pour eux le XIX^{e}siècle ; comparez le nombre de leurs adhérents avant 1789 à celui de leurs membres

Chapitre X

en 1900, et vous comprendrez ; si l'esprit religieux n'était pas complètement mort en France, on peut dire que l'esprit de bigoterie avait disparu, ou au moins disparaissait chaque jour. Le Tiers-État, que la défaite de l'Idée protestante en France avait décapité, avait saigné du meilleur de son sang, empruntait de nouvelles forces aux idées libérales qui le pénétraient de plus en plus, et donnait sans cesse des preuves d'un esprit qui s'oppose, par son essence même, à tous les fanatismes : l'esprit pratique. Le peuple... je préfère ne pas parler du peuple. Cependant je puis dire qu'il portait en lui quelque chose qu'il n'a jamais connu depuis les jours que j'évoque : l'Espoir. Pourtant la France souffrait ; c'est incontestable. De quoi souffrait-elle ? Elle souffrait de la mauvaise répartition des impôts. De cela, et pas d'autre chose ; toutes les autres formes du mal procédaient de celle-là, n'en étaient que les corollaires. La taxation, sa mauvaise base, la façon dont elle était perçue, les gaspillages qu'elle permettait, et l'âpreté du fisc, causaient tout le malheur du peuple. C'est une chose que, sinon tout le monde, au moins un grand nombre de gens intelligents comprenaient. On comprenait aussi que le remède, le seul remède au mal dont souffrait le pays, se trouvait dans l'application des théories des Physiocrates. Là était le salut pour la France. Elle pouvait, magnifiquement et sans secousses, se constituer en nation — et quel énorme désir il y avait alors pour la formation d'une nation réelle ! — Elle pouvait assurer son bonheur et son avenir, l'avenir du monde. S'il eût été possible de prévenir l'action de Rome, la face de l'humanité eût été changée. Mais cette action ne fut même pas soupçonnée. Et, quand Turgot vint, il était déjà beaucoup trop tard.

D'un autre côté, Rome voyait son pouvoir et son prestige décroître tous les jours. Son prestige, nécessairement, dépend de son pouvoir ; et son pouvoir n'a jamais d'autre base qu'une base matérielle. Pendant des siècles, le pouvoir de l'Église, qui n'avait été que le pouvoir de la Papauté, avait étendu sur le monde son influence toute-puissante, intellectuelle pour une part, mais politique plus encore, et économique bien davantage. Ce pouvoir papal avait eu à lutter, à maintes reprises, contre de grands mouvements connus sous le nom d'Hérésies, mouvements de caractère intellectuel, mais surtout politique, et plus encore économique ; il avait triomphé, en somme, de toutes ces concurrences plus ou moins sérieuses. Rome

Georges Darien

et ses succursales, si je puis ainsi dire sans irrespect, avait établi sur le monde une domination qui correspond à celle qu'imposent aujourd'hui la Haute Finance et ses ramifications ; la Théologie jouait à peu près, en sa faveur, le rôle que joue aujourd'hui la Presse au profit de la Haute Banque. Il en fut ainsi, généralement, jusqu'à la veille de la Réforme. Alors, le pouvoir de l'Église déclina ; et l'avènement du Protestantisme vint lui porter, à tous les points de vue, un coup terrible. La puissance catholique-romaine fut près de s'effondrer. La Compagnie de Jésus, une première fois, la sauva. Ce ne fut pas gratuitement ; le pouvoir de l'Église passa des mains du Pape blanc à celles du Pape noir, du Vatican au Gésù. Et ce pouvoir, sans changer de nature, élargit encore son assise matérielle. Après une période de transitions pendant laquelle se cicatrisèrent les blessures causées par l'épée de la Réforme, et qu'essayèrent vainement de troubler des schismes invertébrés, l'Église eut à subir l'assaut de l'incrédulité sans masque. Habituée aux attaques d'adversaires couverts du manteau religieux, et prise au dépourvu par l'agression d'antagonistes qui portaient au grand soleil l'armure de l'impiété, l'Église se défendit mal ; et tout d'un coup elle découvrit, avec terreur, que derrière les ferrailleurs de l'athéisme un ennemi autrement robuste et autrement dangereux se levait contre elle : l'Idée d'un pouvoir établi sur des données naturelles, indépendamment de tous dogmes, et tendant, par la simplification et l'équité de l'impôt, à la création de nations réelles. L'Église comprit que le danger qui la menaçait était plus grand encore que celui que la Réforme lui avait fait courir. L'application de l'impôt unique sur la valeur de la terre, c'était, à bref délai, la suppression de la propriété individuelle du sol ; c'était, par la destruction radicale de leur raison d'être, la suppression de toutes les complications et intrigues gouvernementales propices aux manœuvres qui ont pour but la spoliation des Pauvres, sous prétexte des nécessités de leur bien-être spirituel ; c'était l'Homme reprenant conscience de soi-même, en reprenant possession de la terre qui le portait, et trouvant sans doute dans la réalité de sa patrie d'ici-bas des raisons suffisantes de renoncer à sa patrie céleste ; c'était la base matérielle de l'Église, la seule possible, attaquée de tous côtés par le pic et par la mine. Rome se sentit en grand péril. La Compagnie de Jésus, jadis, avait sauvé le catholicisme ; elle le sauva peut-être une seconde fois.

Chapitre X

Quoi qu'il en soit, tout annonçait qu'une nouvelle ère allait s'ouvrir. Les signes étaient trop certains pour qu'on pût s'y tromper ; il était absolument impossible d'éviter une transformation. Mais, à la Physiocratie, qui devait affranchir l'humanité, on pouvait parvenir à substituer la Démocratie, qui pouvait l'asservir pour un temps. Le métal en fusion était là, prêt à être jeté dans un moule ; le creuset égalitaire, tout préparé, fut brisé par Rome, qui le remplaça par l'abominable matrice constitutionnelle.

Rome, donc, résolut d'agir. Il lui fallait non seulement — question de vie ou de mort — défendre sa position, mais reconquérir le terrain perdu, et même faire de nouvelles conquêtes. La réussite n'était pas certaine, et les précédents récents n'étaient guère encourageants. On avait lutté, sans grand succès, contre le schisme mort-né et contre l'irréligion robuste. Rome, qui n'avait dû qu'à la puissance royale mise à son service et à l'impopularité des controverses purement religieuses sa victoire sur le Jansénisme, n'avait pu faire que de pauvres démonstrations contre les apôtres du déisme et de l'athéisme. Mais ces docteurs de l'incrédulité, en opposant les dogmes de l'impiété aux dogmes de la foi ; en élevant, par exemple, l'autel de la Loi en face de l'autel du Pouvoir absolu issu du droit divin, avaient fourni à l'Église, sans le vouloir, des armes qui, dans un nouveau combat, pouvaient lui être utiles ; elles pouvaient, entre les mains inexpérimentées des masses et de leurs guides affolés, se retourner contre ceux mêmes qui voudraient en faire usage. À l'instigation sournoise du catholicisme, l'idéologie philosophique pouvait se transformer en merveilleux instrument d'attaque contre les vérités pratiques de l'Économie. C'est ainsi qu'il devenait possible d'écraser les formules de Quesnay sous deux distiques de Voltaire ; de les envelopper, comme d'un linceul, d'une page de Diderot, de les enterrer à jamais sous cette pierre tombale qui s'appelle le « Contrat Social. » Je ne m'étendrai pas davantage là-dessus. Ce grand et misérable Rousseau apporta, aux projets de la racaille catholique, une assistance inestimable. La haine intuitive de Proudhon s'explique. Le philosophe de Genève mérite de prendre rang parmi les Pères de l'Église. C'est ainsi que, avec les armes qu'elle possédait déjà et celles qu'elle sut se procurer partout, même dans le camp de ses adversaires, Rome put engager la lutte, lutte hypocrite, machiavélique et haïssable, mais qui, à tous les points de vue, présente le plus haut intérêt.

Le but poursuivi, je l'ai indiqué déjà, sommairement. Il est possible que tous les termes du problème n'aient point été posés dès que l'action fut résolue, et que plusieurs d'entre eux se soient présentés après coup, au sur et à mesure des nécessités ou à chaque occasion qui s'offrait. Mais en somme les voici, ces termes, tels que nous les livrent les résultats dont, pour notre malheur, nous avons aujourd'hui pleine connaissance.

Faire avorter tous les germes de progrès. Faire dévier l'humanité. Obliger la France, arrivée au point où la reprise de la terre lui était indispensable et connue comme indispensable, à se précipiter, par un affreux retour sur elle-même, par un terrible soubresaut, dans une direction insensée ; la contraindre à empoisonner les autres peuples (ou au moins la plus grande partie d'entre eux) du virus de folie et de mensonge dont elle avait été infectée ; la laisser elle-même, gangrenée jusqu'aux moelles, comme un foyer permanent de putréfaction. Affoler le peuple par la calomnie, l'exagération, le soupçon ; le lancer constamment sur de fausses pistes ; enlever une par une, au régime établi, toutes ses chances de salut, toutes ses possibilités d'action intelligente ; rendre, par tous les moyens, sa situation de plus en plus désespérée ; compromettre et faire passer pour démentes les victimes jugées nécessaires ; les déconsidérer en les prenant pour auxiliaires aveugles, pour instruments inconscients ; créer entre les classes des sentiments d'implacable hostilité ; les séparer à jamais par des rivières de sang — des rivières de sang dans lesquelles furent noyées les Idées qui auraient permis une transformation intelligente, la constitution normale de la Nation. — Établir, sur le soi-disant principe de la souveraineté du peuple, un nouvel ordre politique et social ; affirmer au peuple qu'il a des droits, certains droits, des droits certains, dont il peut déléguer l'exercice ; dénombrer ces droits dans des constitutions sacrées ; créer la propriété individuelle du sol, fragmentée, divisible à l'infini, prime à toutes les convoitises, à toutes les lâchetés, à toute la sottise ; rendre aléatoire, éphémère, généralement dérisoire, cette propriété, en l'assujettissant à des morcellements continus par la suppression de la liberté de tester ; parvenir à faire disparaître, en apparence, l'importance réelle de la propriété territoriale sous celle, fictive, du capital ; constituer la frauduleuse omnipotence de ce capital-argent, de ce capital-papier, par la voie indirecte d'agents habilement choisis et plus ou moins conscients ; d'agents dont la rapacité, longtemps contenue et soudainement libérés, devait se manifester terrible. (Je veux ici, on le comprend, parler des Juifs. Rome les affranchit, en dépit de tous les obstacles — ah ! que je voudrais pouvoir exposer ici ce que je sais, ce que je vois ! — Rome les affranchit, parce qu'ils étaient absolument nécessaires à l'action de Rome. C'est si facile à voir, à comprendre ! Pourquoi personne ne veut-il comprendre ?..... Je continue.) Arriver, par l'émancipation du Juif et l'apparition du Chrétien judaïsé qui en résulta, à susciter un nouveau type de tortionnaire, de contre-maître de la servitude universelle : l'Accapareur, l'Intermédiaire, qui devait monopoliser au profit des Riches le labeur des Pauvres et l'énergie des instruments de progrès déjà connus, pressentis, ou à venir — l'Intermédiaire, sujet toujours soumis du pouvoir fort, solidement centralisé ; lequel pouvoir ne peut être fort et solide que s'il accorde humblement à l'Église la somme exacte de puissance qu'elle exige — ; centraliser à outrance les forces gouvernementales ; (car l'Église cherche toujours à centraliser les peuples qu'elle veut dominer ; voilà pourquoi cette infamie latine combattit avec autant d'acharnement, autrefois, les communes, d'origine germanique : mais elle s'est bien gardée de se centraliser elle-même, ainsi qu'en font foi la diversité de ses figures, la multitude de ses ordres) ; établir le règne de la Loi, consacrer la divinité des Principes ; donner ainsi naissance à la Tyrannie irresponsable, anonyme ; asservir la Femme : asservir l'Enfant ; se créer, des dépouilles des adversaires et des rivaux vaincus, aristocratie ou clergé séculier, des domaines immenses, d'énormes biens de main-morte qu'il serait possible de soustraire aux exigences des lois et dont la possession, jamais troublée et sans cesse accrue, servirait de base à une indestructible suprématie ; faire sortir, d'une hideuse contrefaçon de la Liberté, et au profit de l'Église, le plus abominable des esclavages.

Comment le projet fut réalisé, dans son ensemble et dans ses détails, je ne puis le dire ici. Il m'est impossible, à tous les égards, de retracer les premières étapes du criminel Génie catholique-romain dans la voie qu'il s'était désignée : d'indiquer les premiers symptômes du grand complot ourdi contre la liberté de la France, contre le bonheur du monde ; de marquer les premiers signes qui

Georges Darien

en révélèrent clairement l'existence ; de suivre la marche de la con-
spiration point par point, à ses débuts, au moins dans les diverses
manifestations qui laissèrent des traces, et dont le sens fut perdu
ou étrangement perverti ; et plus tard, lorsque le mouvement se
dessina, implacable et rapide, de l'épier, de le traquer derrière tous
les abris qui lui servirent à se dissimuler, de le découvrir le long du
chemin creux, sinueux et sanglant, au fond duquel, le plus souvent,
il poursuivit sa course ; de citer des noms, des faits, des dates.

Comment puis-je ici, par exemple, en quelques pages, en
quelques lignes, étudier, ainsi qu'ils doivent l'être, Necker, Loménie
de Brienne, Calonne ? Discuter la période qui précéda et suivit
la convocation des États-Généraux ? Considérer l'attitude de la
Cour ? Analyser celle du Peuple ? Parler des hommes qui avaient
gardé, plus ou moins, la notion de ce qu'il fallait faire ; Condorcet,
par exemple ; et dire comment ils périrent ? Parler des hommes
qui, sans posséder la vision nette de la tâche à accomplir, voulaient faire, de la devise, républicaine, une réalité triomphante ; des
amis du peuple ; de l'Ami du Peuple ; et dire comment ils périrent ?
Prouver l'indicible médiocrité, l'incurable faiblesse d'intelligence
de tant d'hommes qu'on nous présente comme des géants ; et
l'astuce basse et vénale de tant d'autres qu'on prétend nous faire
honorer comme des modèles de vertu ? Décrire la destruction
des forces vives de la nation ; la ruine de ses institutions spéciales,
l'œuvre de centralisation qui les tua ? Montrer comment et par qui
cette œuvre fut accomplie ? Considérer la signification de la *na-
tionalisation* des biens enlevés à leurs détenteurs ? Rechercher si ce
système, et les résultats qu'il entraîna, ne permit point l'avènement
du régime économique que nous subissons, et aussi la constitution de l'immense puissance territoriale et capitaliste de l'Église
qui nous opprime aujourd'hui ? Indiquer le soin extrême avec
lequel les monuments consacrés au culte, dont l'existence est une
condition *sine quâ non* de la permanence des turpitudes religieuses, furent préservés de toute atteinte ? Considérer s'il y a lieu de
faire honneur à la Convention de son zèle contre les vandales ?
Examiner si ce ne fut pas une farce, et une farce immonde, que
de décréter les Droits de l'Homme sur le papier, au lieu de satisfaire les appétits de l'Homme en lui donnant la Terre ? Reconnaître
que l'aristocratie, en se laissant duper par Rome et en renonçant

imbécilement à son rôle, démontra son ignorance, et que par cet aveuglement ridicule qui la jeta aux trahisons les plus insensées, elle abdiqua sans retour ? Considérer les raisons qui poussèrent la République à s'engager dans une voie guerrière, et les raisons pour les quelles on fit « mousser les victoires » ? Démontrer comment, grâce surtout à son agent Edmund Burke, Rome sut faire de l'Angleterre le complice à demi clairvoyant qu'il fallait à sa politique ? Exposer pourquoi la Phraséologie meurtrière, toujours, assassina le sens des Réalités ?

D'ailleurs, à quoi bon ? Pourquoi évoquerais-je ici toute cette époque, toute cette époque qu'il faut reconstituer, de fond en comble ; tous ces hommes qu'il faut faire apparaître tels qu'ils furent, et non tels que les représenta la légende ? Lisez l'histoire de la Révolution vous-mêmes, les fausses histoires qui sont écrites ; et si vous vous souvenez de ce que je viens de dire, vous comprendrez ; vous saurez lire à travers leurs lignes ; vous comprendrez plus facilement encore si, en lisant, vous vous rappelez l'histoire d'aujourd'hui, l'histoire que vous regardez tous les jours, dans la rue. Vous verrez cette Révolution toujours détournée de sa voie logique par une main mystérieuse qui la pousse dans une direction bien déterminée ; vous reconnaîtrez cette main dans l'agitation des assemblées, dans les turbulences des clubs, dans les convulsions des masses ; dans l'édification de toutes les institutions homicides, dans les massacres et les persécutions, dans les excès des guerres ; vous la trouverez sur le marbre de la tribune, sur la plume du sectaire, sur le sabre du soudard, et sur la hache du bourreau ; vous la découvrirez semant les rumeurs, les calomnies, la colère, l'angoisse, le soupçon, la rage ; flattant tous les égoïsmes et toutes les vanités ; diffamant jusqu'à la mort toutes les sincérités et tous les dévouements : provoquant et soudoyant toutes les apostasies et toutes les trahisons ; vous la trouverez organisant la Terreur, organisant la Victoire, organisant la Famine — organisant l'Esclavage. Vous verrez cette Révolution s'effritter ; s'en aller à vau-l'eau ; perdre toute notion d'elle-même. Et vous ne serez plus surpris de la facilité avec laquelle tout s'écroule, au IX Thermidor, sous l'œil abêti du peuple qui ne comprend plus, qui ne peut plus comprendra. Vous verrez le Directoire venir, comme une chose naturelle ; les chacals qui comprennent, et qui digèrent, après les hyènes qui n'ont pas com-

Georges Darien

pris, et qui sont mottes : l'orgie après la tuerie, les putains après les tricoteuses : les perruques blondes et les collets noirs après les sans-culottes... C'est fini ; un fleuve de sang barre le chemin du Progrès ; les idées des Physiocrates sont perdues, oubliées...

Oubliées ? Non ! Babeuf vient ; c'est comme le reflux d'un grand mouvement, d'un grand mouvement qui ne veut pas mourir, une énorme marée libertaire, dont la force, hélas ! se rompt contre les brise-lames construits par la sottise sur les plans de l'imposture et de la trahison. Et la grande entreprise fut près de réussir, tout de même ! Telle était la puissance de l'Idée... Alors, c'est bien fini. C'est le Consulat, l'Empire, toutes les guerres qui doivent étendre les *Principes de la Révolution*, leur donner, définitivement, un caractère international ; et instituer, ainsi, le culte de la Force, la vénération de la puissance militaire. La légende s'élabore, cependant ; se perfectionne. L'infâme Grégoire y travaille. Bien d'autres. Le connaissez-vous, celui-là, Grégoire ? Connaissez-vous Siéyès ? Il y en a, des Grégoire et des Siéyès, connus et inconnus, tout le long de la Révolution Française. Apprenez à les découvrir, et à clouer leur mémoire au pilori des traîtres... Et puis, l'Empire tombé, les Bourbons peuvent revenir, la Restauration complice et dupe,embarrassée d'elle-même ; et la Royauté bourgeoise, au parapluie indécis ; et la République ahurie ; et l'empire ahuri ; et la République imbécile. Toutes les formes d'un même despotisme inconscient, se prétendant démocratique, aux mains d'une Tyrannie permanente, latente et consciente. Et pour demain, quoi ? La Révolution sociale ou la domination incontestée du Prêtre. Car il est possible que l'Église, qui a triomphé jusqu'ici, triomphe encore ; il ne faut pas l'oublier. La Démocratie n'est qu'une expression incomplète : ne signifie pas un état, mais tout au plus un moyen ; ne peut exister, sous des formes vermoulues, que d'une façon transitoire. De deux buts, elle doit choisir l'un. Si elle ne va pas à la Physiocratie, elle ira, forcément, à la Théocratie. C'est fatal.

Il est surprenant qu'on se soit obstiné si longtemps à toujours considérer la Révolution Française sous l'un des deux aspects consacrés par la légende. Les libéraux la représentent comme un grand mouvement émancipateur ; et les réactionnaires, comme une entreprise damnable. C'est à peine si l'on s'est avisé de lui soupçonner un autre caractère ; quelques historiens ont, de-ci de là, flairé

Chapitre X

la fraude ; par exemple, Louis Blanc ; mais ils se sont prudemment arrêtés. En laissant de côté les écrivains cléricaux, dont les anathèmes sont peut-être quelquefois, bien que je ne le croie pas, intentionnels et politiques, on peut dire que les historiens sont d'accord pour ne point mettre en question, même, la physionomie franche et la foncière sincérité de « l'Épopée Révolutionnaire » ; ainsi fait Carlyle, que son intuition mal informée ne mena point au delà du seuil des vérités ; ainsi, Michelet, dont ce fut la destinée bizarre de toujours travailler pour le cléricalisme, qu'il haïssait si profondément. Il est bien rare qu'un de ces écrivains ait perçu plus qu'une lueur, un rayon vite éteint, de la réalité. Ou, si cela se produisit, l'œuvre était faite ; et l'homme était vieux.

Étymologiquement, l'Histoire est une vision. C'est seulement par la conception complète de notre époque que nous pouvons nous faire une idée exacte des époques qui l'ont précédée. L'histoire, de plus, l'histoire des peuples et des hommes, n'existe pas simplement par elle-même, n'a point de caractère particulier : c'est une partie de l'histoire naturelle tout entière, et rien de plus. L'histoire naturelle, c'est l'histoire de la Terre ; l'histoire des peuples et des hommes ne peut être aussi, par conséquent, que l'histoire de la terre. Les luttes des êtres humains pour la possession, le développement ou l'appauvrissement de la terre ; les conflits entre les partisans de la communauté du sol et ceux de la propriété territoriale individuelle ; voilà toute l'histoire humaine ; il n'y a pas un concept, si abstrait qu'il se prétende, qui n'émane de la terre et n'y retourne. Afin de comprendre une période historique qui a précédé notre existence, nous devons comprendre la période dans laquelle nous vivons ; nous devons considérer et comparer, avant tout, l'état dans lequel se trouvait et se trouve, en idées et en faits, la question de la propriété du sol. Si la Révolution Française a été ce qu'on en a voulu faire jusqu'ici, notre situation présente est incompréhensible, impossible. Si notre situation présente peut se comprendre, s'expliquer d'une façon quelconque, la Révolution Française n'a point été ce qu'on en a voulu faire jusqu'ici. La définition de notre état politique et social étant possible, il s'ensuit que la Révolution Française qu'on présente à nos vénérations, est une Imposture.

Notre état politique et social, étant fondé sur le Mensonge, est donc à détruire au plus vite. Et quant à l'imposture, il est urgent de

Georges Darien

l'exposer. Il est temps de faire, pour de bon, l'inventaire de l'armoire aux reliques tricolores ; et de vider sur la place publique, une fois pour toutes, le trésor douteux de la Basilique révolutionnaire. Il est temps de déchirer la légende qui sert de décor à « l'Épopée, » avec une porte, côté cour, sur le Passé — menant aux radotages imbéciles ; et une porte côté jardin, sur le Futur, — menant à la misère continuelle. — L'histoire vraie de la Révolution Française, que j'esquisse ici, doit être écrite. J'espère pouvoir l'écrire. Et il y a une autre histoire que j'espère pouvoir écrire aussi ; que je voudrais, davantage encore, pouvoir écrire : celle de la Révolution de demain, qui réussira en dépit des obstacles apportés par la Révolution Française à une Révolution Sociale — qui réussira, car elle aura, car elle possède déjà, à son service, plus d'intelligence que n'en a jamais eue aucun mouvement populaire.

*

Ô travailleur, tes luttes et ton audace, ces six longues années d'insurrection et de tribulation, alors tu n'en as profité en rien ?
CARLYLE.

La France s'est enorgueillie de sa Révolution et elle en est fière. Elle s'en est soûlée, de sa Révolution. Depuis que le lion britannique, d'un coup de patte, a cassé les ailes de l'aigle qui s'était envolé du pied de la guillotine, la France a présenté tous les symptômes d'une ivresse continuelle : de constants étalages d'efforts sans énergie. Avant la Révolution, la France, par sa cohésion, était la première nation du monde. Depuis lors, elle n'a cessé de décliner. La guerre de 1870 en a fait, irrémédiablement, une agglomération de vaincus. Cette défaite de 1870 a été la conséquence logique, inévitable, de la Révolution Française. Le démembrement final qui menace la France, et qui se produira certainement si la Révolution Sociale ne le prévient pas, sera le résultat ultime de la Révolution Française. La Révolution Sociale aura à constituer la France en nation par la suppression de la propriété individuelle du sol. C'est elle seule, et par ce seul moyen, qui peut sauver la France. Aucune forme de gouvernement issue de la propriété particulière de la terre, et la

Chapitre X

protégeant, ne peut plus rien pour la France ; peut simplement la conduire à l'abîme.

À part de rares exceptions, tous les éléments qui pourraient avoir une action en France manquent d'intelligence et surtout d'énergie ; les éléments révolutionnaires, libertaires, ont seuls une valeur. L'aristocatie n'existe plus que de nom — un nom méprisable, qu'elle a souillé de toutes les hontes. — Le clergé séculier, domestique infidèle de l'État, ayant abdiqué toute prétention à une existence propre, et donnant tous les jours l'exemple de l'indignité morale, est devenu l'instrument vil des Congrégations. La bourgeoisie, la plus infâme, la plus bête et la plus lâche du monde, présente l'aspect d'un immense troupeau de cochons, généralement vaccinés ; il est actuellement impossible de trouver une autre expression qui dépeigne, d'une façon à peu près adéquate, l'immonde bourgeoisie française. Le peuple est une cohue d'esclaves glorioleux, Ilotes qui se croient libres, Parias qui se supposent souverains ; ce lion populaire, dont la peau est devenue un paillasson pour les bottes de tous les Roberts-Macaires, est un triste animal dont 89 arracha les dents et les griffes, que tient en laisse une loueuse de chaises coiffée du bonnet phrygien, et qu'un sacristain pousse par derrière ; la vermine le ronge, bien entendu ; toutes les vermines. Une nouvelle caste, si l'on peut dire, s'est élevée : la caste militaire : après avoir vécu de ses victoires, elle vit de ses défaites ; et en vit bien. À vrai dire, pourtant, son existence même n'est point réelle ; elle n'est que le reflet, multiplié par l'éclat resplendissant des armes vierges, du quinquet fumeux à la lueur duquel le mercantilisme fait ses affaires et la religion compte ses trente deniers ; le bruit que font ses canons tirés à blanc n'est que l'écho, démesurément grossi, des clameurs vaines de la politique, des hurlements affamés de la Bourse, des huées, des sifflements, des plaintes, des glapissements, des acclamations, des murmures et des rires bêtes, de tous les bruits odieux et ridicules que fait entendre la foule, lorsqu'elle essaie de braire. Et tout ça, tout ça, tout ce peuple — si c'est un peuple — tout ça ne crie plus, comme autrefois : *Panem et Circenses !* mais : *Ecclesiam et Circenses !* Il leur faut deux théâtres, à ces êtres-là ; le Cirque militaire et le Cirque religieux ; il leur faut du cabotinage partout ; ça leur est devenu bien égal, de crever de faim !

Georges Darien

L'Église veille à ce que ça leur soit égal. Elle veille sur eux en Sainte Mère, en bonne mère de famille. Elle leur a donné une belle légende, une belle Révolution. Cette Révolution fait le bonheur des Riches ; chose naturelle ; et, chose beaucoup plus curieuse, elle fait aussi le bonheur des Pauvres. Elle ne leur a pas donné de pain, mais elle leur a donné des droits. Quels droits ? Tous les droits. Le droit de choisir leurs affameurs ; de se passer de patrie ; de se passer de pain. Les pauvres, fiers de leurs droits, et qu'on a munis d'une belle charnière au bas du dos — c'est pour saluer les grands principes — claquent du bec fort poliment, sans jamais faire grincer leurs dents. Ils attendent tout, eux aussi, du libre jeu des institutions dont nous dota 89. Et il n'y a qu'une institution dont ils ne se souviennent plus, et qui serait fort utile, cependant, en ces temps de Nationalisme : celle du rasoir national. On vous en foutra, des grands couteaux, pour les perdre !

Ce ne sont pas seulement les six longues années de la Révolution qui furent sans profit pour les pauvres ; le siècle entier qui suivit ces années d'insurrections et de tribulations n'apporta que des aggravations au sort des malheureux. Depuis cent ans, la Révolution Française est un énorme boulet rivé à leur pied par la coutume bête, et surtout, je dois le dire, par la vanité imbécile. Avoir fait la Révolution !… Quant à savoir ce qu'avait été cette Révolution, c'était de fort peu d'importance ; elle avait été la continuation logique de tous les mouvements libertaires qui l'avaient précédée, et particulièrement de la Réforme ; elle avait ouvert la route du progrès à une humanité nouvelle ; elle avait été une conséquence et une cause ; elle avait été un phare éclairant, des deux côtés, l'évolution du genre humain. Elle avait été ceci, cela ; et même la revanche des Latins contre la féodalité germanique. Je ne dénombrerai pas ces âneries ; l'explication donnée par Beaconsfield est peut-être la moins sotte de toutes : « Ce fut une insurrection celtique. » En vérité, il faut être aveugle ; il faut se refuser, de parti pris, à constater l'énorme pouvoir que possède aujourd'hui l'Église, pouvoir qu'elle n'a jamais eu jusqu'à présent ; pour ne point comprendre que cette Révolution ne fut qu'un mouvement catholique-romain.

Les coquins du cléricalisme, habiles entre tous à jouer de la légende, ont su faire peser pendant un siècle le joug d'une fable sur les épaules des travailleurs. La croix catholique, qui écrasait depuis tant de siècles l'échine des déshérités, s'en allait en poussière, vermoulue ; on est parvenu à pousser les pauvres à s'en construire une nouvelle, beaucoup plus lourde que l'autre, avec les montants de la guillotine. C'est la misère des misères... La légende détruite, la fable réduite à néant, tous les mirages doivent s'évanouir et les illusions disparaître. Il n'y a plus à compter sur « les conséquences nécessaires et naturelles » de la Révolution. Il faut agir. Il faut revenir aux idées des Physiocrates, que cette Révolution meurtrière eut pour mission d'étouffer. Ça aussi, c'est les traditions de la vieille France.

Le culte de la Révolution ayant conduit les masses au degré de misère physique et morale qu'on pouvait souhaiter, on commence à parler beaucoup, à ces masses, de la vieille France. Tout n'y était pas mauvais, etc., etc. On critique, par exemple, l'excessive centralisation actuelle ; on préconise la décentralisation. Dans l'état actuel des choses, tant qu'existe la propriété territoriale individuelle, le remède serait pire que le mal. C'est un piège. C'est un obstacle qu'on cherche à apporter, d'avance, à la Révolution sociale, de demain. Le pouvoir unique et fort, dont parlait Quesnay, n'est peut-être plus nécessaire, théoriquement ; mais il est possible qu'il le soit, en fait, pour l'action libératrice indispensable. La France est pleine d'ordures ; ce n'est pas niable ; l'immondice catholique-romaine la pollue de toutes parts. Et toute la question se résout dans cette demande : Faut-il mettre un manche à un balai ?

Non, tout n'était pas mauvais dans la vieille France, — la vraie, celle de Quesnay, par exemple. — Mais il y a une autre vieille France, celle justement qu'on cherche à exhumer, et qui ne fut qu'une des figures de Rome ; et ça, c'est de la saleté ! Cette vieille France catholique viendrait à point nommé, si Messieurs les Pauvres et Messieurs les Eunuques voulaient bien avoir l'obligeance de le permettre, au secours de la France catholique de l'esprit nouveau. Ces deux infamies se consolideraient mutuellement.

Pauvres, méfiez-vous ! L'éternel Despotisme qui vous écrase, vous sentant fatigués des formes de servitude qu'il vous impose depuis un siècle au nom de la liberté, voyant que vous êtes sur le point de flairer l'imposture et de rejeter la légende, essaie de changer son aspect et de modifier ses moyens d'action. Il va chercher, dans les catacombes où il les avait reléguées, les défroques du passé et les

Georges Darien

antiques chaînes, rouillées mais solides encore, qu'il prétend vous faire accepter comme les accessoires nécessaires d'une rénovation politique proclamée indispensable. Dès que vous vous lèverez, dès que vous aurez la victoire, cette vieille France — le vampire catholique — vous fera des mamours afin de vous duper, de vous escroquer, une fois de plus, votre victoire. Cette victoire, elle sait que vous l'aurez ; elle espère que vous ne saurez pas, encore, en profiter ; et qu'elle saura vous la ravir. Elle se prépare à vous la ravir. Allez au Champ-de-Mars ; vous la verrez, qui vous attend ; qui attend les démolisseurs qui vont venir pour jeter à bas les murailles de plâtre, pour délivrer les monstres de fer et d'acier qui sont derrière, les bons monstres que l'Homme a créés et qui veulent lui donner, enfin, la liberté. La vieille France — la Jézabel catholique — est là, hideuse, maquignonnée, fardée, avec du rouge et du blanc sur le parchemin authentique qui lui sert de peau — le rouge du sang populaire, dont elle s'est gonflée, le blanc de toutes ses prostitutions. — Elle regarde par la fenêtre des palais de carton-pâte ; et c'est tous les palais qui lui restent, depuis qu'on lui a grillé ses Tuileries ; elle regarde, minaudant, s'apprêtant à montrer ses grâces au vainqueur qui va venir, à faire la belle, à se foutre sur le dos, une fois de plus. Car elle veut vivre, cette vieille France. Mais il faut qu'elle crève. Il faut que le vainqueur l'empoigne par ses jambes de squelette et la jette dans la rue : et qu'elle se brise la tête sur le pavé ; et que les chiens viennent, et qu'ils pissent dessus — car elle pue trop pour qu'ils la mangent.

Les travailleurs, les pauvres, auxquels Carlyle adressait son douloureux sarcasme, doivent être méfiants et intolérants. C'est la Terre qu'ils doivent vouloir, qu'ils doivent vouloir avec une énergie terrible : ils doivent la vouloir pour tous. Les titres de propriété de ceux qui détiennent la terre sont des faux, les copies contrefaites des vrais titres que possèdent tous les êtres humains, titres imprescriptibles, inaliénables. La nation doit se constituer. Vive la Nation ! Il faut une patrie à tous ceux qui composent la Nation. Vive la Patrie ! Et, alors, la liberté de la Terre assurera la liberté de l'Homme ; et le Français existera, parce que la France existera — la Belle France, affranchie enfin, maîtresse d'elle-même, et dont les villes et les campagnes ne connaîtront plus ces croix infâmes qui s'élèvent sur les hideux clochers : ces croix qui portent jusqu'au ciel

Chapitre X

l'image maudite d'une barrière, signe de la propriété ; qui sont des perchoirs pour tous les charognards du fanatisme, pour tous les vautours de l'exploitation.

Chapitre XI

Patience. Il te faut de la patience. La fin n'est pas encore.
Carlyle.

La fin viendra ; la fin du monde où nous vivons, où nous faisons semblant de vivre, où nous crevons dans le désespoir et l'angoisse ; la fin du monde qu'a créé la main du prêtre. Aujourd'hui, c'est la Paix — ce qu'on appelle la paix ; la solitude, le silence, l'étouffement, la mort. C'est la paix de l'Église ; la paix des tombeaux. Demain, ce sera la Guerre, la guerre qui tuera cette paix abjecte. Nulle évocation n'éveillera Lazare, ne le fera sortir de la tombe ; mais les boulets briseront la lourde pierre qui clôt son sépulcre, et il apparaîtra, hors de son suaire, avec du fer dans ses deux mains. Vive le son du canon ! À une époque où les hommes n'ont plus d'âme, il faut que les choses montrent qu'elles en ont une. On dit : « l'Âme » d'un canon.

Il y a une patience qui est un engourdissement ; elle est passive, machinale, veule ; elle produit inévitablement la mort intellectuelle et morale de ceux qui deviennent sa proie, individus ou peuples. C'est comme une lèpre. Elle suinte les viscosités de l'espérance, les poisses de l'idéal. La Révolution Française a inculqué au peuple français cette patience-là. Elle a ses limites, tout de même. De temps à autre, des explosions de colère sauvage, provoquées en partie par le souvenir fanfaron et faussé de rages anciennes, viennent interrompre de leur violence douloureuse ce misérable état d'esprit. Mais, comme ces accès d'énergie n'ont été ni raisonnés, ni même voulus, leur résultat est piètre, voire désastreux. Tels ont été les mouvements insurrectionnels de 1830, de février 1848, de juin 1848, de 1871. La menteuse légende de 1789 et de 1793 hantait l'esprit des insurgés ; le spectre de la Grande Révolution, agitant devant leurs yeux son bonnet rouge taillé dans une robe d'enfant

Georges Darien

de chœur, les empêchait de distinguer leur route. Les révoltés, hallucinés par les mythes du passé, affolés par les mirages de l'avenir, ne surent ni voir, ni comprendre le Présent. Ils furent défaits et leur défaite leur coûta cher.

Il y a une autre patience, qui n'a nul rapport avec la torpeur. Elle est voulue, calculée, clairvoyante et aux aguets. Elle attend, avec ténacité, et sans se laisser distraire de sa veillée des armes, le moment où pourra se faire jour l'invincible énergie qu'elle recouvre. C'est de cette patience-là que les Pauvres doivent faire preuve, en attendant — la fin.

Je crois que le temps est arrivé, pour les Pauvres, de s'apercevoir que l'état social actuel ne peut pas être le résultat normal de la Révolution Française qu'ils imaginent ; et que cette révolution, par conséquence ne peut point avoir été ce qu'on l'a trompettée jusqu'ici. Ils doivent croire, comme Clemenceau, qui s'y connaît, que la Révolution Française est un bloc ; ils doivent croire, de plus, que cette Révolution est un bloc d'infamies ; ils doivent la rejeter — en bloc.

Ils doivent laisser le soin de chanter les louanges de la Révolution Française, aux bourgeois, aux prêtres, et même à ce prétendant syphilitique qui descend du roi-citoyen par la cuisse d'un geôlier lombard et qui aspire à devenir le roi-républicain. Que ces gens, qui sont virtuellement des cadavres, rendent aux cadavres qui les ont fait vivre tous les hommages de leur choix ; et qu'ils fassent durer les apothéoses et les funérailles jusqu'à perpète. Tout ça, c'est des affaires de macchabées. Laissez les morts ensevelir leurs morts.

Aucun mouvement social cherchant son point d'appui dans la Révolution Française, dans ce qu'on appelle son esprit, ses enseignements, ses idées ou ses principes, ne pourra réussir. Tout mouvement social qui ne rejettera pas cette révolution, totalement, qui ne la considérera pas comme nulle et non avenue, sera voué à l'avortement. Les cafards de la réaction, les plus habiles d'entre eux au moins, savent que la Révolution Française fut une fraude ; c'est là leur principale force. Sachez ce qu'ils savent, dénoncez l'imposture, et vous leur aurez enlevé les trois quarts de leur pouvoir. Tandis que tous les ennemis de la liberté acclament cette Révolution, reniez-la, Pauvres ! Elle fut faite contre vous, par votre éternelle ennemie : l'Église. Et en voici une preuve, la meilleure de toutes, peut-être : le carcan qu'elle a mis, cette Révolution, autour du cou de la Femme, et que la main du Prêtre, seule, était assez cruelle pour river.

Que cette révolution ait eu ses instants de réelle grandeur ; que l'indignation vraie ait vibré sourdement dans le cœur du peuple et ait essayé souvent de s'exprimer ; qu'elle ait tenté, vainement, de se faire jour à travers les barrières tendues de tricolore derrière lesquelles la séquestrait la trahison ; qu'elle ne se soit pas éteinte, même, lorsque la bouche qui l'interprétait fut close par la mort ; que la haine de l'iniquité sociale et le désir d'un état de bonheur rationnel aient survécu, impotents, au triomphe des charlatans de la liberté ; c'est possible. Je n'ose pas dire non. Mais je n'ose pas dire oui, quand même. Je ne peux pas oublier que cette révolution qui promettait la Liberté, l'Égalité et la Fraternité, n'a donné ni la Liberté, ni l'Égalité, ni la Fraternité. Plus d'un siècle après elle, c'est l'Inégalité qui règne ; et l'on est obligé, encore, de tuer des rois. Je ne peux pas oublier que les Pauvres ont été des dupes ; qu'ils ont été des sots de ne pas exiger que la Louisette tranchât la tête de la Misère, d'abord ; c'est la misère qu'il eût fallu guillotiner ; et ils l'ont laissée vivre. Je ne peux pas oublier ça. C'est tellement affreux, tellement infect, et tellement criminel d'être pauvre, de rester pauvre !

Et, voici : parce que vous avez été des dupes, parce que vous avez consenti à rester pauvres, votre esclavage a été augmenté. Les armes de liberté que le Destin avait préparées pour vous, se sont tournées en instruments de servitude. La Vapeur vous a subjugués. À l'appel de son sifflet vous êtes accourus, en grande hâte. Elle vous a parqués comme des bêtes. Elle vous a enchaînés dans son bagne. Elle vous a craché à la figure le poison de son haleine et sa salive empestée. Elle a noirci vos corps, noirci vos âmes. Elle vous a jetés à l'alcool. Elle vous a bâti les grandes villes, qui vous pompent, mâles et femelles, avec leurs tentacules à bubons ; où l'on semble avoir honte du travail misérable et du plaisir plus misérable encore ; où l'on vit dans des égouts, dans des cloaques, dans des puisards ; où il y a des églises qui déclarent qu'il y aura toujours des pauvres ; où il y a des écoles qui affirment que l'homme des cavernes était un sauvage, et que l'homme des tavernes est un civilisé. Et le soleil a disparu. Il a disparu sous la fumée.

Georges Darien

Mais, voici : le mystère d'une lumière nouvelle s'est dévoilé tout d'un coup ; le mystère d'une manifestation en clarté des réalités sidérales, des nécessités universelles. On a vu ce que l'œil n'avait pas vu, parce que l'œil n'avait pas su voir. L'éternel Prométhée a perçu la lueur, en a deviné le secret, en a fixé un rayon : et de ce rayon il a fait un luminaire qui grandit sans cesse, et qui éclaire les efforts qu'il tente pour rompre complètement les liens qu'il a commencé à briser. C'est aux dieux que Prométhée avait dérobé la première étincelle ; et ce feu céleste qu'il avait apporté au monde, bien qu'il eût perdu, sous l'haleine du demi-dieu qui l'attisait, beaucoup des pouvoirs néfastes qu'il devait à son origine divine, ce feu s'attesta funeste, et de plus en plus funeste, à l'humanité qu'il devait servir. Il consuma les sacrifices offerts aux puissances menteuses et aux forces illusoires ; il enflamma les bûchers ; il poussa les hommes à se mettre en troupeaux, hostiles les uns aux autres, prêts à tous les crimes pour la défense des misérables tisons de leurs foyers ; s'effrayant, après la mort même, des brasiers d'une éternelle géhenne. Et, à la voix des prêtres infâmes de Moloch, l'humanité offrit son culte et sa vie à la fournaise ardente qui rugissait dans le ventre du Taureau d'airain, et qui gronde aujourd'hui aux flancs de la Machine. Et Prométhée, enchaîné par le Destin sur la terre, afin qu'il comprît, sut comprendre. Il comprit que c'était la générosité de la Terre, et non l'inimitié du Ciel, qui devait lui donner le feu libérateur.

L'Électricité libérera le monde ; elle mettra fin à l'ignominie des villes, à toute la misérable existence qu'a créée la Vapeur ; elle donnera à l'homme l'espace qu'il lui faut, élargira ses poumons et son intelligence ; l'affranchira. Elle est prête à l'affranchir et à chasser, en même temps que la fumée puante du charbon, tous les brouillards de la superstition et de la servitude. Les Pauvres n'ont qu'à vouloir, à se méfier, et à être intolérants.

Pauvres, n'avez-vous pas souffert assez, pour apprendre à vous méfier et à être intolérants ? À vouloir par vous-mêmes et pour vous-mêmes ? Et à exiger le salaire de vos luttes et de vos labeurs ? Préparerez-vous toujours le festin des Riches, et vous contenterez-vous de l'os sans moelle, après ? Donnerez-vous toujours le vin de vos veines pour rien, afin qu'on puisse vendre votre chair exsangue, après ? Serez-vous toujours les dupes, avant, afin d'être les

Chapitre XI

victimes, après ? Dites, n'en avez-vous pas assez ? — Et ne croyez-vous pas qu'elle a assez duré, votre patience, votre sale patience ? Et qu'il est temps de la remplacer par une autre patience, à l'œil clair, à l'esprit lucide, avec du nerf dans ses bras croisés ?

Il faut voir, nettement, ce qu'il faut faire. Et cela, il faut le faire. Pour moi, je suis persuadé qu'il faut, pour que la liberté soit commune et pour que le bonheur soit commun, que le Sol, d'abord, soit commun. Je crois que toutes réformes sont illusoires, ridicules ; transportent la racine du mal d'un point à un autre ; ne la suppriment jamais. Je crois que la question de la Terre est la seule question. Je crois que c'est par la suppression de la propriété individuelle du sol qu'on peut donner la solution du problème que propose à l'homme, depuis tant de siècles, le sphinx de la Misère. Frappez la Terre d'un pied libre, et vous aurez déchiffré l'énigme.

Voilà ce que je crois. Il se peut que je me trompe. Je ne sais pas. Mais si je ne me trompe point, si les déshérités pensent que je ne me trompe point, qu'ils s'efforcent de reprendre la Terre. Que les Pauvres de France, d'abord, s'efforcent de donner la France aux Français ; qu'ils constituent la Patrie Française, en réalité. Leur pays est menacé ; il est en danger ; il est en grand danger. Il a été conduit au bord de l'abîme par la réaction qui le dirige depuis la fin du siècle dernier, mascaradant sous la défroque révolutionnaire. Cette réaction, aujourd'hui, consciente des périls imminents, mais caressant l'espoir de tirer profit, une fois de plus, des malheurs du pays, fait appel au patriotisme creux des imbéciles, leur affirme qu'elle est capable de faire front à toutes les attaques, et que le salut de la France est entre ses mains. Mensonges. Le salut de la France est entre les mains des hommes qui veulent être libres ; qui veulent qu'on fasse un usage immédiat de tous les instruments qui peuvent donner le bonheur et qui sont voués à l'inaction ; que la Terre subvienne aux besoins de tous ; et que l'imbécillité des Riches, qui digère, et l'imbécillité des Pauvres, qui bâille, cessent d'exister. Quant aux saltimbanques du patriotisme, de la fraude, de l'ignorance galeuse et de la trahison, quant aux cabotins du libéralisme à menottes et aux figurants de l'honnêteté à doigts crochus, quant à toutes les fripouilles qui chantent l'honneur, la vertu, les grands sentiments et les grands principes, il est simplement monstrueux qu'ils aient l'audace d'élever la voix. Il faut qu'ils

Georges Darien

soient bien convaincus, vraiment, que l'échine des Français est faite spécialement pour leurs goupillons, religieux ou laïques, toujours emmanchés d'une trique ; il faut qu'ils soient bien persuadés qu'on ne rendra jamais son véritable caractère à la frauduleuse légende révolutionnaire derrière laquelle ils s'embusquent ; il faut qu'ils aient une foi profonde dans l'éternel aveuglement du peuple pour venir, après tous les désastres qu'ils ont essuyés, agiter leur drapeau de vaincus et se poser en sauveurs ; pour oser parler à la France de son avenir et de sa mission.

Une mission ! Il est possible que la France en ait une ; elle paraît en avoir une. Elle semble destinée, ayant plus tôt que tous les pays européens achevé son évolution politique sous les divers régimes émanant de la propriété individuelle du sol, à se constituer en nation, en nation réelle, avant tous. Détournée de son but, à la fin du XVIIIᵉ siècle, par la main du prêtre, elle doit revenir maintenant, non pas en arrière, mais en avant ; et avec de nouvelles forces ; avec toutes les forces que lui donnent les outils d'affranchissement amassés durant un siècle d'efforts avortés, d'espoirs déçus, de souffrances et d'humiliations sans nom. Elle doit comprendre que, si une Autocratie ou une Oligarchie peuvent établir leur existence sur une abstraction, incarnée en un homme, ou en un groupe réduit, une Démocratie ne le peut pas ; une Démocratie ne peut baser sa vie que sur une réalité, sur une réalité inaltérable. Autrement, elle ne se développera jamais qu'en abjection, ne créera que des tribus animales et serviles. La France doit comprendre que la Liberté n'est possible que si elle repose sur une certaine somme, au moins, d'égalité ; et que la liberté est absolument indispensable au monde à une heure où il ouvre de toutes parts ses portes à l'activité humaine ; où l'Individu sent, partout, d'augustes anticipations s'élever en lui et fermenter des symboles puissants.

Cette liberté, après tout, la France doit l'offrir à l'humanité, à qui elle l'a promise une fois, et qu'elle a déçue. Aujourd'hui elle peut la lui donner ; elle peut la lui donner en s'érigeant en nation, en vivant enfin pour elle-même, dans un effort constant et beau, sur sa terre affranchie. La lutte pour la vie, chez les nations réelles, est une lutte, non seulement pour l'existence, mais pour la vie de plus en plus belle, de plus en plus aisée ; c'est une lutte grandiose de la nation tout entière contre les obstacles rencontrés sur le chemin

Chapitre XI

du bonheur, lutte inspirée par le sentiment artistique de solidarité. Ce n'est plus le combat mercenaire et lamentable de chacun contre chacun et contre tous, pour l'acquisition de soi-disant avantages personnels. « Les races qui contiennent le plus d'individus sympathisant davantage entre eux ont le plus de chances, » dit Darwin. Elles ont le plus de chances, non seulement d'exister, mais de grandir — et d'aider les autres races à vivre et à grandir aussi.

Si la France — je veux dire la vraie France, celle qui n'est contaminée ni par le poison bourgeois, ni par le virus catholique — si la France croit avoir une mission, il faut qu'elle mette son cœur au niveau de la tâche qu'elle pense avoir à accomplir. Il faut qu'elle se constitue en nation en reprenant sa terre ; il faut qu'elle supprime les Sans-patrie. Et c'est ainsi qu'elle pourra marcher, de la Guerre et du Despotisme, à la Paix et à la Liberté ; c'est ainsi qu'elle préparera la glorieuse réalisation de l'immortelle idée d'Emmanuel Kant : la fédération des peuples européens.

Voilà ce que je crois ; ce que je crois physiquement. Voilà ce que je voulais dire ici, dans ce livre… Je ne sais pas si c'est un livre. Je voudrais que ce fût un cri.

*

Je voudrais me tenir debout sur une terre libre avec un peuple libre.

Gœthe

Et c'est un cri. Et ce cri, ce n'est pas moi qui le profère. Je l'entends et je le répète ; il faut que je le répète : — mais c'est la Terre qui le hurle.

« Venez à moi, vous qui avez faim ; venez à moi, vous qui avez soif. Venez à moi, vous qui souffrez, et je vous donnerai le bonheur. L'ère du bonheur s'ouvrira pour vous, à jamais. Ne voyez-vous pas comme je vous fais signe, dans les beaux jours, lorsque mes fleurs s'ouvrent, et que mes arbres étendent leurs branches qui vont vous offrir leurs fruits ? Ne voyez-vous pas comme je vous appelle, à l'heure où mes moissons sont mûres, mes moissons de pain et de

Georges Darien

vin, les moissons de ma chair et de mon sang ? Ne sentez-vous pas le parfum d'amour, l'odeur de joie, qui s'exhale de mes floraisons et de mes maturités ? Pourquoi ne fêtez-vous pas Floréal ? Pourquoi ne jouissez-vous pas de Messidor ?... Ne comprenez-vous pas les colères qu'excite en moi votre démence ? N'entendez-vous pas mes cris de rage et les sifflements de ma fureur lorsque je déchaîne mes tempêtes, lorsque mes eaux se gonflent à déborder ? Vous avez peur de moi, alors ; vous n'auriez pas peur si vous me compreniez... Est-ce que vous me foulerez toujours sans vous rappeler que vous avez des instincts, des sens et des appétits, et que c'est en moi seulement qu'ils peuvent se satisfaire ? Vous m'appauvrissez, vous m'asservissez, esclaves de l'Illusion et du Mensonge ; vous stérilisez mes flancs, riches et fertiles par delà tous les rêves ; et je souffre de toutes les douleurs qui vous supplicient. Prenez-moi, fécondez-moi de toutes vos pensées ; aimez-moi de tout votre cœur, de toute votre âme et de toutes vos pensées. Je vous donnerai la vie et le bonheur à tous — à tout ce qui palpite sous le soleil. — Et vous lirez le nom qui est écrit sur mon front, le nom qui vous fait tous frères : Égalité. »

Mais il vient une Clameur ; une clameur tellement énorme qu'on n'entend plus le cri de la Terre ; et cette clameur, c'est comme la respiration même, la respiration haletante et angoissée d'une multitude qui monte, qui monte par grandes vagues désespérées. L'air frémit et semble fuir devant l'haleine de cette foule ; sous les pieds sanglants qui la pressent, la Terre se met à trembler. C'est l'armée de ceux qui ont faim : c'est l'armée des Pauvres ; et parmi ces Pauvres il y a des Riches, qui ont faim aussi. Il y a des hommes qui se lamentent ou vocifèrent, lourds de vices, las de durs labeurs ; des femmes qui pleurent, pâles, avec des mains crispées ; ou qui rient nerveusement, avec du fard sur leurs figures ; des vieillards qui portent sur leurs faces hébétées l'étonnement puéril d'avoir pu vivre ; des enfants qui semblent plus vieux que les vieillards. Il y a des blessures qui saignent, des plaies qui suppurent, de la fange et de la poussière de choses mortes ; il y a des bouches ouvertes pour le bâillement, pour le blasphème ou pour la prière ; il y a de la folie dans tous les yeux. Et l'on entend le cliquetis des chaînes.

« Oh ! vivre, vivre ! N'avoir plus à acheter la vie, à la vendre ! N'avoir plus à compter de l'or, des sous, des liards ! Voir le Ciel,

Chapitre XI

sentir la Terre ! Oh ! vivre, vivre ! Être libres ! N'avoir plus faim !
Que faire ? Que faire ? Savoir que faire ! Oh ! Misère, misère,
misère… » (*Exeunt omnes.*)

Alors, il n'y a que du silence.

Et puis, voici une marée qui monte, une marée rouge, un grand
flux d'écarlate…

Et la Terre a bu le sang ; elle a bu assez de sang ; et elle est libre.

La voilà, heureuse, féconde, souriante et belle à jamais… Et c'est
un spectacle magnifique, en vérité ; tellement, que je ne peux pas
le dépeindre et que je puis dire seulement deux mots : c'est la Terre
libre, fière de l'Homme libre. Amen.

Londres, 1900

ISBN : 978-1514335222

Georges Darien

www.ingramcontent.com/pod-product-compliance
Lightning Source LLC
Chambersburg PA
CBHW071032290526
45795CB00004B/1184